訳注

西京雑記・独断

〔新装版〕

福井重雅 編

東方書店

目次

西京雑記

独断

索　引

西京雜記

例　言

一、この訳注は盧文弨校刊『抱経堂叢書』所収『西京雑記』を底本とし、各種の版本を参照して、全文に訳注をほどこしたものである。
二、全体は（一）原文、（二）書き下し文、（三）語釈、（四）通釈、（五）参考の体裁からなる。
三、原文は版本によって字体が一定しないばあいがあるが、原則として正字（旧字）体を使用した。書き下し文は現代仮名表記にしたがい、文字の異同・訂正は〔　〕内に示した。
四、語釈は必要最小限にとどめ、通釈はできるだけ原文に忠実であることに努めた。年代・人名・地名などを付記した部分は（　）、文意の疎通をはかるために補足した部分は〔　〕で囲んだ。
五、参考は本文と類似ないしは関連する文章の所在を示すにとどめた。
六、原則として、送り仮名は小川環樹他編『角川新字源』（角川書店、一九九四年改訂版）に準拠した。

解題

福井重雅

『西京雑記』はもと二巻、のちに六巻、その成立年代は不明である。西京とは後漢の首都洛陽（東京）に対して、前漢の首都長安（西京）を指す用語で、文字どおり前漢一代の雑説を記録した書物とされ、小文からなる短編集である。

古来、本書の成書や撰者については異説が多く、『隋書』『旧唐書』の両経籍志は巻数を二巻としているが、前者はその撰者の姓名を欠き、後者はそれを晋の葛洪撰としている。『漢書』匡衡伝の顔師古注に、「今西京雑記なる者有り。其の書浅俗にして里巷より出で《い》、多く妄説有り」とあり、また劉知幾『史通』忤時に、「孟堅（班固）の亡《うしな》いし所もて、葛洪は其の雑記を刊す」とあるから、おそらく唐初には葛洪の撰になるとされる『西京雑記』が一部に知られていたのであろう。しかし宋の晁公武『郡斎読書志』では、唐の段成式『酉陽雑俎』語資に記載される庾信のことばにもとづいて、その撰者は梁の呉均であり、本書はその偽託とされ、また同じく宋の黄伯忠『東観余論』では、葛洪の跋文を根拠に、劉歆撰、葛洪編とされている。宋代以降、本書は現行本と同じく六巻とされるようになった。

本書の葛洪の跋文によると、「彼の家には父悌の伝える未整理の劉歆撰『漢書』百巻が残されているが、それを班固撰『漢書』と校合すると、多少の異同は見受けられるものの、後者がほとんどすべて前者を藍本としていることがわかる。班固が採択しなかった文章は、わずかに二万余言にすぎない。そこでそれを抄出して二巻とし、班固『漢書』の闕文を補足することにしたい」云々と記されている。しかし『漢書』巻三十六楚元王伝（劉歆伝）や『晋書』巻七十二葛洪伝および葛洪『抱朴子』自序をはじめとして、後漢―六朝時代の史料には、両者と『漢書』との関連を暗示する記録はない。また『四庫全書総目提要』子部小説家類では、本書には『史記』『漢書』の記述と合致しない点が多いことが指摘されている。その他いくつかの論拠を含めて、本書は劉歆撰、葛洪編になる書物ではなく、後世の偽託になるものとするのが現在の通説である。物語り性に富み、方術的な色彩の豊富な特色から推定するとき、本書は志怪小説や神仙思想が流行した六朝時代の思潮を反映するものであろう。

このように本書は漢代の作品と見なすことはできないが、そこに記述される内容は、小説や説話のように興味深い。そこには長安を中心に、皇帝・皇后・愛妃などをはじめ、著名な人物たちの逸話が述べられ、風俗・佚聞・雑事・伝説・詩賦などの記事にこと欠かない。とくに未央・昆明・上林などの宮殿・苑池に関する記事は、漢代の史料には見られない詳細で華麗な内容に満ちている。それは一面では前漢に仮託した六朝貴族の想像と憧憬からなる巷談俗説にすぎないかもしれないが、他面では何故、何を祖本としてこのような書物がつくられたかという問題が、そこに提起されていることはまちがいない。

『西京雑記』は『漢魏叢書』『竜威秘書』『抱経堂叢書』『津逮秘書』『四部叢刊』『稗海』『学津討源』『説郛』『古今逸史』『竜谿精舎叢書』などに所収、その考訂本として、孫詒譲「西京雑記校」（『札迻』巻十一所収）、余嘉錫「西京雑記斠正」（『文史哲学報』一七、一九六八年）などがある。この訳注は盧文弨校刊『抱経堂叢書』所収『西京雑記』を底本とし、向新陽・劉克任『西京雑記校注』（上海古籍出版社、一九九一年）および成林・程章灿『西京雑記全訳』（貴州人民出版社、一九九三年）を参考にした。

なお本書については、西野貞治「西京雑記の伝本について」（大阪市立大学『人文研究』三―七、一九五二年）、労榦「論西京雑記之作者及成書年代」（『歴史語言研究所集刊』三三、一九六一年。のちに同氏『労榦学術論文集』甲編下所収、芸文印書館、一九七六年）、洪業「再説西京雑記」（『歴史語言研究所集刊』三四下、一九六三年。のちに同氏『洪業論学集』所収、中華書局、一九八一年）、小南一郎「西京雑記の伝承者たち」（『日本中国学会報』二四、一九七二年。のちに同氏『中国の神話と物語り——古小説史の展開』所収、岩波書店、一九八四年）、古苔光「西京雑記的研究」（『淡江学報』一五、一九七七年）、William. H. Nienhauser, Jr., “Once Again, the Authorship of the *Hsi-ching Tsa-chi* (Miscellanies of the Western Capital)” (*Journal of the American Oriental Society* 98, 3, 1978) などの研究がある。

西京雜記巻上

○西京雜記序

晉　葛洪　稚川

洪家世有劉子駿漢書一百卷。無首尾題目、但以甲乙丙丁、紀其卷數。先公傳云。歆欲撰漢書、編錄漢事、未得締構而亡。故書無宗本、止雜記而已。失前後之次、無事類之辨。後好事者、以意次第之、始甲終癸、爲十帙。帙十卷、合爲百卷。洪家具有其書。試以此記、考校班固所作、殆是全取劉書、有小異同耳。幷固所不取、不過二萬許言。今鈔出爲二卷、名曰西京雜記、以裨漢書之闕爾。後洪家遭火、書籍都盡。此兩卷在洪巾箱中、常以自隨故、得猶在。劉歆所記、世人希有。縱復有者、多不備足。見其首尾參錯、前後倒亂、亦不知何書。罕能全錄。恐年代稍久、歆所撰遂沒、幷洪家此書二卷、不知出所。故序之云爾。洪家復有漢武帝禁中起居注一卷、漢武故事二卷。世人希有之者。今幷五卷爲一帙、庶免淪沒焉。

西京雑記序

晋　葛洪　稚川

洪家に世々劉子駿《りゅうししゅん》の漢書一百巻有り。首尾題目無く、但だ甲乙丙丁《こういつへいてい》を以て、其の巻数を紀《しる》すのみ。先公伝う。歆《きん》漢書を撰し、漢事を編録せんと欲するも、未だ締構《ていこう》を得ずして亡《し》す。故に書に宗本《そうほん》無く、雑記に止《とど》まるのみ。前後の次を失い、事類の弁無し。後に事を好む者、意を以て之れを次第し、甲に始まり癸《き》に終わるまで、十帙《ちつ》と為す。帙ごとに十巻、合わせて百巻と為す。洪家其の書を具有す。試みに此の記を以て、班固《はんこ》の作りし所を考校するに、殆ど是れ全て劉書を取りて、小なる異同有るのみ。固の取らざる所を并わするに、二万許言に過ぎず。今鈔出して二巻と為し、名づけて西京雑記《せいけいざつき》と曰い、以て漢書の闕に裨せんとす。後に洪家火に遭い、書籍都《すべ》て尽く。此の両巻のみは洪の巾箱《きんそう》中に在り、常に自随《ずい》するを以ての故に、猶在るを得たり。劉歆の記する所、世人有すること希《まれ》なり。縦《たと》い復た有する者あるも、多くは備足せず。其の首尾参錯《さんさく》し、前後倒乱《とうらん》するを見れば、亦何の書なるかを知らず。能《よ》く全録することも罕《まれ》なり。年代稍《ようや》く久しうして、歆の撰する所遂に没し、并わせて洪家の此の書二巻も、出所を知られざらんことを恐る。故に之れに序するのみ。洪家に復た漢武帝禁中起居注一巻、漢武故事二巻有り。世人の之れを有する者希《まれ》なり。今五巻を并わせて一帙と為し、論没を免れんことを庶《ねが》う。

語釈　○洪家　洪は葛洪。晋代の学者・道士（二八三—三四三?）。字は稚川、号は抱朴子。丹陽句容（現江蘇省句容）の人。とくに不老長生の神仙術や煉丹法を好み、『抱朴子』『神仙伝』などの著述を残した。○劉子駿　劉歆。前漢末期の学者、王莽の国師（前三二?—後二三）。子駿はその字。楚元王劉交の子孫で、劉向の末子。父の向とともに朝廷の蔵書を校勘し、群書を類別して『七略』を撰述した。○先公　先君・亡父。劉向を指すという説もあるが、前後の文章から判断して、葛洪の父悌と解釈するのが妥当であろう。○締構　結び構える、しめくくる。○宗本　はじめ・もと。基本。○始甲終癸　十干の位名。甲乙丙丁戊己庚辛壬癸の最初が甲で最後が癸。○班固　後漢初期の歴史家、『漢書』の撰者（三二—九二）。字は孟堅、右扶風安陵（現陝西省咸陽の東北）の人。幼少より文章や詩賦を得意とし、『白虎通』を編集したとされる。竇太后の兄の大将軍竇憲らによる和帝暗殺の陰謀に連坐して獄死。○漢書　書名。中国の正史の一つで、班固の撰になる帝紀と列伝を主体とした紀伝体の断代史（王朝一代に限定した歴史書）。百二十巻。前漢の高祖から新の王莽にいたる約二百三十年間の歴史を総述。体例が整斉で、後世の史家の模範とされた。○巾箱　座右に置き、書物などを入れる布張りの小箱。○武帝禁中起居注　書名。前漢武帝の日常の言動を記録した日記体の編纂物。中国最初の起居注（天子の日常の記録）といわれるが、後世の偽作であろう。詳細は不明。○漢武故事　書名。前漢武帝の身辺に取材した怪異小説。班固の作と伝えられるが、六朝時代の偽作とするのが通説である。

通釈　抱朴子葛洪の家には代々劉子駿すなわち劉歆の撰になる『漢書』百巻が伝わっている。これには最初と最後の部分や標題と目次がなく、ただ甲乙丙丁の十干を用いて、その巻数を記しているだけである。亡父（葛悌）がこの書を伝えたものである。そもそも劉歆は『漢書』を撰述し、漢代のできごとを編纂しようとしたが、まだ全部をまとめ終わらないうちにこの世を去った。そのためこの書物には一定の基本がなく、ただ雑記の体裁にとどまっている。しかも前後の順序も不同で、事項の系列にも区別がない。そこで後世の好事家が、自分の考えによってこれを分類し、甲に始まり癸に終わる十干に分けて、十秩(帙)とした。一秩ごとに十巻で、合わせて百巻となる。葛洪の家に具わる書物がそれである。試みにその記事と、班固のつくった『漢書』とを比べ合わせてみると、ほとんどその全文が劉歆の著書から取ったもので、そこにはわずかな異同があるだけである。そして班固が取らなかった部分を集めてみると、それらは二万余言に過ぎないことがわかった。そこで今その中から一部を抜き出して二巻にまとめ、『西京雑記』という書名をつけて、『漢書』の欠略を補うことにした。そののち葛洪の家が火災に遭ったために、書籍はすべて焼失してしまったが、この二巻だけは葛洪の手文庫の中にあり、常時身の回りに置いてあったので、焼けずに残ることができた。ところで劉歆の記述などは、世間で所有する人などは稀である。またたとえ所有する者があっても、完備していないばあいが多い。したがって首尾一貫せず、また前後関係が錯乱した状態にあるのを見る人は、それがどのような書物であるのかわからないことになる。まして全文を記録し得た書物も稀なので、〔その混乱がますますひどくなってくるであろう〕。時がたつにつれて、劉歆の撰述が姿を消し、葛洪の家に伝わるこれら二巻の書物も、出所不明となることが懸念される。そこでこのような序文を付した次第である。また葛洪の家には『漢武帝禁中起居注』一巻と『漢武故事』二巻がある。世間ではこれらを所有する人も稀である。そこで今五巻を合わせて一秩にまとめ、散逸から免れることを願うものである。

参考　『漢書』巻三十六楚元王伝(劉向・劉歆伝)、『晋書』巻七十二葛洪伝、『抱朴子』外篇巻五十自叙

1 漢高帝七年、蕭相國營未央宮、因龍首山製前殿、建北闕。未央宮周廻二十二里九十五步五尺、街道周廻七十里。臺殿四十三、其三十二在外、其十一在後宮。池十三、山六。池一、山一亦在後宮。門闥凡九十五。

漢の高帝七年、蕭《しょう》相国《しょうこく》未央宮《びおうきゅう》を営み、竜首山に因りて前殿《せんでん》を製《つく》り、北闕を建つ。未央宮の周廻は二十二里九十五歩五尺、街道の周廻は七十里なり。台殿は四十三、其の三十二は外に在り、其の十一は後宮に在り。池は十三、山は六。池の一つ、山の一つも亦後宮に在り。門闥は凡そ九十五なり。

語釈 ○漢高帝　前漢初代皇帝高祖（在位前二〇六―前一九五）。劉邦。字は季。沛（現江蘇省沛）の農民出身で秦末に挙兵して秦を滅ぼし、ついで項羽を打倒して天下を統一し、漢帝国を建てた。○蕭相国　蕭何。高祖の功臣（?―前一九三）。高祖が漢王となると、丞相として万機を処理し、のちに相国に昇任。相国は丞相の上に位する臨時の宰相。○未央宮　前漢の首都長安城（現陝西省西安の西北）に造営された中心的宮殿。竜首山を開削して建設。通常ここで朝会が行われ、山上に聳えるその偉容は壮麗を極めたといわれる。○竜首山　山名。現陝西省西安の北。未央宮が建設された当時の高さは約四六メートルであったとされる。○北闕　宮殿の北門。転じて内裏・宮中を指す。○台殿　四方を観望するために高い築土の上に建てられた殿舎と宮殿。○外　皇帝が朝会を主催し、国政を聴聞する公式の場。外廷・外朝。○後宮　皇后はじめ宮中の妃嬪の居住する場所。奥御殿。○門闥　宮殿に設けられた大小の宮門。

通釈 漢の高帝七年（前二〇〇）、相国の蕭何が未央宮を造営したが、それは竜首山を開削して殿基となし、その山上に前殿と北闕を建てたものであった。未央宮の周囲は二十二里九十五歩五尺（約九・三二メートル）で、その街道の周囲は七十里（約二九キロメートル）であった。そこにはつごう四十三の台殿が建てられていて、そのうちの三十二殿は外廷に、十殿は後宮に配置されていた。また十三の池と、六つの築山が造られた。そのうち一つの池と、一つの築山は後宮に配置されていた。宮門は大小合わせて九十五門であった。

参考 『史記』巻八高祖本紀、『漢書』巻一下高帝紀下、宋敏求『長安志』

2 武帝作昆明池、欲伐昆明夷、教習水戰。因而於上遊戲養魚。魚給諸陵廟祭祀、餘付長安市賣之。池周廻四十里。

武帝昆明池を作り、昆明夷を伐《う》たんと欲して、水戦を教習せしむ。因りて上遊に於いて戯《いけにえ》として魚を養《やしな》わしむ。魚は諸々の陵廟の祭祀に給し、余は長安の市に付《あた》えて之れを売る。池の周廻は四十里なり。

語釈 ○武帝　前漢第七代皇帝（在位前一四一―前八七）。劉徹。諸制度を改革して中央集権化を確立し、西域・朝鮮・南越にも領土を拡大して、前漢の最盛期を現出した。○昆明池　長安城の西南に雲南の昆明池（滇池）を模して造営した人造湖。現在、その遺跡が残っている。○昆明夷　現雲南省の大理盆地一帯に居住していた民族の総称。その主要な民族はタイ系とする説が有力。○上遊　河川の上流。ここでは河川を堰き止めて建設した昆明池の上流部で、その湖水に河川が流入するあたりを指すと考えられる。○戯　戯は犠と同意で、祭祀に供える犠牲をいう。○長安　地名。前漢の首都。現陝西省西安の西北。○陵廟　皇帝の陵墓に置かれた廟殿、みたまや。

通釈 武帝は昆明池をつくり、昆明夷を討伐するために、そこで水戦の教習をさせた。またそのかたわらその人造湖の上流の河水が流れ込むあたりで祭祀の犠牲とする魚を養殖させた。その魚は歴代皇帝の諸陵の祭祀に供えられるほかに、あまったものは長安の市場に下げ渡し売却された。その池の周囲は四十里（約一七キロメートル）である。

参考 『漢書』巻六武帝紀

3 漢制、宗廟、八月、飲酎、用九醞、太牢。皇帝侍祠。以正月旦作酒、八月成、名曰酎。一曰九醞、一名醇酎。

漢制に、宗廟に、八月、飲酎《いんちゅう》し、九醞《うん》、太牢を用う。皇帝祠《まつり》に侍す。正月の旦を以て酒を作り、八月に成れば、名づけて酎と曰う。一に九醞と曰い、一に醇《じゅん》酎と名づく。

語釈 ○宗廟　祖宗の霊廟、祖先のみたまや。○飲酎　皇帝が宗廟に酎を供えて群臣とともにこれを飲む儀式。酎は上質で濃厚な味わいをもつ新酒で、一月から八月までに三度醸造してつくられた。○太牢　皇帝が行う祭祀に供えられる犠牲の肉。通例では牛・羊・豚を用いた。

通釈 漢の制度によると、宗廟では、八月に、飲酎の儀式を執り行い、そこで九醞の酒や太牢の肉を供えた。この祭祀は皇帝が自ら主宰した。そこに用いる酒は正月の元日に仕込み、八月にできあがるので、これを名づけて酎とよんだ。この酒はまた九醞といい、さらに醇酎とも称した。

参考 『漢書』巻五景帝紀所引顔師古注、『続漢書』礼儀志上所引劉昭注、『三輔黄図』巻五宗廟

4 京師大水、祭山川以止雨。丞相、御史、二千石禱祠、如求雨法。

京師に大水あれば、山川を祭りて以て雨を止《とど》む。丞相、御史、二千石の禱祠《とうし》すること、雨を求むる法の如くす。

語釈 ○丞相　官名。三公（丞相・太尉・御史大夫）の筆頭として皇帝を補弼し、万機を総理する大官。金印紫綬をおびた。○御史　官名。ここでは御史大夫を指す。御史は宮中の図籍・秘書などの管理および上奏の受理や弾劾をつかさどる官。その長官の御史大夫は三公の一員として副丞相の任を占めた。銀印青綬をおび、前漢末に金印紫綬に昇格した。○二千石　官僚の俸禄の等級。ここでは漢代の高級官僚の総称で、中央の九卿（中央の九つの官府の長官。一般に太常・光禄勲・衛尉・太僕・廷尉・大鴻臚・宗正・大司農・少府）から地方の郡守・国相などにいたるまでの高官をいう。○禱祠　禱り、祭ること。祈禱・祭祀。

通釈 京師長安に大水があると、山川をまつって雨を止めた。丞相・御史大夫・二千石の諸官がいのりまつる方法は、雨乞いの方法と同じようにした。

参考 『漢書』巻五十六董仲舒伝、『春秋繁露』巻十六求雨、『続漢書』礼儀志中

5 天子筆管、以錯寶爲跗、毛皆以秋兎之毫。官師路扈爲之。以雜寶爲匣、廁以玉璧、翠羽。皆直百金。

天子の筆管は、錯宝《さくほう》を以て跗《ふ》と為し、毛は皆秋兎の毫《ごう》を以てす。官師の路扈《ろこ》之れを為《つく》る。雑宝を以て匣《こう》を為り、廁《まじ》ゆるに玉璧、翠羽《すいう》を以てす。皆直《あたい》百金なり。

語釈 ○錯宝　金銀や各種の宝石をちりばめて飾った象嵌。○跗　器具に取り付けた棒状の部分。柄・とって。○毫　鋭く尖った長い細毛。○官師　官署およびそこに所属する官吏。ここでは少府（帝室財政をあつかう中央官府）の属官として天子の御物を製作し、それを収蔵す

る尚方を指す。○路扈　人名とする注釈もあるが、路は部署、扈は奴僕・下僕の意味であろう。ここでは専門的技能をもって尚方に隷属する技術者集団を指すか。○匣　小箱・筆箱。○璧　瑞玉（印に使う玉）の一つ。薄く平らな円形で中央に孔がある玉。

通釈　天子の筆の軸は、金銀や宝石をちりばめた象嵌をもって柄となし、穂先の毛には皆秋の兎の長く尖った細毛が用いられた。これは官署に従属する奴僕が製作する。また金銀や宝石をちりばめた筆箱もつくられたが、これには玉璧やかわせみの羽の装飾が加えられた。それらの価格は皆百金であった。

参考　『傅子』巻一校工第四

6 漢制、天子玉几。冬則加綈錦其上、謂之綈几。以象牙爲火籠、籠上皆散華文。後宮則五色綾文。以酒爲書滴、取其不冰。以玉爲硯、亦取其不冰。夏設羽扇、冬設繒扇。公侯皆以竹木爲几。冬則以細罽爲橐以憑之、不得加綈錦。

漢制に、天子は玉几《ぎょくき》なり。冬は則ち綈錦《ていきん》を其の上に加うれば、之れを綈几と謂う。象牙を以て火籠《かろう》を為《つく》り、籠の上には皆華文を散《ち》らす。後宮には則ち五色の綾文《りょうもん》あり。酒を以て書滴《しょてき》と為すは、其の氷《こお》らざるを取る。玉を以て硯を為るも、亦其の氷らざるを取る。夏は羽扇《うせん》を設け、冬は繒《そう》扇を設く。公侯は皆竹木を以て几を為る。冬は則ち細罽《さいけい》を以て橐《たく》を為り以て之れに憑《よ》り、綈錦を加うるを得ざるなり。

語釈　○玉几　玉で飾った脇机。小卓・肘掛。○綈錦　彩色した厚織りの錦。○火籠　暖をとるとともに、衣類に香を焚きしめるために用いる伏せ籠。熏籠の類と考えられる。○五色　黄・青・赤・白・黒の五色。○綾文　斜めに織り込んだ模様。○書滴　墨をするために用いる水、墨水。○羽扇　尾の長い鳥の羽根でつくった扇。一般に雉の尾羽根が用いられたので雉尾扇とよばれた。○繒扇　絹織物を張った扇。絹扇。○公侯　封爵。ここでは皇子の封じられて王となった者、諸侯王をいう。○細罽　織目の細かい毛織物、薄織りの毛氈。○橐　袋。ここでは几の全体を袋包みに覆うこと。

通釈　漢の制度によると、天子のよりかかる御物には玉几を用いた。冬はその上に綈錦を敷いて用いたので、これを綈几と称した。また象牙で火籠をつくり、その籠の表面には皆花模様をちりばめた。後宮で用いるものには五色の綾模様をほどこした。酒を墨水に用いるのは、その氷らない長所によっている。また玉で硯をつくるのも、同じくその氷らない利点によっている。夏は羽扇をかかげ、冬は繒扇をかかげて風塵をさえぎった。これに対して諸侯王は皆竹木で几をつくった。冬には薄織りの毛氈で几を包み覆ってこれによりかかり、〔天子のように〕綈錦を敷くことはできなかった。

7 武帝時、西域献吉光裘。入水不濡。上時服此裘、以聴朝。

武帝の時、西域吉光裘《きっこうきゅう》を献ず。水に入るるも濡《ぬ》れず。上《しょう》時に此の裘を服して、以て朝に聴く。

語釈　○西域　西方の地域。漢代では主に中央アジアのオアシス都市国家を指し、西域三十六国とよばれた。○吉光裘　西方に産し、吉光とよばれる神馬の毛皮でつくられたとされるかわごろも。

通釈 武帝の時代に、西域の国が吉光裘を献上してきた。これは水に浸しても濡れない。主上はときおりこのかわごろもを着て、朝政に臨んだ。

参考 『海内十洲記』

8 高帝戚夫人、善鼓瑟撃筑。帝常擁夫人、倚瑟而絃歌、畢毎泣下流漣。夫人善爲翹袖、折腰之舞、歌出塞、入塞、望歸之曲。侍婢數百、皆習之。後宮齊首高唱、聲入雲霄。

高帝の戚《せき》夫人、善く瑟《しつ》を鼓し筑《ちく》を撃つ。帝常に夫人を擁《いだ》き、瑟に倚《よ》りて絃歌し、畢《お》わりて毎《つね》に泣《なみだ》下りて流漣《りゅうれん》す。夫人善く翹袖《ぎょうしゅう》、折腰《せつよう》の舞を為し、出塞、入塞、望帰の曲を歌う。侍婢数百、皆之れに習う。後宮首《こうべ》を斉《そろ》えて高唱すれば、声は雲霄《うんしょう》に入る。

語釈 ○戚夫人　高祖の寵姫（?―前一九四）。趙王如意の生母。如意を皇太子に立てようとして失敗し、呂后（高祖の皇后）の怒りに触れた。高祖の死後、呂后によって四肢を断たれるなどして厠中に放置され、「人彘（ひとぶた）」とよばれた話は有名。○瑟　箏に似た弦楽器で箏よりも大型。弦数は二十五弦のものが普通。各弦に柱（ことじ）を立てて調弦した。○筑　箏に似た弦楽器で五弦・十三弦・二十一弦の三種類があった。左手で首をおさえ、右手で竹尺をもってかき鳴らした。○絃歌　琴瑟の伴奏に合わせて歌うこと。○翹袖　袖をあげて踊る舞踏と考えられるが、未詳。○折腰　少し腰を折る歩き方で、足が弱くて体を支えきれないさまを表す女性の媚態。○出塞・入塞・望帰　出塞・入塞は楽府（宮廷の歌曲をつかさどる役所。またはその歌曲の総称）の横吹曲の名で、塞外（長城の外にある異域）を主題とした歌。望帰は塞外に出征した兵士の望郷の歌。

通釈 高祖の戚夫人は、上手に瑟や筑を演奏した。帝はつねに夫人を抱きながら、夫人の瑟に合わせて歌い、歌い終わるたびに涙を流した。また夫人は上手に翹袖・折腰の舞を踊り、出塞・入塞・望帰の曲を歌った。侍婢（こしもと）数百人は、皆夫人にならった。後宮の侍婢たちが一斉に高らかに唱いあげると、その歌声ははるか天空のかなたにしみ入るようであった。

9

戚姫以百錬金爲彄環。照見指骨。上惡之、以賜侍兒鳴玉、耀光等各四枚。

戚姫百錬金を以て彄環《くかん》を為《つく》る。指骨を照見す。上《しょう》之れを悪《にく》み、以て侍児に鳴玉、耀光等各々四枚を賜う。

語釈 ○彄環 「彄」はゆはず（弓の両端の弦をかける部分）・ゆがけ（射手が左の肘につける革具）。ここでは指環の類の装飾品を指す。○鳴玉・耀光 玉・貴金属・宝石の類。

通釈 戚姫（戚夫人）はいくども精錬した純金で彄環をつくった。ところがその彄環は指の骨を映し出した。高祖はこれを忌み嫌って、近侍の若者に鳴玉・耀光などそれぞれ四枚ずつを下賜して厄払いした。

10 趙王如意年幼、未能親外傅。戚姫使舊趙王内傅趙媼傅之。號其室曰養徳宮。後改爲魚藻宮。

趙王如意《にょい》年幼くして、未だ外傅《がいふ》に親しむ能わず。戚姫旧《もと》の趙王の内傅《ないふ》趙媼《ちょうおう》をして之れに傅たらしむ。其の室を号して養徳宮と曰う。後に改めて魚藻《ぎょそう》宮と為す。

語釈 ○趙王如意　高祖の第四子（?—前一九五）。劉如意。諡は隠。母は戚夫人。最初は代王、のちに趙王に封じられたが、高祖の死後、呂后によって殺された。○外傅　後宮の外にあって、皇族・貴族の子弟を輔導し、学問・礼儀などを教える師傅。○旧趙王　張敖か。漢建国の功臣趙王張耳の子。前二〇一年に趙王を継いだが、前一九九年に廃された。○内傅　小児を世話し教育する女性。乳母、保母。

通釈 趙王如意はまだ年が幼く、外傅に教えを受けることができなかった。戚姫はもとの趙王の内傅であった趙媼に如意を託して世話をさせた。その宮室は養徳宮とよばれた。のちに魚藻宮と改称された。

参考 『三輔黄図』巻三未央宮

11 恵帝嘗與趙王同寢處。呂后欲殺之、而未得。後帝早獵、王不能夙興。呂后命力士、於被中縊殺之。及死呂后不之信。以緑囊盛之、載以小輧車入見。乃厚賜力士。力士是東郭門外官奴。帝後知、腰斬之。后不知也。

恵帝嘗て趙王と寝処を同《とも》にす。呂后《りょこう》之れを殺さんと欲するも、而れども未だ得ず。後に帝早《あした》に猟《かり》するに、王夙《つと》に興ること能わず。呂后力士《りきし》に命じて、被中に於いて之れを縊殺《いさつ》せしむ。死するに及ぶも呂后之れを信ぜず。緑囊を以て之れを盛り、載《の》するに小軿車を以て入見せしむ。乃ち厚く力士に賜う。力士は是れ東郭門外の官奴なり。帝後に知り、之れを腰斬す。后知らざるなり。

語釈 ○恵帝　前漢第二代皇帝（在位前一九五―前一八八）。劉盈。戚夫人や趙王に対する母呂后の非道な仕打ちを見て、政務に対する情熱を失ったといわれる。○呂后　高祖の皇后（?―前一八〇）。恵帝の母。恵帝の死後、少帝を立てて自ら政務をとった。○縊殺　絞殺。『史記』『漢書』などでは鴆毒（毒をもつ鳥とされる鴆の羽を浸した酒）を用いて毒殺したとされる。○軿車　四周に覆いをかけた女性用の車。○腰斬　腰から斬りはなす刑。重罪人に科せられた。

通釈 恵帝は以前趙王と寝所をともにしていたことがあった。呂后は趙王を殺そうと思ったが、〔恵帝がそばにいるので〕まだ果たせずにいた。そののち恵帝が朝早く猟に出かけたことがあったが、このとき趙王は早起きできず〔いっしょに行くことができなかった〕。そこで呂后はある力士（力の強い男）に命じて、まだ夜具の中にいた趙王を絞め殺させた。趙王が死んだという報告を聞いても呂后はそれを信用しなかった。そこで緑色の袋に死体を詰め、小型の軿車に載せて呂后のもとに運んで見せた。そこで〔ようやく納得した呂后は〕力士に厚く褒美を賜った。この力士は東郭門（長安城の東北門）の外で服役していた官府の奴隷であった。恵帝はのちに事の真相を知り、彼を腰斬の刑に処した。呂后は〔この処刑について〕知ることはなかった。

12樂遊苑自生玫瑰樹。樹下多苜蓿。苜蓿一名懷風。時人或謂之光風。風在其間、常蕭蕭然。日照其花、有光采。故名苜蓿爲懷風。茂陵人謂之連枝草。

楽遊苑には自ずから玫瑰樹《ばいかいじゅ》を生ず。樹下に苜蓿《もくしゅく》多し。苜蓿は一に懐風《かいふう》と名づく。時人或いは之れを光風と謂う。風其の間に在れば、常に蕭蕭然《しょうしょう》たり。日其の花を照らせば、光采有り。故に苜蓿を名づけて懐風と為す。茂陵の人之れを連枝草と謂う。

語釈 ○楽遊苑　宣帝が神爵三年（前五九）につくった庭園。長安城の南、杜陵（現陝西省西安の東南）の西北にあったといわれる。○玫瑰　バラ科の落葉灌木。はまなす。○苜蓿　マメ科の越年草。うまごやし。○蕭蕭　ものさびしい音の形容。風雨や落葉の形容に使用される。○茂陵　武帝の陵墓およびその一帯を指し、宣帝の時代に県が置かれた。現陝西省興平の東北。

通釈 楽遊苑では玫瑰樹が自生していた。その樹の下には苜蓿が数多くはえていた。苜蓿は別に懐風とも名づけられた。また当時の人々はこれを光風ともよんだ。風がその間を吹き抜けると、つねに蕭々として揺れ動いた。日光がその花を照らすと、光りきらめいた。そこで別名を懐風といった。また茂陵の人はこれを連枝草ともよんだ。

13太液池邊皆是彫胡、紫蘀、綠節之類。菰之有米者、長安人謂之彫胡、葭蘆之未解葉者、謂之紫蘀、菰之有首者、謂之綠節。其間鳧雛、鴈子布滿充積。又多紫龜、綠鼈。池邊多平沙。沙上鵜鶘、鷓鴣、鵁鶄、鴻、鶂動輒成羣。

太液池の辺《ほとり》は皆是れ彫胡《ちょうこ》、紫蘀、緑節の類あり。菰《こ》の米《べい》有る者は、長安の人之れを彫胡と謂い、葭蘆《かろ》の未だ葉を解かざる者は、之れを紫蘀《したく》と謂い、菰の首有る者は、之れを緑節と謂う。其の間に鳧雛《ふすう》、雁子《がんし》布満充積す。又紫亀《しき》、緑鼈《りょくべつ》多し。池の辺に平沙多し。沙上の鵜鶘《ていこ》、鷓鴣《しゃこ》、鵁鶄《こうせい》、鴻《こう》、鶂《げい》動きて輒ち群を成す。

語釈 ○太液池　太掖池。長安城の西の建章宮にあった大池。別名は蓬萊池。○菰　まこも。池や川などの水辺に群生する大型の多年草。○米　籾殻一般から取り出された穀物の実。○葭蘆　あし。水湿地に群生する大型の多年草。○鵁鶄　鶴鷺目鷺科の中型の鳥。ごいさぎ・青鷺などの類か。○鶂　鷺や雁に似た水鳥。

通釈 太液池のほとり全面に彫胡・紫蘀・緑節の類がはえていた。それぞれ菰の実のなっているものを、長安の人々は彫胡とよび、葭蘆のまだ葉を広げていないものを、紫蘀とよび、菰の穂の出たものを緑節とよんだ。その草叢の中は鳧（かも）のひなや、雁（がん）の子で満ちあふれていた。また紫亀（かめ）や緑鼈（すっぽん）も多かった。池のほとりには多くの平らで広い砂浜がある。その砂浜の上では鵜鶘（ペリカン）・鷓鴣（しゃこ）・鵁鶄・鴻（大雁）・鶂が群れ集って行動していた。

14 終南山多離合草。葉似江離、而紅緑相雜、莖皆紫色、氣如羅勒。有樹、直上百丈。無枝、上結叢條、如車蓋。葉一青一赤、望之、班駁如錦繡。長安謂之丹青樹。亦云華蓋樹。亦生熊耳山。

終南山に離合草《りごうそう》多し。葉は江離《こうり》に似て、紅緑相《あい》雑じり、茎《くき》は皆紫色にして、気は羅勒《らろく》の如し。樹有り、直上すること百丈。枝無く、上に叢条《そうじょう》を結び、車蓋《しゃがい》の如し。葉は一青一赤、之れを望めば、班駁《はんばく》は錦繡の如し。長安之れを丹青樹《たんせいじゅ》と謂う。亦華蓋樹《かがいじゅ》と云う。亦熊耳山に生ず。

語釈 ○終南山　山名。現陝西省西安の南を東西に連なる山地。秦嶺山脈の主峰の一つ。○江離　香草の名。江蘺。せんきゅう。○羅勒　香草の名。めほうき。○百丈　約二三〇メートル。百尺（約二三メートル）につくる版本もある。○車蓋　車を覆う傘。車の上に唐傘のように立てたおおい。○熊耳山　山名。現河南省盧氏の東にある山。双峰が並峙して熊の耳に似ていることから命名。

通釈 終南山には離合草が多い。葉は江離に似ていて、紅色と緑色が雑じりあい、茎全体は紫色で、香《かおり》は羅勒のようである。また樹木があり、まっすぐに百丈の高さに達する。幹の途中に枝はなく、上のほうに葉や小枝がはえていて、全体の姿は車蓋のようである。青い葉と赤い葉があり、これを下からながめると、そのいろどりは綾錦のようである。長安ではこの木を丹青樹とよんだ。また華蓋樹ともいった。またこの木は熊耳山にもはえていた。

15 漢帝相傳以秦王子嬰所奉白玉璽、高帝斬白蛇劍。劍上有七采珠、九華玉以爲飾、雜廁五色流離爲劍匣。劍在室中、光景猶照于外、與挺劍不殊。十二年一加磨瑩、刃上常若霜雪。開匣拔鞘、輒有風氣、光彩射人。

漢帝相《あい》伝うるに秦王子嬰《しえい》の奉ぜし所の白玉璽、高帝の白蛇を斬りし剣を以てす。剣上に七采の珠、九華の玉有りて以て飾りと為し、五色の流離《るり》を雑廁《ざっし》して剣の匣《こう》を為《つく》る。剣室中に在るも、光景猶《なお》外に照るがごとくして、挺剣《ていけん》と殊《こと》ならず。十二年に一たび磨瑩《まえい》を加え、刃上は常に霜雪の若し。匣を開き鞘より抜けば、輒ち風気有りて、光彩人を射る。

語釈 ○秦王子嬰　秦の始皇帝の孫（?—前二〇六）。二世皇帝胡亥の死後、秦朝を継いだが、すでに秦の勢力は弱まっていたので、単に王と称した。○白玉璽　沛公劉邦（漢の高祖）が秦軍を破って関中（東は函谷関、西は隴関の間の地）に進入し、子嬰が降伏したとき、劉邦に献じられた天子の玉璽。天子の印は白色の玉製で、璽と称された。○斬白蛇剣　高祖が亭長（郷村の治安を担当した役人）であったころ、白帝の子の化身である蛇を斬ったとされる剣。

通釈 漢の皇帝は秦王子嬰が〔高帝（高祖劉邦）に〕奉じた白玉璽と、高帝が白蛇を斬ったといわれる剣とを代々伝えていた。剣の上は七彩の真珠と、九華の玉で飾られ、また五色の瑠璃をちりばめて剣の箱がつくられていた。剣は鞘に収まっていても、その光は鞘の外に照り輝いて、抜身の剣と異ならなかった。十二年に一度磨きを加え、刃はつねに霜や雪のように白く鋭く輝いていた。箱を開き鞘より抜けば、そのたびごとにある雰囲気が漂い、その輝きは人を射るかのようであった。

参考 『三輔黄図』巻六庫（霊金内府）、『酉陽雑俎』巻十物異

16 漢綵女常以七月七日穿七孔鍼於開襟樓、倶以習之。

漢の綵女は常に七月七日を以て七孔鍼《しちこうしん》を開襟楼《かいきんろう》に穿《うが》ち、倶《とも》に以て之れを習う。

西京雑記巻上

語釈 ○綵女　采女。宮中の女官の一名。○七月七日　富貴・長寿・子宝などを願う行事が七夕説話に結びつけられることが多く、この条のような裁縫の上達を願う行事もその一例。○開襟楼　巻上（24）に掖庭の建造物として開襟閣の名が見える。あるいは同一の建物か。

通釈 漢の女官たちは毎年七月七日に開襟楼で七つの孔をあけた針に〔色糸を〕通し、いっしょにこれを繰り返し練習した。

参考 『荊楚歳時記』（七月七日）

17 宣帝被收繫郡邸獄、臂上猶帯史良娣合采婉轉絲繩、繫身毒國寶鏡一枚。大如八銖錢。舊傳、此鏡見妖魅、得佩之者爲天神所福。故宣帝從危獲濟。及即大位、毎持此鏡、感咽移辰。常以虎魄笥盛之、緘以戚里織成錦。一曰斜文錦。帝崩、不知所在。

宣帝郡邸の獄に収繋せられしとき、臂上に猶《なお》史良娣《しりようてい》の合采婉転の糸縄を帯び、身毒《けんとく》国の宝鏡一枚を繫《か》く。大きさ八銖銭の如し。旧伝に、此の鏡妖魅を見《あら》わし、之れを佩ぶるを得る者は天神の福《さいわい》する所と為る、と。故に宣帝は危《あやう》き従《よ》り済《すく》わるるを獲たり。大位に即《つ》くに及んで、此の鏡を持つ毎《ごと》に、感咽《かんえつ》して辰《とき》を移す。常に虎魄《こはく》の笥を以て之れを盛り、緘《と》づるに戚里の織成錦《しょくせいきん》を以てす。一に斜文錦と曰う。帝崩ずるや、所在を知らず。

語釈 ○宣帝　前漢第十代皇帝（在位前七四―前四九）。劉詢。武帝の曾孫で、巫蠱（人形をつくって土中に埋め、相手の寿命を縮めようとする呪術）の事件で害に遭った戻太子（劉拠。武帝の嫡長子。武帝を呪詛したと誣告され、反乱を起こして自殺に追い込まれた）の孫。内治では地方行政の整備や農業政策の刷新に努力、外政では西域諸国や匈奴を服属、前漢中興の祖と謳われた。○郡邸　諸郡の官吏が京師に設けた邸。一説に獄の名。○史良娣　宣帝の祖母（生没年不詳）。良娣は女官名。太子には妃・良娣・孺子の三等の配偶者があった。戻太子と史良娣との間に史皇孫、皇孫と王夫人との間に宣帝が生まれた。○八銖銭　秦代の銭。重さ八銖（約五・二グラム）。円形で四角い穴が開き、直径は約三センチメートル。前漢初期にも一時製造された。○戚里　長安城内で天子と姻戚関係にある者が多く居住した地区。○織成　錦の一種。色糸でつくった織物。あやぎぬ。花絹。今日の刺繡に似た織物。

通釈 宣帝は郡邸の獄に繫がれていたとき、その腕にはなお祖母の史良娣が編んだ合采婉転の糸縄（何色かの絹糸を編んでつくった縄）をつけており、それには身毒国（インド）の宝鏡が一枚吊り下げられていた。大きさは八銖銭ほどであった。古くからの伝によれば、この鏡は妖怪変化を映し出し、これを身につけることのできる者は天の神によって幸いを授かるとされた。そのため宣帝は危険な目に遭っても助かることができた。即位したのち、この鏡を手にするたびに、心に感じてはむせび泣きしてときを過ごした。つねに琥珀の箱にこれを入れ、戚里でつくられた織成錦をもってその箱を包んでいた。この織成錦は別に斜文錦とも称した。帝が死んだのち、そのありかは知られていない。

参考 『漢書』巻八宣帝紀・巻九十七上外戚伝上（衛太子史良娣伝）

18 霍光妻遺淳于衍蒲桃錦二十四匹、散花綾二十五匹。綾出鉅鹿陳寶光家、寶光妻傳其法。霍顯召入其第、使作之。機用一百二十鑷、六十日成一匹。匹直萬錢。又與走珠一琲、綠綾百端、錢百萬、黃金百兩。爲起第宅、奴婢不可勝數、衍猶怨曰、吾爲爾成何功。而報我若是哉。

霍光《かくこう》の妻淳于衍《じゅんうえん》に蒲桃錦《ぶどうきん》二十四匹、散花綾《さんかりょう》二十五匹を遺《おく》る。綾は鉅鹿《きょろく》の陳宝光の家より出《い》で、宝光の妻其の法を伝う。霍顕《かくけん》召して其の第に入れ、之れを作らしむ。機は一百二十鑷《じょう》を用い、六十日にして一匹を成す。匹は万銭に直《あたい》す。又走珠《そうしゅ》一琲、緑綾百端、銭百万、黄金百両を与《あた》う。為に第宅を起て、奴婢勝《あ》げて数う可からざるも、衍猶《なお》怨みて曰く、吾爾《われなんじ》が為に何《いくばく》の功を成せしや。而るに我《われ》に報いること是くの若きか、と。

語釈　○霍光　前漢中期の政治家（?—前六八）。武帝時代の将軍霍去病の異母弟。武帝に親任され、その死後、大司馬大将軍（武官の最高位）として幼主昭帝を補佐、さらに宣帝を擁立して娘をその皇后に嫁し、外戚として権勢を振ったが、彼が病死したのち一族は誅滅された。○霍光妻　霍光の妻顕（生没年不詳）。宣帝の許皇后を薬殺、娘の成君を皇后とした。霍光の死後、この事件が洩れて誅された。○蒲桃錦　葡萄模様の錦。○匹　織物の長さの単位。一匹は約九メートル。○散花綾　花を散らした模様のあやぎぬ。○鉅鹿　郡名。現河北省南部。○鑷　躡に通じ、織機で綜絖（緯糸《よこ》を通すために経糸《たて》を交互に上下させる装置）を引上げるのに用いる踏具。しかし百二十の踏板では多すぎるので、ここでは綜絖に付属する引上げ金具を指すか。○琲　数多くの珠を貫いてつくった飾りを数える単位。○端　織物の長さの単位。一端は二十尺（約四五〇センチメートル）。○両　重さの単位。一両は約一五・五グラム。

通釈　霍光の妻顕は淳于衍に蒲桃錦二十四匹、散花綾二十五匹を遺った。その綾は鉅鹿の陳宝光の家でつくられたもので、宝光の妻がその織り方を受け継いでいた。霍顕は宝光の妻を自らの邸に招き入れ、それをつくらせた。織機は百二十の鑷を備えたものを用い、一匹を織りあげるのに六十日もかかった。一匹の値は一万銭もした。さらに走珠一琲、緑綾百端、銭百万、黄金百両をあたえた。そのうえ邸を建ててやり、奴婢は数え切れないほど多かったが、衍はそれでもなお満足せずに、「私は貴方のためにどれほどの働きをしたことでしょう。それなのに私に報いるのにたったこれだけのことしかして下さらないのですか」と怨みごとをいった。

参考『漢書』巻六十八霍光伝・巻九十七上外戚伝上（霍皇后伝）

19 濟北王興居反。始擧兵、大風從東來、直吹其旍旗。飛上天入雲、而墮城西井中。馬皆悲鳴不進。左右李廓等諫、不聽。後卒自殺。

濟北王《せいほくおう》興居反《そむ》く。始めて兵を挙げしとき、大風東従り来《きた》り、直ちに其の旍旗《せいき》を吹く。飛びて天に上り雲に入りて、城西の井中に堕《お》つ。馬皆悲しみ鳴きて進まず。左右の李廓《りかく》等諫むるも、聴かず。後に卒に自殺す。

語釈 ○済北王興居　高祖の長子斉悼恵王肥の子（?—前一七七）。呂氏（高祖の皇后の呂后一族）を誅して文帝を擁立。のちに斉郡を分けて済北王に封じられた。文帝の前三年（前一七七）、反乱を起こして失敗し、自殺した。

通釈 済北王劉興居は反乱を起こした。最初に兵を発しようとしたとき、強風が東から吹いてきて、すぐにそのはたを吹き飛ばした。はたは天高く舞い上がって雲の中へ入り、城西の井戸の中に落ちた。馬は皆悲しげに嘶《いなな》いて進もうとしなかった。侍臣の李廓らが〔反乱をやめるように〕諫めたが、興居は聴き入れなかった。そののち彼はついに自殺した。

参考『史記』巻十孝文本紀・巻五十二斉悼恵王世家、『漢書』巻四文帝紀・巻三十八高五王伝

20五鹿充宗受學于弘成子。成子少時、嘗有人過己、授以文石。大如燕卵。成子呑之、遂大明悟、爲天下通儒。成子後病、吐出此石、以授充宗。充宗又爲碩學也。

五鹿充宗《ごろくじゅうそう》学を弘成子《こうせいし》に受く。成子少《わか》かりし時、嘗て人有りて己を過《よ》ぎり、授《さず》くるに文石を以てす。大きさ燕卵の如し。成子之れを呑み、遂に大いに明悟し、天下の通儒と為る。成子後に病みて、此の石を吐き出し、以て充宗に授く。充宗も又碩学と為るなり。

語釈 ○五鹿充宗　元帝時代の学者（生没年不詳）。石顕（宦官として元帝の側近に奉仕し、政治を専権した）らとともに勢力を伸ばしたが、のちに左遷。梁丘氏の『易』を修め、能弁で誰も対抗できなかったので、彼を論破した朱雲は「五鹿嶽嶽たり、朱雲其の角を折る」と賞賛された。

通釈 五鹿充宗は学問を弘成子に学んだ。成子が幼少のころ、かつてある人が成子のところにたちより、模様のある石を授けた。その大きさは燕の卵ほどあった。成子はそれを呑み、ついに大いに明悟するところとなり、天下に名だたる博学の儒者となった。成子はのちに病んだとき、この石を吐き出し、充宗に授けた。そして充宗もまた〔その石を呑んで〕碩学となった。

参考 『漢書』巻六十七朱雲伝・巻八十八儒林伝

21 始元元年、黄鵠下太液池。上爲歌曰、黄鵠飛兮下建章。羽肅肅兮行蹌蹌。金爲衣兮菊爲裳。唼喋荷荇、出入蒹葭。自顧菲薄、愧爾嘉祥。

始元元年、黄鵠《こうこく》太液池《たいえきち》に下る。上《しょう》歌を為《つく》りて曰く、黄鵠飛びて建章に下る。羽は粛粛《しゅくしゅく》として行は蹌蹌《そうそう》たり。金もて衣と為し菊もて裳《もすそ》と為す。荷荇《かこう》を唼喋《そうちょう》し、蒹葭《けんか》に出入す。自ら菲薄を顧みて、爾《なんじ》が嘉祥に愧《は》ず、と。

語釈 ○黄鵠　鶴に似た黄色の大鳥。瑞鳥の一つ。○上　天子の尊称。ここでは前漢第八代皇帝昭帝。○建章　建章宮。長安城の西側にあり、武帝の太初元年（前一〇四）につくられた宮殿。そばに太掖池がある。○粛粛　鳥の羽音の形容。その音写か。○蹌蹌　舞いおどるさま。○荷　蓮（はす）。池や水田に群生する多年草。○荇　莕・荇。あさざ。池や沼に群生するミツガシワ科の多年草。○蒹　おぎ。水辺の湿地に群生するイネ科の多年草。○菲薄　才能や徳が少ないこと。

通釈 始元元年（前八六）、黄鵠が太液池に舞いおりた。昭帝は歌をつくって、「黄鵠が飛んできて建章宮に舞いおりた。その羽音は粛々とし動き舞うさまは蹌々としている。金を上着とし菊をもすそと〔したあでやかな姿を〕している。はすやあさざをついばみ、おぎやあしの間を出入する。自分の不徳を顧みると、おまえの嘉祥に愧じ入るばかりである」と詠んだ。

22 漢帝送死、皆珠襦玉匣。匣形如鎧甲、連以金縷。武帝匣上、皆鏤爲蛟、龍、鸞、鳳、龜、麟之象。世謂爲蛟龍玉匣。

漢帝の死を送るに、皆珠襦玉匣《しゅじゅぎょくこう》す。匣の形は鎧甲《がいこう》の如く、連ぬるに金縷《きんる》を以てす。武帝の匣の上は、皆鏤《きざ》みて蛟、竜、鸞、鳳、亀、麟の象を為《つく》る。世に謂いて蛟竜の玉匣と為す。

語釈 ○珠襦玉匣　黄金のとじ糸で板状の玉片を縫い合わせてつくった筒状の上着とズボン。これに遺体を収めた。○蛟　みずち。四足でよく大水を起こすといわれ、竜に似た想像上の動物。○鸞・鳳　鳥名。瑞祥の一つ。

通釈 漢の皇帝の葬儀には、皆珠襦玉匣を用いた。玉匣の形状はよろいのようであり、縫い合わせるのに金の糸を用いた。武帝の玉匣の表面は、皆彫刻してみずち・竜・鸞・鳳・亀・麒麟の形がちりばめられていた。世間ではこれを蛟竜の玉匣とよんだ。

23 成帝設雲帳、雲幄、雲幙於甘泉紫殿。世謂三雲殿。

成帝雲帳《うんちょう》、雲幄《あく》、雲幙《ばく》を甘泉《かんせん》の紫殿に設く。世に三雲殿と謂う。

語釈 ○成帝　前漢第十二代皇帝（在位前三三—前七）。劉驁。宣帝の孫、元帝の長子。外戚の王氏（元帝の皇后）一族に政治を専横され、のちに王莽の新の誕生する一因となった。○雲帳・雲幄・雲幙　雲をかたどったとばり。天幕、天上の飾り幕。○甘泉　甘泉宮。現陝西省淳化の西北、甘泉山の近くにあった宮殿。もと秦の離宮で、武帝の建元年間（前一四〇—前一三五）に増築された。○紫殿　武帝が建てた宮殿。

通釈 成帝は雲帳・雲幄・雲幙を甘泉の紫殿に設けた。世間ではこれを三雲殿とよんだ。

24 漢掖庭有月影臺、雲光殿、九華殿、鳴鸞殿、開襟閣、臨池觀。不在簿籍、皆繁華窈窕之所棲宿焉。

漢の掖庭に月影台、雲光殿、九華殿、鳴鸞殿《めいらんでん》、開襟閣、臨池観有り。簿籍に在らずして、皆繁華窈窕《ようちょう》の棲宿する所なり。

語釈 ○掖庭　後宮。永巷。未央宮内の宮殿。皇妃・宮女が居住。○簿籍　名簿。ここでは宮女の簿冊。

通釈 漢の後宮には月影台・雲光殿・九華殿・鳴鸞殿・開襟閣・臨池観があった。そこは官女の人名簿にのらない、皆年若くしとやかな美女たちの住む所であった。

25 趙飛燕女弟居昭陽殿。中庭彤朱、而殿上丹漆。砌皆銅沓黄金塗、白玉階。壁帶往往爲黄金釭、含藍田璧、明珠、翠羽飾之。上設九金龍、皆銜九子金鈴、五色流蘇、帶以綠文紫綬、金銀花鑷。每好風日、幡旄光影照耀一殿、鈴鑷之聲驚動左右。中設木畫屏風、文如蜘蛛絲縷。玉几、玉牀、白象牙簟、綠熊席。席毛長二尺餘、人眠而擁毛自蔽、望之不見。坐則沒膝其中。襍熏諸香、一坐此席、余香百日不歇。有四玉鎮、皆達照無瑕缺。窓扉多是綠琉璃、亦皆達照毛髪不得藏焉。椽桷皆刻作龍蛇、縈繞其間、鱗甲分明、見者莫不兢慄。匠人丁緩、李菊、巧爲天下第一。締構既成、向其姊子樊延年説之。而外人稀知、莫能傳焉。

趙飛燕《ちょうひえん》の女弟は昭陽殿に居す。中庭は彤朱《とうしゅ》にして、殿上は丹漆《たんしつ》なり。砌《せい》は皆銅もて沓《おお》い黄金もて塗り、白玉階あり。壁帯は往往にして黄金釭に為《つく》り、藍田《らんでん》の璧を含め、明珠、翠羽もて之れを飾る。上は九金竜を設け、皆九子の金鈴、五色の流蘇を銜《ふく》み、帯びるに緑文の紫綬、金銀の花鑷《じょう》を以てす。好風の日毎に、幡毦《はんじ》の光影は一殿を照耀し、鈴鑷《れいじょう》の声は左右を驚動す。中に木画の屏風《へいふう》を設け、文は蜘蛛の糸縷《しる》の如し。玉几、玉牀、白象牙の簟《てん》、緑熊の席あり。席の毛の長さ二尺余、人眠りて毛に擁《つつ》まるれば自ずから蔽《おお》われて、之れを望むも見えず。坐《すわ》れば則ち膝を其の中に没《しず》む。襍《ま》じえて諸香を熏《くす》ぶるに、一たび此の席に坐れば、余香は百日歇《つ》きず。四玉鎮有りて、皆達照にして瑕欠無し。窓扉は多く是れ緑の琉璃、亦皆達照にして毛髪も蔵《かく》るるを得ず。椽桷《てんかく》は皆刻みて竜蛇に作り、其の間を縈繞《えいじょう》し、鱗甲は分明にして、見る者兢慄《きょうりつ》せざるは莫し。匠人の丁緩《ていかん》、李菊、巧は天下第一為《た》り。締構《ていこう》既に成り、其の姉の子の樊延年《はんえんねん》に向かいて之れを説く。而れども外人知ること稀にして、能く伝うる莫し。

語釈 ○趙飛燕《ちょうひえん》　成帝の皇后、趙后（?―前一）。成陽侯趙臨の娘で、身体が軽いため飛燕と名づけられたといわれる。○女弟　妹。ここでは趙飛燕の妹、趙合徳（趙昭儀）を指す。○昭陽殿　未央宮の後宮にあった宮殿の一つ。趙昭儀が成帝より賜った住居。○砌　門のしきみ。門戸の内外の区画を設けるために敷く横木。○壁帯　壁の横木が露出して帯状に見える部分。○黄金釭　黄金で作成したわたし木。○藍田璧　現陝西省長安の東南、藍田山からとれる璧。○流蘇　車馬やカーテンなどにたれ下げた五色のふさかざり。○幡毦　長方形の旗につけられた羽毛のかざり。○玉牀　玉製の寝台。○白象牙簟　白い象牙でつくったむしろ。夏は簟、冬は席を使用する。○緑熊席　緑色の熊の毛皮でつくった敷物。○椽桷　たるき。家屋の棟から軒に懸け渡して、屋根をささえる横木。

通釈 趙飛燕の妹は昭陽殿に住んでいた。その中庭は朱にいろどられ、殿上は朱い漆が塗られていた。門のしきみは皆銅をふいてその上に黄金を塗り、白玉で階段をつくった。壁帯は所々を黄金の横木とし、藍田の璧をはめこみ、光る珠や、かわせみの羽毛でその表面を飾った。殿上には九匹の黄金の竜を掲げ、それらは皆九個の金鈴や、五色のふさかざりを口にくわえ、緑の模様のある紫の綬と、金銀の花かんざしをおびていた。心地よい風が吹く日は、旗につけたかざりの光影が宮殿全体を照り輝かし、鈴とかんざしの鳴る音があたりを驚かせるほどであった。殿中には色彩あざやかな絵を描いた木製のついたてを立て、その模様は蜘蛛の糸のように繊細であった。また玉の肘掛、玉の寝台、白い象牙のむしろ、緑色の熊の毛皮でつくった敷物が置かれていた。その敷物の長さは二尺（約四六センチメートル）あまりで、人がそこに眠ると毛につつまれ自然におおわれて、姿はかくれて見えなくなった。すわると膝までかくれてしまうほどであった。それには数種類の香が薫き込まれていて、ひとたびそれにすわれば、余香は百日間も消えることがなかった。敷物をおさえる四個の玉鎮があり、皆照りはえて傷ひとつなかった。窓の扉は多くの緑の琉璃で縁取られ、皆照りはえて一本の毛髪さえも映し出した。たるきは皆刻んで竜や蛇にしたててあり、それらが殿上をめぐり、鱗がはっきりとしているさまは、見て恐れ戦《おのの》かない者はなかった。これらをつくった職工の丁緩や李菊は、その技巧は天下第一であった。昭陽殿が完成すると、趙昭儀はその姉の子供の樊延年に宮殿のすばらしさを語った。しかし外部の人はほとんど知ることがなかったので、その実際が伝え残されることはなかった。

参考 『漢書』巻九十七下外戚伝下（趙皇后伝）、『三輔黄図』巻三未央宮

26 積草池中有珊瑚樹。高一丈二尺、一本三柯、上有四百六十二條。是南越王趙佗所獻、號爲烽火樹。至夜光景常欲然。

積草池の中に珊瑚樹《さんごじゅ》有り。高さ一丈二尺、一本三柯《か》、上に四百六十二条有り。是れ南越王趙佗《ちょうた》の献ぜし所にして、号して烽火樹《ほうかじゅ》と為す。夜に至るや光景常に然《も》えんと欲す。

語釈 ○積草池　長安の上林苑（皇帝専用の庭園）にあった十池の一つ。○南越　王国名。秦末漢初の混乱に乗じて、趙佗が嶺南の地（現広東省・広西壮族自治区）に建国。元鼎六年（前一一一）、前漢の武帝に滅ぼされた。○趙佗　南越国の武王（在位前二〇七ごろ―前一三七）。真定（現河北省正定）の人。秦末に自立して南越国を建国し、漢の高祖のとき、南越王に封じられた。のちに漢にそむいて皇帝と称したが、文帝即位ののち藩臣として服属した。

通釈 積草池には珊瑚樹があった。高さは一丈二尺（約二・七メートル）で、一株から三本の大枝がはえ、上に四百六十二本の小枝があった。これは南越王の趙佗が献上したもので、烽火樹とよばれた。夜になると光り輝くそのさまはまるで今にも燃え出しそうな様子であった。

参考 『三輔黄図』巻四池沼

27 昆明池、刻玉石爲魚。每至雷雨、魚常鳴吼、鬐尾皆動。漢世祭之、以祈雨、往往有驗。

昆明池に、玉石を刻みて〔鯨〕魚を為《つく》る。雷雨至る毎に、魚常に鳴吼《めいこう》し、鬐尾《きび》皆動く。漢世々之れを祭り、以て雨を祈り、往往にして験有り。

語釈 ○玉石　璞玉、あらたま。磨いていない掘り出したままの原玉。○鯨魚　底本には鯨字がないが、『初学記』地部上石所引『西京雑記』などの佚文によって鯨字を補った。

通釈 昆明池には、玉石を彫刻してつくった鯨が置かれていた。雷雨が降るたびに、鯨はつねに鳴きほえ、その背びれが皆動いた。漢王朝では代々この鯨を祭り、雨の降ることを祈り、しばしば効験があった。

参考 『三輔黄図』巻四池沼所引『三輔故事』

28 初修上林苑、羣臣遠方各獻名果異樹。亦有製爲美名以標奇麗。梨十。紫梨、青梨、芳梨、大谷梨、細葉梨、縹葉梨、金葉梨、瀚海梨、東王梨、紫條梨。棗七。弱枝棗、玉門棗、棠棗、青葉棗、梬棗、赤心棗、西王棗。栗四。侯栗、榛栗、瑰栗、嶧陽栗。桃十。秦桃、榹桃、緗核桃、金城桃、綺葉桃、紫文桃、霜桃、胡桃、櫻桃、含桃。李十五。紫李、綠李、朱李、黃李、青綺李、青房李、同心李、車下李、含枝李、金枝李、顏淵李、羌李、燕李、蠻李、猴李。

柰三。白柰、紫柰、綠柰。查三。蠻查、羌查、猴查。梬三。青梬、赤棠梬、烏梬。棠四。赤棠、白棠、青棠、沙棠。梅七。朱梅、紫蔕梅、紫華梅、同心梅、麗枝梅、燕梅、猴梅。杏二。文杏、蓬萊杏。桐三。椅桐、梧桐、荊桐。林檎十株、枇杷十株、橙十株、安石榴十株、楟十株、白銀樹十株、黃銀樹十株、槐六百四十株、千年長生樹十株、萬年長生樹十株、扶老木十株、守宮槐十株、金明樹二十株、搖風樹十株、鳴風樹十株、琉璃樹七株、池離樹十株、離婁樹十株、白兪梪杜梪桂梪漆樹十株、枏四株、樅七株、栝十株、楔十株、楓四株。

初めて上林苑を修むるや、群臣遠方より各々名果異樹を献ず。亦美名を製《つく》り以て奇麗を標する有り。梨に十あり。紫梨《しり》、青梨、芳梨、大谷梨、細葉梨、縹葉梨《ひょうようり》、金葉梨、瀚海梨《かんかいり》、東王梨、紫条梨なり。棗に七あり。弱枝棗《じゃくしそう》、玉門棗、棠棗《とうそう》、青葉棗、梬棗、赤心棗、西王棗なり。栗に四あり。侯栗《こうりつ》、榛栗、瑰栗《かいりつ》、嶧陽栗《えきようりつ》なり。桃に十あり。秦桃《しんとう》、榹桃《しとう》、緗核桃《しょうかくとう》、金城桃、綺葉桃、紫文桃、霜桃、胡桃、桜桃、含桃なり。李に十五あり。紫李《しり》、緑李、朱李、黄李、青綺李、青房李、同心李、車下李、含枝李、金枝李、顔淵李《がんえんり》、羌李、燕李、蛮李《ばんり》、猴李なり。柰《だい》に三あり。白柰、紫柰、緑柰なり。查《さ》に三あり。蛮查、羌查、猴查なり。梬《えい》に三あり。青梬、赤棠梬、烏梬なり。棠《とう》に四あり。赤棠、白棠、青棠、沙棠なり。梅に七あり。朱梅、紫蔕梅、紫華梅、同心梅、麗枝梅、燕梅、猴梅なり。杏に二あり。文杏、蓬萊杏なり。桐に三あり。椅桐《いとう》、梧桐、荊桐なり。林檎十株、枇杷十株、橙十株、安石榴十株、楟《てい》十株、白銀樹十株、黄銀樹十株、槐《かい》六百四十株、千年長生樹十株、万年長生樹十株、扶老木十株、守宮槐十株、金明樹二十株、揺風樹十

株、鳴風樹十株、琉璃樹七株、池離樹十株、離婁樹十株、白兪《はくゆ》梼《とう》杜《と》梼桂梼漆樹《とうけいとうしつじゅ》十株、枏《ぜん》四株、樅七株、栝《かつ》十株、楔十株、楓四株。

語釈 ○上林苑　天子専用の庭園の名。秦の始皇帝が開設し、前漢の武帝が拡張。苑中に宮殿七十あまり、山川・池沼・森林があり、珍獣・異樹を集めたといわれる。南東は現陝西省藍田から、西は盩厔、北は興安におよぶ地域。

通釈 〔武帝が〕上林苑を拡張したさい、群臣が遠方から有名で珍しい果樹や樹木を献上した。また美称をつくってそれら果樹・樹木がすぐれて麗しいことをほめそやした。〔献上されたもののなかには〕梨（なし）が十種あった。それらは紫梨・青梨・芳梨・大谷梨・細葉梨・縹葉梨・金葉梨・瀚海梨・東王梨・紫条梨であった。また棗（なつめ）が七種あった。それらは弱枝棗・玉門棗・棠棗・青葉棗・梬棗・赤心棗・西王棗であった。栗（くり）が四種あった。それらは侯栗・榛栗・瑰栗・嶧陽栗であった。桃（もも）が十種あった。それらは秦桃・榹桃・緗核桃・金城桃・綺葉桃・紫文桃・霜桃・胡桃・桜桃・含桃であった。李（すもも）が十五種あった。それらは紫李・緑李・朱李・黄李・青綺李・青房李・同心李・車下李・含枝李・金枝李・顔淵李・羌李・燕李・蛮李・猴李であった。柰（べにりんご）が三種あった。それらは白柰・紫柰・緑柰であった。査（ぼけ）が三種あった。それらは蛮査・羌査・猴査であった。梬（しぶがき）が三種あった。それらは青梬・赤棠梬・烏梬であった。棠（からなし）が四種あった。それらは赤棠・白棠・青棠・沙棠であった。梅（うめ）が七種あった。それらは朱梅・紫蔕梅・紫華梅・同心梅・麗枝梅・燕梅・猴梅であった。杏（あんず）が二種あった。それらは文杏・蓬萊杏であった。桐（きり）が三種あった。それらは椅桐・梧桐・荊桐であった。〔そのほか〕林檎（りんご）が十株、枇杷（びわ）が十株、橙（だいだい）が十株、安石榴（ざくろ）が十株、楟（やまなし）が十株、白銀樹が十株、黄銀樹が十株、槐（えんじゅ）が六百四十株、千年長生樹が十株、万年長生樹が十株、扶老木が十株、守宮槐が十株、金明樹が二十株、揺風樹が十株、鳴風樹が十株、琉璃樹が七株、池離樹が十株、離婁樹が十株、白兪梼杜梼桂梼漆樹が十株、枏（くすのき）が四株、樅（もみ）が七株、栝（ひのき）が十株、楔（ゆすらうめ）が十株、楓（かえで）が四株あった。

参考　『史記』巻百十七司馬相如列伝、『漢書』巻五十七司馬相如伝、『三輔黄図』巻四苑囿

29 余就上林令虞淵、得朝臣所上草木名二千餘種。鄰人石瓊、就余求借、一皆遺棄。今以所記憶列於篇右。

余上林令の虞淵《ぐえん》に就きて、朝臣の上《たてまつ》りし所の草木名二千余種を得たり。隣人の石瓊《せきけい》、余に就きて求め借りしとき、一に皆遺棄す。今記憶する所を以て篇右に列す。

語釈　○余　ここでは『西京雑記』の撰者とされる劉歆自身を指すか。○上林令　官名。京師の河川や上林苑をつかさどる官。水衡都尉に属す。○朝臣　三公・九卿以下の朝廷に出仕する官吏。

通釈　私は上林令の虞淵のもとにおもむき、朝臣が献上した草木二千余種の名簿を入手した。しかし隣人の石瓊が、私のもとへやってきてそれを借りたいと頼んだので貸したところ、すべて遺失してしまった。そこで記憶しているかぎりの名称を右に列記することにした。

参考　『史記』巻百二張釈之列伝

30 長安巧工丁緩者、爲恆滿燈。九龍五鳳、襍以芙蓉蓮藕之奇。又作臥褥香鑪。一名被中香鑪。本出房風、其法後絶、至緩始更爲之。爲機環、轉運四周、而鑪體常平、可置之被褥。故以爲名。又作九層博山香鑪。鏤爲奇禽怪獸、窮諸靈異、皆自然運動。又作七輪大扇。皆徑丈、相連續。一人運之、滿堂寒戰。

長安の巧工丁緩《ていかん》なる者、恒満燈《こうまんとう》を為《つく》る。九竜五鳳にして、襍《ま》じうるに芙蓉蓮藕《ふようれんぐう》の奇を以てす。又臥褥香鑪《がじょくこうろ》を作る。一に被中香鑪と名づく。本《もと》房風《ぼうふう》より出《い》づるも、其の法後に絶え、緩に至りて始めて更《あらた》めて之れを為る。機環《きかん》を為り、四周に転運すれども、鑪体は常に平らかにして、之れを被褥《ひじょく》に置く可し。故に以て名と為す。又九層の博山香鑪を作る。鏤《きざ》みて奇禽怪獣を為り、諸霊異を窮め、皆自然に運動す。又七輪大扇を作る。皆径は丈にして、相《あい》連続す。一人之れを運《めぐ》らすや、満堂寒戦す。

語釈 ○恒満燈　常夜燈の一種。○芙蓉　蓮の花。○蓮藕　蓮の根、地下茎。○香鑪　香を焚くのに用いる道具。陶器または金・銀・銅などでつくられ、種々の形がある。臥褥香鑪は夜具や寝室に香をたきこめるためのものであろう。○房風　名工の氏名とする注釈もあるが、未詳。○機環　機は門戸を開閉させるための回転軸などのしかけ、環は輪。臥褥香鑪の実物と考えられる香鑪が発見されている。それは球形の鑪体内部に大小二つの環を両者の軸が垂直になるよう組み合わせ、小環に取り付けられた香料容器が常に平衡を保つ構造になっている。機環とはその大小二環を指すものであろう。○被褥　夜具・布団。被は掛布団、褥は敷布団を指す。○博山香鑪　博山鑪。もと太子の宮中で用いられた銅製の香鑪。盤の上に山の形をなした鑪の本体がついていたとされる。

通釈 長安の名工であった丁緩という者は、恒満燈をつくった。〔その意匠は〕九匹の竜と五種の鳳凰を中心とし、それに蓮の花や根のめずらしい模様をあしらっていた。また彼は臥褥香鑪をつくった。これは被中香鑪ともいった。もともと房風がつくり出したものであったが、その工法はのちに途絶えてしまい、丁緩のときになってはじめてあらためてつくられたものである。特殊な仕掛けをほどこした輪がつくられていて、四方に移動させても、鑪の本体はつねに平衡を保ち、これを夜具のなかに置くことができた。そのためにこのような名がついたのである。また九層の博山香鑪もつくった。香鑪にはめずらしい鳥や獣がちりばめられ、さまざまの霊異にみちて真に迫り、皆ひとりでに動いた。また七輪の大扇もつくった。〔その大きさは〕輪のさしわたしが皆一丈（約二・三メートル）で、〔七輪の扇は〕互いにつながっていた。一人がこれをあおぐと、室内の人々は皆その涼しさにふるえあがるほどであった。

31 趙飛鷰爲皇后、其女弟在昭陽殿。遺飛鷰書曰、今日嘉辰、貴姊懋膺洪册。謹上襚三十五條、以陳踴躍之心。金華紫輪帽、金華紫羅面衣、織成上襦、織成下裳、五色文綬、鴛鴦襦、鴛鴦被、鴛鴦褥、金錯繡襠、七寶綦履、五色文玉環、同心七寶釵、黃金步搖、合歡圓璫、琥珀枕、龜文枕、珊瑚玦、瑪瑙彄、雲母扇、孔雀扇、翠羽扇、九華扇、五明扇、雲母屛風、琉璃屛風、五層金博山香鑪、廻風扇、椰葉席、同心梅、含枝李、青木香、沈水香、香螺巵、九眞雄麝香、七枝燈。

趙飛鷰《ちょうひえん》皇后と為るや、其の女弟は昭陽殿に在り。飛鷰に書を遺《おく》りて曰く、今日の嘉辰に、貴姊《きし》は洪《おお》いなる冊を膺《う》くるを懋《よろこ》ばん。謹んで襚三十五条を上《たてまつ》り、以て踴躍《ようやく》の心を陳《の》べん、と。金華紫輪帽、金華紫羅面衣、織成上襦、織成下裳、

五色文綬、鴛鴦襦《えんおうじゅ》、鴛鴦被、鴛鴦褥、金錯繡襠《きんさくしゅうとう》、七宝綦履《しっぽうきり》、五色文玉環、同心七宝釵、黄金歩揺、合歓円璫《えんとう》、琥珀《こはく》枕《ちん》、亀文枕、珊瑚玦《さんごけつ》、馬瑙彄《めのうこう》、雲母扇、孔雀扇、翠羽扇、九華扇、五明扇、雲母屏風、琉璃屏風、五層金博山香罏、廻風扇、椰葉席、同心梅、含枝李、青木香、沈水香《ちんずいこう》、香螺卮《こうらし》、九真雄麝香《きゅうしんゆうじゃこう》、七枝燈。

語釈 ○冊　策。皇帝の下す命令の一種で、后妃・諸侯を立てるさいに発布する勅書。○襚　はなむけにおくる衣裳の類。○紫輪　『太平御覧』巻六百八十七などに見える佚文では、輪を綸（太い糸）につくる。○鴛鴦　おしどり。鴛が雄、鴦が雌で、夫婦の仲睦まじさを象徴する。○金錯　金糸で文字や模様を浮き出した工芸。○七宝　金・銀・瑠璃などの七種類の貴金属・宝石類。○玉環　腰につけて飾る玉石製の環。○釵　かんざし。とくに二股状の髪飾り。○歩揺　女性の首飾り・髪飾りの一種。○円璫　まるい耳だま。イヤリング。○玦　おびだまの一種。環に似て、輪の一部が欠けたもの。○馬瑙　瑪瑙。宝石の名。蛋白石・玉髄・石英が岩石の空隙に沈澱してできたもので、赤・白・灰などの美しい色を帯び、瑠璃のような光沢がある。○雲母　きらら。花崗岩中に含まれる珪酸塩鉱物。六角形・板状の結晶で、剝ぐと紙のような薄片になる。○五明扇　舜（上古の伝説上の帝王、五帝の一人）がつくったといわれる扇。秦漢時代には公卿・士大夫は皆これを用いることができたが、魏晋時代には皇帝にかぎられたとされる。○青木香　西方で産出される薬の名。よく毒熱の気をふせぐといわれる。○沈水香　沈香の異名。熱帯産の瑞香科に属する常緑亜喬木の香木。この木材を多年水に浸すと、皮幹が腐って芯の堅い部分が水中に沈む。これを沈香といい、香料とする。○九真　郡名。現ヴェトナムのハノイの南方。○麝香　麝香鹿（ネパールからシベリアにかけて生息する鹿の一種）の雄の下腹部には鶏卵大の袋状の皮腺があり、そこから取れる香料。

通釈 趙飛鷰（飛燕）が皇后となったとき、その妹（趙昭儀）は昭陽殿に住んでいた。妹は飛鷰に手紙をおくって、「今日のこの嘉き日に、姉上は皇后に立てられる旨の立派な勅書をお受けになってさぞお喜びになっていることでしょう。〔そこで私も〕謹んで姉上にはなむけの衣裳などつぎの三十五品目をお送りし、〔姉上の立后を喜んで〕わくわくしている私の心情を示したいと思います」とのべた。「金の花模様をつけ紫色の太い糸でつくった帽子、金の花模様のついた紫色の薄絹のヴェール、あやぎぬの肌着、あやぎぬのしたばかま、五色のあや模様のついた膝掛、おしどりを描いた肌着、おしどりを描いた掛布団、おしどりを描いた敷布団、金糸でぬいとり模様をつけたしたばき、七宝をあしらった飾り紐つきのくつ、五色のあや模様のついた玉環、同心七宝釵、黄金の歩揺、合歓円璫、琥珀の枕、亀甲の綾模様をあしらった枕、珊瑚の玦、馬瑙の彄〔環の一種〕、雲母でつくった扇、孔雀の尾羽でつくった扇、翠鳥の羽でつくった扇、九華扇、五明扇、雲母をちりばめた衝立、琉璃でつくった衝立、金製の五層の博山香鑪、廻風扇、椰子の木の葉でつくった敷物、同心梅、含枝李、青木香、沈水香、法螺貝の杯、九真の雄の麝香鹿からとった麝香、七枝燈」。

32 趙后體輕腰弱、善行歩進退、女弟昭儀不能及也。但昭儀弱骨豐肌、尤工笑語。二人竝色如紅玉、爲當時第一。皆擅寵後宮。

趙后は体軽腰弱にして、行歩進退を善くし、女弟の昭儀も及ぶ能わざるなり。但だ昭儀は弱骨豊肌にして、尤も笑語に工《たくみ》なり。二人は並びに色紅玉の如く、当時の第一為《た》り。皆《とも》に寵を後宮に擅《ほしいまま》にす。

語釈 ○紅玉　銅玉石の一種。ルビー。転じて美人の肌や顔のうるわしいさま。

通釈 趙皇后〔趙飛燕〕は身体が軽く腰つきがなよやかで、立居振舞が美しく、妹の昭儀もこの点ではおよばなかった。ただ昭儀はなよなよとした風情ながら肉付きが豊かで、とりわけユーモラスな話術にたくみであった。二人とも顔かたちは紅玉のようにうるわしく、〔その美しさは〕当時の〔女官たちの中でも〕第一であった。〔二人は〕ともに後宮において天子の寵愛を独占した。

33 元帝後宮既多、不得常見。乃使畫工圖其形、案圖召幸。諸宮人皆賂畫工。多者十萬、少者亦不減五萬。獨王嬙自恃容貌、不肯與、工人乃醜圖之、遂不得見。後匈奴入朝、求美人爲閼氏。於是上案圖、以昭君行。及去召見、貌爲後宮第一、善應對、擧止閑雅。帝悔之、而名籍已定、方重信於外國。故不復更人。乃窮案其事、畫工皆棄市。籍其家資、皆巨萬。畫工有杜陵毛延壽、爲人形、醜好老少、必得其眞。安陵陳敞、新豐劉白、龔寬、竝工爲牛馬飛鳥、亦肖人形好醜、不逮延壽。下杜陽望亦善畫、尤善布色。樊育亦善布色。同日棄市。京師畫工於是殆稀。

元帝の後宮既に多く、常見するを得ず。乃ち画工をして其の形を図《えが》かしめ、図を案じて召幸《しょうこう》す。諸々の宮人皆画工に賂《まいな》う。多き者は十万、少なき者も亦五万を減ぜず。独り王嬙《おうしょう》のみ自ら容貌を恃《たの》み、与《あた》うるを肯《がえん》ぜざれば、工人乃ち醜《みにく》く之れを図き、遂に見《まみ》ゆるを得ず。後に匈奴《きょうど》入朝して、美人を求め閼《あっ》氏と為さんとす。是こに於いて上《しょう》図を案じ、昭《しょう》君《くん》を以て行かしめんとす。去るに及んで召見するに、貌《すがた》後宮第一為《た》りて、応対を善くし、挙止閑雅《きょしかんが》なり。帝之れを悔むれども、名籍已に定まり、方《まさ》に信を外国に重んぜんとす。故に復た人を更《か》えず。乃ち其の事を窮案《きゅうあん》し、画工皆棄市《きし》せらる。其の家資を籍するに、皆巨万なり。画工に杜陵の毛延寿《もうえんじゅ》有りて、人の形を為《つく》るに、醜好老少も、必ず其の真を得。安陵の陳敞《ちんしょう》、新豊の劉白、龔寛《きょうかん》、並びに牛馬飛鳥を為るに工《たくみ》なるも、亦人の形の好醜を肖《かたど》らせては、延寿に逮《およ》ばず。下杜《かと》の陽望《ようぼう》も亦《また》画を善くし、尤も色を布《し》くを善くす。樊育《はんいく》も亦色を布くを善くす。日を同じくして棄市せらる。京師の画工は是こに於いて殆ど稀となれり。

語釈 ○元帝　前漢第十一代皇帝（在位前四九—前三三）。劉奭。皇后は王氏。王氏の一族を外戚として重用、のちに王莽の漢室簒奪を招いた。○王嬙　元帝時代の宮女（前一世紀前半）。字は昭君。前三三年に匈奴の呼韓邪単于《こかんやぜんう》に嫁がされ、呼韓邪単于の死後、後を継いだ復株《ふくしゅ》累若鞮《るいじゃくてい》単于の后となり、その地で没したとされる。この哀話は潤色が加えられて後世広く伝わり、後を継いだ単于の后となることをいさぎよしとせず自殺した、という伝説もある。○匈奴　秦漢時代に蒙古高原に活躍した遊牧民族またはその国家。民族系統は不詳。その君主を単于という。○閼氏　単于の后の称号。○杜陵　県名。京兆尹（首都長安を中心とし、京兆尹・右扶風・左馮翊からなる三つの行政区の一つでその中心に位置する）に所属。現陝西省西安の東南。○安陵　右扶風の県名。現陝西省咸陽の北。○新豊　京兆尹の県名。現陝西省臨潼の東北。○下杜　城の名。現陝西省西安の南。

通釈 元帝の宮女の数はもとより多かったので、いつも直接接見するというわけにはいかなかった。そこで絵かきに宮女たちの顔かたちを描かせ、その絵を調べて召し出し寵愛した。それぞれ宮女たちは皆〔美しく描いてもらおうとして〕絵かきに金品を贈った。その額は多い者で十万銭、少ない者でも五万銭を下ることはなかった。しかしひとり王嬙だけは自らの容姿をたよりとし、絵かきに賄賂を贈ることをいさぎよしとしなかったために、絵かきは彼女を醜く描き、ついに元帝に接見を賜ることはかなわなかった。そののち匈奴が入朝し、后とするために美人を求めてきた。そこで元帝は絵を調べて、昭君〔王嬙〕を行かせることにした。王嬙が去るに当たって本人を召し出してみると、容姿は宮女たちの中でもっとも美しく、受け答えにすぐれ、立居振舞はもの静かで優雅であった。元帝は王嬙を行かせることを悔んだが、すでに名簿に名前が載り、また外国に対する信用を重んじ〔はばから〕なければならなかった。そのためもはや当人を変更することができなかった。そこでこのことに関して徹底的に取り調べを行ったすえに、絵かきたちは皆死刑に処せられ屍を公衆にさらされた。またその家産を没収して取り調べたところ、どの絵かきの財産も巨万の額に達した。絵かきの中に杜陵の毛延寿という者がいたが、人の姿を描くと、醜美老若ともに、本人そっくりに描いた。安陵の陳敞、新豊の劉白・龔寛は、いずれも牛馬や飛ぶ鳥を描くのはたくみであったが、やはり人の姿の美しさや醜さを似せて描くことに関しては、毛延寿におよばなかった。下杜の陽望もまた絵を描くのにたくみで、とりわけ彩色にすぐれていた。樊育もまた彩色にすぐれていた。これらの者も同じ日に処刑され屍を公衆にさらされた。京師の絵かきはこのためほとんどいなくなってしまった。

参考　『漢書』巻九元帝紀・巻九十四下匈奴伝下、『後漢書』巻八十九南匈奴伝、『世説新語』賢媛、『楽府古題要解』王昭君

34 武帝欲殺乳母。乳母告急於東方朔。朔曰、帝忍而愎。旁人言之、益死之速耳。汝臨去、但屢顧我。我當設奇、以激之。乳母如言。朔在帝側曰、汝宜速去。帝今已大、豈念汝乳哺時恩邪。帝愴然遂舍之。

武帝乳母《にゅうぼ》を殺さんと欲す。乳母急を東方朔《とうほうさく》に告ぐ。朔曰く、帝忍《むご》くして愎《もと》る。旁人之れを言わば、死の速《すみ》やかなるを益すのみ。汝去るに臨みて、但だ屢々我《われ》を顧《かえり》みよ。我当《まさ》に奇を設け、以て之れに激すべし、と。乳母言の如くす。朔帝の側《かたわら》に在りて曰く、汝宜しく速やかに去るべし。帝今已《すで》に大いなれば、豈《あに》汝が乳哺《にゅうほ》の時の恩を念《おも》わんや、と。帝愴《そう》然《ぜん》として遂に之れを舍《ゆる》す。

語釈　○東方朔　前漢の文人、武帝の側近（前一六一ごろ—?）。字は曼倩。その弁舌・文章は機知に富み、後世伝説化され、彼に仮託された書物・文章がつくられた。『史記』滑稽列伝では、この話は郭舍人の話となっている。

通釈　武帝は乳母を殺そうとした。そこで乳母は事態の差し迫っていることを東方朔に告げた。東方朔は、「帝は残忍で

（諫言に耳を傾けない）片意地な人です。傍らの者が命乞いをすれば、かえって死を急がせることになるだけでしょう。ですからそなたが立ち去るさいに、ただ何度も私の方を振り返ることだけを行うようにしてください。私は奇計を設け、それにしたがって激しい言葉を浴びせるようにしましょう」といった。乳母はいわれた通りにした。東方朔は武帝のそばで、「そなたは早々に立ち去るがよい。皇帝陛下は今やすでに立派に成長なされたからには、どうしてそなたより乳を受けられたときの恩などを気にかけられることがあろうか」といった。武帝はこれを憐れに思ってついに乳母を許した。

参考 『史記』巻百二十六滑稽列伝（郭舎人伝）

35 五侯不相能、賓客不得來往。婁護豐辯、傅會五侯閒。各得其歡心、競致奇膳。護乃合以爲鯖。世稱五侯鯖、以爲奇味焉。

五侯相能《あいよ》くせざれば、賓客来往するを得ず。婁護《ろうご》豊弁なれば、五侯の間に傅会《ふかい》す。各々其の歓心を得んとして、競いて奇膳を致す。護乃ち合わせて以て鯖《せい》を為《つく》る。世に五侯鯖と称し、以て奇味と為す。

語釈 ○五侯　成帝時代に王氏（元帝の外戚）から出た五人の列侯。河平二年（前二七）、成帝は母王太后の兄弟である譚・商・立・根・逢時をそれぞれ平阿侯・成都侯・紅陽侯・曲陽侯・高平侯に封じた。○婁護　楼護。前漢末・新の政治家（生没年不詳）。字は君卿。斉（現山東省）の人。代々医術の家系であったが、長ずるにおよんで儒学に専心し、弁舌たくみで、五侯に取り入った。のちに王莽に仕えて九卿に列せられた。○鯖　魚・肉類をまぜて煮た（煎った）料理。

通釈 王氏の五人の列侯はたがいに仲が良くなかったので、その賓客たちも〔五侯の邸宅を〕行き来することができなかった。しかし婁護は弁舌豊かであったので、五侯の邸宅をあちらこちらと出入りした。五侯はそれぞれ婁護の歓心を買おうとして、争ってめずらしい料理でもてなした。そこで婁護はこれらの料理を取り合わせて鯖をつくった。世間ではこの料理を「五侯鯖」とよび、珍奇な味として尊んだ。

参考 『漢書』巻九十二游侠伝（楼護伝）、『裴氏語林』

36 公孫宏起家徒歩、爲丞相。故人高賀從之。宏食以脱粟飯、覆以布被。賀怨曰、何用故人富貴、爲脱粟、布被。我自有之。宏大慙。賀告人曰、公孫宏内服貂蟬、外衣麻枲、内廚五鼎、外膳一肴。豈可以示天下。於是朝廷疑其矯焉。宏嘆曰、寧逢惡賓、無逢故人。

公孫宏《こうそんこう》徒歩より起家《きか》し、丞相と為る。故人の高賀《こうが》之れに従う。宏は食するに脱粟飯を以てし、覆うに布被を以てす。賀怨みて曰く、何ぞ故人の富貴を用《もっ》て、脱粟、布被を為すや。我自らも之れ有り、と。宏大いに慙《は》ず。賀人に告げて曰く、公孫宏は内に貂蟬《ちょうせん》を服するも、外に麻枲《まし》を衣《き》、内廚《ないちゅう》には五鼎《ごてい》あるも、外膳には一肴《こう》あるのみ。豈《あに》以て天下に示すべけんや、と。是こに於いて朝廷其の矯《いつわ》りなるを疑う。宏嘆じて曰く、寧《むし》ろ悪賓に逢うも、故人に逢う無かれ、と。

語釈 ○公孫宏　公孫弘。前漢の儒者・政治家（前一九九—前一二一）。菑川国（現山東省寿光）の人。字は季。四十歳を過ぎて『春秋』（儒教経典の一つ。魯国の年代記)を学び、六十歳で博士に登用。元朔五年(前一二四)、ついに丞相となり、平津侯に封じられた。「弘」を「宏」とするのは、清の乾隆帝の諱の弘暦の避諱。○脱粟　籾を取り去っただけで精白していない穀物。○我自有之　この一句は『史記』や『漢書』では公孫弘の発言となっているが、ここでは文脈から高賀の発言として訳した。○貂蟬　貂の尾毛と黄金製の蟬模様でできた飾り。ここでは贅沢な衣服の意。○麻枲　からむし(実のできない大麻)から採った繊維。○五鼎　五種の肉味を盛った五つの鼎。大夫の祭礼にさいして神に供えるもの。転じて富貴の食事の意。

通釈　公孫宏は貧賤な身分から挙げられて官に就き、丞相の地位にまで登った。昔なじみの高賀という人物が公孫宏の家に寄食していた。公孫宏は〔その地位にもかかわらず〕粗末な脱粟の飯を食べ、麻の布団を用いていた。高賀は怨んで、「あなたはこのように富貴なのに、どうして脱粟の飯を食べ、麻の布団を使っているのですか。わたし自身もこれにつきあわされる羽目になっているのですよ」といった。公孫宏はたいへん恥じた。高賀は、「公孫宏は内では貂蟬で飾った衣服をまとっているのに、外では麻布だけの衣服を身につけ、また内では調理場で贅沢な食事をつくっているのに、外では料理を一皿だけとしている。どうして〔質素倹約を〕天下に示すことができようか」と告げまわった。そこで朝廷も公孫宏の虚飾を疑うようになった。公孫宏はため息まじりに「悪い賓客に出会うにしても、昔なじみに会うよりもまだましだなあ」といった。

参考　『史記』巻百十二平津侯列伝、『漢書』巻五十八公孫弘伝

37　文帝自代還。有良馬九匹、皆天下之駿馬也。一名浮雲、一名赤電、一名絶羣、

一名逸驃、一名紫鷰騮、一名緑螭驄、一名龍子、一名麟駒、一名絶塵、號爲九逸。有來宣、能御。代王號爲王良。倶還代邸。

文帝代自《だいよ》り還る。良馬九匹有りて、皆天下の駿馬《しゅんめ》なり。一は浮雲と名づけ、一は赤電と名づけ、一は絶群と名づけ、一は逸驃《いっぴょう》と名づけ、一は紫鷰騮《しえんりゅう》と名づけ、一は緑螭驄《りょくちそう》と名づけ、一は竜子と名づけ、一は麟駒《りんく》と名づけ、一は絶塵《ぜつじん》と名づけ、号して九逸と為す。来宣《らいせん》なるもの有りて、御《ぎょ》を能《よ》くす。代王号して王良と為し、倶《とも》に代邸に還る。

語釈　○文帝　前漢第五代皇帝（在位前一八〇―前一五七）。劉恒。もと代王であったが、呂氏一族が誅滅されると、群臣に迎えられて即位した。○代　王国名。現河北省蔚を含む北辺地帯に置かれた国。匈奴に隣接する辺境。○王良　春秋時代（前七七〇―前四〇三）、晋に仕えたとされる伝説的な名御者。

通釈　〔当時まだ代王であった〕文帝が代国から都に戻ってきた。文帝は良馬九頭を所有していたが、それらはいずれも天下の名馬であった。一頭は浮雲、一頭は赤電、一頭は絶群（衆にすぐれた馬）、一頭は逸驃（すぐれた白斑の栗駒）、一頭は紫鷰騮（燕より速く黒いたてがみをもった赤馬）、一頭は緑螭驄（天駆けるみずちのように走る青白色の馬）、一頭は竜子、一頭は麟駒、一頭は絶塵（塵ひとつたてずに非常に速く走る馬）と名づけられ、あわせて九逸とよばれた。来宣という者がいて、これらの馬を御することができた。そこで代王（文帝）は彼を〔古の名御者にちなんで〕王良とよび、いっしょにともなって都にある代王の邸宅にもどった。

38 武帝時、身毒國獻連環羇、皆以白玉作之。馬腦石爲勒、白光琉璃爲鞍。鞍在闇室中、常照十餘丈如晝日。自是長安始盛飾鞍馬、競加雕鏤、或一馬之飾直百金。皆以南海白蜃爲珂、紫金爲華以飾其上、猶以不鳴爲患。或加以鈴鑷、飾以流蘇、走則如撞鐘磬、動若飛幡葆。後得貳師天馬、帝以玫瑰石爲鞍、鏤以金銀鍮石、以綠地五色錦爲蔽泥。後稍以熊羆皮爲之。熊羆毛有綠光、皆長二尺者直百金。卓王孫有百餘雙、詔使獻二十枚。

武帝の時、身毒国《けんとく》連環の羇《き》を献じ、皆白玉を以て之れを作る。馬脳石《めのうせき》もて勒《ろく》を為《つく》り、白光の琉璃もて鞍《くら》を為る。鞍は闇室中に在りても、常に十余丈を照らして昼日の如し。是れ自《よ》り長安始めて盛んに鞍馬を飾り、競いて雕鏤《ちょうろう》を加え、或いは一馬の飾り百金に直《あたい》す。皆南海の白蜃《はくしん》を以て珂《か》を為り、紫金もて華と為し以て其の上を飾り、猶《なお》鳴らざるを以て患《わざわ》いと為す。或いは加うるに鈴鑷《れいじょう》を以てし、飾るに流蘇を以てし、走れば則ち鐘磬《しょうけい》を撞《つ》くが如く、動けば幡葆《はんぽう》を飛ばすが若《ごと》し。後に弐師《じし》の天馬を得るや、帝は玫瑰石《ばいかいせき》を以て鞍を為り、鏤《ちりば》むるに金銀鍮石《とうせき》を以てし、緑地の五色錦を以て蔽泥《へいでい》を為る。後に稍《ようや》く熊羆《ゆうひ》の皮を以て之れを為る。熊羆の毛に緑光有りて、皆長さ二尺なる者は百金に直《あたい》す。卓王孫に百余双有れば、詔して二十枚を献ぜしむ。

語釈 ○羇　馬のおもがい。馬の頭から両耳を出してかける粗い籠状の組みひも、または革の装具。くつわのない装具をいう。○勒　馬のおもがいとくつわ。○蜃　おおはまぐり。はき出す息によって蜃気楼を起こすといわれる。○珂　貝や玉でつくった馬のくつわ飾りの一種。○磬　石や玉でつくった「へ」の字形の打楽器。台にならべてつるし、音階をつくる。○葆　旗につけた鳥の羽毛。はね飾り。○弐師　地名。大宛国（中央アジアのシル川中流域）の弐師城を指す。太初三年（前一〇二）、武帝は李広利に命じて弐師城を征討させ、多数の善馬を獲得した。○玫瑰石　火斉珠。水晶の形に似た南方でとれる美玉の名。○鍮石　良質の自然銅。黄銅。○蔽泥　泥よけ・あふり。馬の脇腹につけて泥がつくのを防いだ。〇卓王孫　前漢蜀郡臨邛（現四川省邛崍）の人（生没年不詳）。奴僕・食客を八百人もかかえた蜀の大富豪として知られた。

通釈　武帝のとき、身毒国（インド）がいくつもの輪をつらねた馬のおもがいを献上してきたが、それらは皆白色の玉でつくられていた。瑪瑙で勒をつくり、白い光を放つ琉璃で鞍をつくった。その鞍はまっくらな部屋の中でも、つねに十丈（約二三メートル）あまりの範囲にわたって照り輝き真昼の太陽のようであった。これ以後長安では盛んに鞍や馬を飾りたて、競ってそれに彫刻や細工をほどこすようになった結果、一頭の馬の装飾に黄金百斤にも相当する高価なものも現れるようになった。〔当時の人々は〕皆南方の海でとれた白色の大蛤で珂をつくり、赤銅で模様をかたどって珂の上を装飾し、それが鳴り響かなければわざわいのもとになるとして嫌った。また馬には鈴とかんざしを加え、ふさかざりで飾り、走ると鐘や磬を打ち鳴らしたような音がし、動くと空高くたなびく旗や羽毛の飾りのような姿になった。のちに大宛の名馬を獲得すると、武帝は玫瑰石で鞍をつくり、それに金・銀・銅をちりばめ、美しいいろどりの緑地の錦で泥よけをつくった。しばらくすると熊やひぐまの毛皮でこれをつくるようになった。この熊やひぐまの毛は緑色の光を放ち、毛の長さが二尺（約四六センチメートル）におよぶものは皆黄金百斤の値段がした。卓王孫はこの緑光を放つ泥よけを百あまりも所有していたので、武帝は詔を下して二十枚を武帝に献上させた。

39 昭帝時、茂陵家人獻寶劍。上銘曰、直千金、壽萬歲。

昭帝の時、茂陵《もりよう》の家人宝剣を献ず。上の銘に曰く、千金に直《あたい》し、万歳を寿《ことほ》ぐ、と。

語釈 ○昭帝　前漢第八代皇帝（在位前八七—前七四）。劉弗陵。武帝の末子。幼少で即位したために、霍光や桑弘羊（武帝・昭帝時代の財務官僚）らの輔佐を受けた。

通釈 昭帝のとき、茂陵の庶民の一人が宝剣を献上した。その剣の上には、「千金の値打ちがあり、皇帝の御代は末永くつづくであろう」という銘文が刻まれていた。

40 司馬相如初與卓文君還成都。居貧愁懣、以所著鷫鸘裘、就市人陽昌貰酒、與文君爲歡。既而文君抱頸而泣曰、我平生富足、今乃以衣裘貰酒。遂相與謀、於成都賣酒。相如親著犢鼻褌滌器、以恥王孫。王孫果以爲病、乃厚給文君。文君遂爲富人。文君姣好、眉色如望遠山、瞼際常若芙蓉、肌膚柔滑如脂。十七而寡。爲人放誕風流、故悦長卿之才、而越禮。長卿素有消渇疾。及還成都、悦文君之色、遂以發痼疾。乃作美人賦、欲以自刺、而終不能改、卒以此疾至死。文君爲誄、傳於世。

司馬相如《しばしょうじょ》初め卓文君《たくぶんくん》と成都に還る。貧に居りて愁懣《しゅうまん》、著《つ》けし所の鷫鸘裘《しゅくそうきゅう》を以て、市人の陽昌《ようしょう》に就《つ》きて酒を貰《おぎの》り、文君と歓を為さんとす。既にして文君頸《くび》を抱《かか》えて泣きて曰く、我《われ》平生富みて足れり、今乃ち衣裘を以て酒を貰る、と。遂に相与《あいとも》に謀《はか》り、成都に於いて酒を売る。相如 親《みずか》ら犢鼻褌《とくびこん》を著けて器を滌《あら》い、以て王孫を恥ずかしむ。王孫果たして以て病《うれい》と為し、乃ち厚く文君に給す。文君遂に富人と為る。文君姣好《こうこう》にして、眉色は遠山を望むが如く、瞼際《れんさい》は常に芙蓉《ふよう》の若く、肌膚は柔滑《じゅうかつ》にして脂《あぶら》の如し。十七にして寡《やもめ》たり。人と為り放誕にして風流、故に長卿《ちょうけい》の才を悦びて、礼を越ゆ。長卿素《か》ねて消渇《しょうかち》の疾有り。成都に還るに及んで、文君の色を悦び、遂に以て痼疾を発す。乃ち美人賦を作り、以て自ら刺せんと欲すれども、終《つい》に改むる能わず、卒《つい》に此の疾を以て死に至る。文君誄《るい》を為《つく》り、世に伝わる。

語釈 ○司馬相如　前漢中期の文人（前一七九―前一一七）。字は長卿。景帝と梁の孝王に仕え、のちに臨邛の富豪の卓王孫の娘文君を娶って裕福となった。辞賦に秀で、「子虚賦」「上林賦」「大人賦」などは漢魏六朝の文人の模範とされた。○成都　地名。現四川省成都。蜀郡の治所。○鷫鸘裘　鷫鸘は雁に似て頸が長く緑色の羽をもち、霜時に暖地に飛来する鳥。裘はその羽でつくった皮衣。○犢鼻褌　ふんどし・したおびの類。○消渇疾　喉が乾いて小便の出ない病気。糖尿病の一種。○誄　文体の名。死者の生前の行跡や功徳を称え、その死を悼み弔う文。

通釈 司馬相如ははじめ卓文君とともに成都に帰郷した。そこでの生活は貧しく悲惨で、身につけていた鷫鸘裘を担保に、陽昌という商人のもとにおもむき酒をかけ買いし、文君とともに楽しもうとした。やがてそれに気づいた文君は頭をかかえて泣きながら、「私は今まで裕福でお金に困ったことはありませんでした。それなのに今は衣服を担保にお酒をかけ買いしなくてはならないとは」といった。そこで二人は相談して、成都で酒を売ることにした。相如みずから犢鼻褌を身につけて器を洗い、〔そのような娘夫婦の暮らしぶりによって〕文君の父の卓王孫に恥ずかしい思いをさせた。果たして王孫はそれを家の恥と思い、文君に厚く財物をあたえ〔てそのような暮らしをやめさせようとし〕た。このようにして文君は富豪となった。文君は姿かたちが美しく、眉の色は遠く山を望むようで、かおつきはつねに芙蓉のごとく、肌は柔かく滑らかで脂のようであった。彼女は十七歳で寡婦となった。その人となりは放胆にして風流で、そのため長卿（相如）の才能を愛することははなはだしく、礼を越えて〔親にさからい彼の妻となった〕わけである。いっぽう長卿はもともと消渇という持病があった。成都にもどるようになって、文君の色香に魅せられ、ついにその病が再発した。そこで「美人賦」をつくり、みずからの行いを風刺しようとしたが、結局改めることができず、ついにその病で亡くなった。文君は相如の死を悼んで誄をつくったが、それは世に伝わっている。

参考 『史記』巻百十七司馬相如列伝、『漢書』巻五十七司馬相如伝

41 慶安世年十五、爲成帝侍郎。善鼓琴、能爲雙鳳離鸞之曲。趙后悅之、白上得出入御内。絶見愛幸。嘗著輕絲履、招風扇、紫綈裘、與后同居處。欲有子、而終無係嗣。趙后自以無子、常託以祈禱。別開一室、自左右侍婢以外、莫得至者。上亦不得至焉。以軿車載輕薄少年、爲女子服、入後宮者、日以十數。與之淫通、無時休息。有疲怠者、輒差代之。而卒無子。

慶安世年十五にして、成帝の侍郎《じろう》と為る。善く琴を鼓し、能く双鳳離鸞《そうほうりらん》の曲を為す。趙后之れを悦び、上《しょう》に白《もう》して御《ぎょ》内《ない》に出入するを得さしむ。絶《はなは》だ愛幸せらる。嘗て軽糸履《けいしり》、招風扇、紫綈裘《していきゅう》を著け、后と居処を同《とも》にす。子を有《も》たんと欲するも、終に係嗣無し。趙后自ら子無きを以て、常に託するに祈禱を以てす。別に一室を開き、左右の侍婢自《よ》り以外、至るを得る者莫し。上も亦至るを得ず。軿車《へいしゃ》を以て軽薄の少年を載せ、女子の服を為し、後宮に入らしむ者、日に十を以て数う。之れと淫通し、時として休息すること無し。疲怠《ひたい》する者有れば、輒ち差《えら》びて之れに代う。而れども卒に子無し。

語釈　○侍郎　官名。郎中令（宮殿内に侍する郎官をつかさどる。後に光禄勳と改名）の属官。戟をとって諸殿門を宿衛し、天子の出駕には左右に近侍した。○御内　宮禁、后妃の居所。後宮。○軽糸履　軽い糸でつくったくつ。○紫綈裘　紫色の厚い絹と皮衣。

通釈　慶安世は十五歳のとき、成帝の侍郎となった。琴を弾くことがたくみで、とくに「双鳳離鸞の曲」に秀でていた。趙皇后はこの曲を聞いて悦び、成帝に申し上げて慶安世が後宮に出入りできるようにした。〔このようにして慶安世は〕はなはだ寵愛されることになった。軽糸履・招風扇・紫綈裘を身に着け、皇后と居所をともにしたこともあった。子供をもつことを願ったが、ついに後継ぎはできなかった。趙皇后は自分に子供ができないので、つねに祈禱をたよりにしていた。また別に一室を設け、皇后の左右にはべる侍女以外は、誰もその部屋に出入りすることができなかった。成帝すらも入室できなかった。四周に覆いをかけた婦人用の車に無頼の少年を載せ、女装させて、後宮に送り込んだが、それらの者は一日に十数人にものぼった。趙皇后はこれらの少年たちとみだらに通じて、一時も休息することがなかった。疲れ怠る者があると、そのたびに別の者を選んで交替させた。しかしついに子供はできなかった。

42 太上皇徙長安、居深宮、悽愴不樂。高祖竊因左右問其故。以平生所好、皆屠販少年、酤酒、賣餅、鬪雞、蹴鞠、以此爲歡、今皆無此、故以不樂。高祖乃作新豐、移諸故人實之。太上皇乃悦。故新豐多無賴。無衣冠子弟故也。高祖少時、常祭枌楡之社。及移新豐、亦還立焉。高帝既作新豐、幷移舊社。衢巷、棟宇、物色惟舊。士女、老幼、相攜路首、各知其室。放犬、羊、雞、鴨於通塗、亦競識其家。其匠人胡寛所營也。移者皆悦其似而安之。故競加賞贈。月餘致纍百金。

太上皇長安に徙《うつ》るや、深宮《しんきゅう》に居り、悽愴《せいそう》として楽しまず。高祖窃《ひそ》かに左右に因りて其の故を問う。平生好む所は、皆屠販《とはん》の少年、酒を酤《う》り、餅を売り、鶏を闘わせ、鞠《けまり》を蹴り、此れを以て歓と為すも、今皆此れ無きを以て、故に以て楽しまず、と。高祖乃ち新豊を作り、諸々の故人を移して之れを実《み》たす。太上皇乃ち悦ぶ。故に新豊に無頼多し。衣冠の子弟無きが故なり。高祖少《わか》かりし時、常に枌楡《ふんゆ》の社を祭る。新豊に移るに及んで、亦還《また》焉《こ》れを立つ。高帝既に新豊を作るや、并びに旧社を移す。衢巷《くこう》、棟宇、物色旧に惟《かな》えり。士女、老幼、路首に相携《あいたずさ》え、各々其の室を知る。犬、羊、鶏、鴨を通塗《つうと》に放てば、亦競いて其の家を識《し》る。其れ匠人胡寛《こかん》の営む所なり。移りし者は皆其の似たるを悦びて之れに安んず。故に競いて賞贈を加う。月余にして百金を累《かさ》ぬるに致《いた》る。

語釈　〇太上皇　高祖劉邦の父、太公（?—前一九七）。〇屠販　獣を屠って売る者。屠販児。〇新豊　県名。京兆尹に属す。現陝西省臨潼の東北。〇枌楡之社　高祖の故郷である豊邑の社の名。枌楡はにれの木。この木に由来してこのような社名がつけられた。

通釈　太上皇は長安に移ると、宮殿の奥深くに住むことになったが、鬱々として楽しむことがなかった。高祖はひそかに左右の近臣にその理由を尋ねた。〔近臣は答えて〕「太上皇が以前からお好みになる相手は、皆無頼の少年たちでして、酒を売ったり、餅を売ったり、鶏を闘わせたり、鞠を蹴ったりすることをよろこびとなさっていましたが、今これらが皆なくなってしまったので、お楽しみになれないのです」〔といった〕。そこで高祖は〔郷里の豊にちなんで新しい県である〕新豊をつくり、諸々のふるいなじみの人々を移してここをみたした。そこで太上皇ははじめて悦んだ。このため新豊には無頼の徒が多かった。高貴の家柄の子弟がいなかったためである。高祖は若いとき、つねに枌楡の社をまつっていた。新豊に移るにおよんで、またこれを立てた。高祖はすでに新豊をつくると、いっしょに枌楡の旧社も移した。街の区画、家屋の形状は、もとのありさまと一致していた。豊から移った老若男女は、皆道端で手に手をとってそれを見ながら、各々自分の家のありかを知ることができた。犬・羊・にわとり・あひるを道に放つと、また競って自分のすみかを知ることができた。これは大工の胡寛が造営したものである。移った者は皆それが故郷に似ているのをよろこんでここに安住した。そのため競って胡寛に褒美の贈り物をあたえた。そこで胡寛はひと月あまりで百金をためるにいたった。

参考 『史記』巻八高祖本紀、『漢書』巻一下高帝紀下・巻二十五上郊祀志上・巻二十八上地理志上、『文選』巻十潘岳「西征賦」

43 漢諸陵寢皆以竹爲簾。簾皆爲水紋及龍鳳之像。昭陽殿織珠爲簾。風至則鳴如珩珮之聲。

漢の諸陵寝《りょうしん》は皆竹を以て簾《れん》を為《つく》る。簾には皆水紋及び竜鳳の像を為る。昭陽殿は珠を織りて簾を為る。風至れば則ち鳴ること珩珮《こうはい》の声の如し。

語釈 ○珩珮　玉珮。玉のおびもの。帯につける飾りの玉。

通釈 漢の天子の陵墓のみたまやでは皆竹で簾(みす)をつくった。その簾には皆水面の波のような模様と竜や鳳凰の姿がほどこされていた。昭陽殿のばあいは珠を織り合わせて簾をつくった。そのため風が吹いて来ると珠が触れ合い音をたてて帯の飾り玉が鳴るかのようであった。

44 揚雄讀書、有人、語之曰、無爲自苦。元故難傳。忽然不見。雄著太元經、夢吐鳳凰。集元之上、頃之而滅。

揚雄《ようゆう》書を読むに、人有り、之れに語《つ》げて曰く、無為にして自ら苦しむとは。元《げん》は故《もと》より伝え難し、と。忽然として見えず。雄太元経を著すに、夢に鳳凰を吐く。元の上に集《と》まり、之れを頃《しばら》くして滅す。

語釈 ○揚雄　前漢末・新の学者・文人（前五三―後一八）。字は子雲。蜀郡成都の人。文章家として名をあげ、成帝のときに、召されて多くの賦をつくり、のちに王莽に仕えた。○無為自苦　『漢書』揚雄伝によれば、劉歆の言。○元　清の康熙帝の諱の玄燁を避けて元としている。玄とは空間・時間を超越して存在し、天地・万物の根源となる絶対的な原理。○太元経　太玄経。書名。全十巻。揚雄撰。『易経』のスタイルに擬して玄について著した書。

通釈 揚雄が読書をしていると、人が現れ、彼に語りかけ、「ただむなしく自ら苦しんでおられるとは。元（玄）とはもともと伝えにくいものなのです」といった。そして忽然と姿を消した。揚雄は『太元（玄）経』を著述したとき、夢のなかで鳳凰を吐き出した。するとそれは『太元（玄）経』の上にとまり、しばらくして消え去った。

参考 『漢書』巻八十七揚雄伝

45 司馬相如爲上林、子虛賦。意志蕭散、不復與外事相關。控引天地、錯綜古今、忽然如睡、煥然而興。幾百日而後成。其友人盛覽、字長通、牂柯名士。嘗問以作賦。相如曰、合綦組以成文、列錦繡而爲質。一經一緯、一宮一商、此賦之迹也。賦家之心苞括宇宙、總覽人物、斯乃得之於内、不可得而傳。覽乃作合組歌、列錦賦、而退終身不復敢言作賦之心矣。

司馬相如《しばしょうじょ》上林、子虚賦を為《つく》る。意志は蕭散《しょうさん》にして、復た外事と相《あい》関わらず。天地を控引《こういん》し、古今を錯綜《さくそう》し、忽然として睡《ねむ》るが如く、煥然《かんぜん》として興《おこ》る。幾百日にして後《のち》成る。其の友人の盛覧、字は長通は、牂柯《そうか》の名士なり。嘗て問うに賦を作るを以てす。相如曰く、綦組《きそ》を合わせて以て文を成し、錦繡《きんしゅう》を列ねて質を為す。一経《けい》一緯《い》、一宮一商、此れ賦の迹《ことわり》なり。賦家の心は宇宙を苞括し、人物を総覧し、斯《こ》れ乃ち之れを内に得るも、得て伝う可からず、と。覧乃ち合組歌、列錦賦を作りて、退《しりぞ》きて終身復た敢えて賦を作るの心を言わざるなり。

語釈 ○子虚賦　前漢の司馬相如が梁に客遊したさいにつくった賦。公子子虚・烏有先生・亡是公の問答からなり、楚の美を称えながら節倹を述べて、風諫の意を込めている。○盛覧　本文では牂柯の名士となっているが、明の寥用賢『尚友録』巻十九によれば、益州郡葉楡県（現雲南省大理の北）の人で、『賦心』四巻を著したとされる。○牂柯　郡名。現貴州省西部から広西壮族自治区西北部にかけての地域。○宮・商　ともに古代音階の五音（五行に対応する五種類の音）の一つ。宮はもっとも基本となる音で、商は強く清くさえて聞こえる音。

通釈 司馬相如は上林・子虚賦をつくった。〔その賦の〕作意（モティーフ）は何ものにもとらわれることなく、また世俗の事柄にも関わり合うことはなかった。天地を引き寄せ、古今をおりまぜながら、〔その賦の内容は〕恍惚として睡るかのようであり、またはっきりと目覚めているかのようでもあった。数百日を費やしてようやく完成した作品である。相如の友人の盛覧、字は長通という者は、牂柯郡の名士であった。彼はかつて相如に賦をつくる心得についてたずねた。すると相如は、「組みひもを合わせて模様（外面的な文飾）とし、錦と縫い取りのある絹をつらねて生地（内面的な文意）とする。一方を経一方を緯とし、一方を宮一方を商とするのであり、これが賦の原理である。賦をつくる者の心は宇宙をおおいつつみ、人や物事全体にわたって目をくばることが必要であるが、このようにしてそれらを心のなかに取り得たうえでも、なおかつそれを表に出して伝えることができないものである」といった。そこで盛覧は「合組歌」「列錦賦」をつくり、身を退いたのちも生涯敢えて再び賦をつくる者の心得について口にすることはなかった。

46 董仲舒夢蛟龍入懐、乃作春秋繁露詞。

董仲舒《とうちゅうじょ》蛟竜《こうりゅう》の懐《ふところ》に入るを夢み、乃ち春秋繁露《しゅんじゅうはんろ》の詞を作る。

語釈 ○董仲舒　景帝・武帝時代の思想家・儒学者（?—前一〇四ごろ）。春秋災異の学を修め、景帝年間に公羊学（公羊高の撰とされる『春秋公羊伝』によって『春秋』を解釈する学派）の博士となった。通説によると、武帝に対策文を奉り、儒学を漢王朝の指導原理として採用することを説いたとされる。○春秋繁露　書名。十七巻。伝董仲舒撰。「繁露」とは服飾品（冠の垂れ玉）を指し、『春秋』を装飾する解説書という意味か。漢代思想に関する重要文献の一つとされるが、その成書については疑問が多い。

通釈 董仲舒は蛟竜が自分の懐に入るのを夢みて、春秋繁露の文章をつくった。

47 或問揚雄爲賦。雄曰、讀千首賦、乃能爲之。

或るひと揚雄に賦を為《つく》るを問う。雄曰く、千首の賦を読めば、乃ち能く之れを為らん、と。

通釈 ある人が揚雄にどうすれば賦をつくることができるかを尋ねた。雄はこれに対して「千首もの数多くの賦を読めば、それをつくることができるであろう」と答えた。

参考 『意林』巻三所引桓譚『新論』

48 匡衡、字稚圭、勤學而無燭。鄰舍有燭而不逮。衡乃穿壁引其光、以書映光而讀之。邑人大姓文不識、家富多書。衡乃與客作而不求償。主人怪問衡。衡曰、願得主人書、遍讀之。主人感嘆、資給以書、遂成大學。衡能說詩。時人爲之語曰、無說詩、匡鼎來。匡說詩、解人頤。鼎衡小名也。時人畏服之如是。聞者皆解頤歡笑。衡邑人有言詩者。衡從之與語質疑。邑人挫服、倒屣而去。衡追之曰、先生留聽、更理前論。邑人曰、窮矣。遂去不返。

匡衡《きょうこう》、字は稚圭《ちけい》、学に勤むるも燭無し。隣舎に燭有るも逮《およ》ばず。衡乃ち壁を穿《うが》ちて其の光を引き、書を以て光に映《うつ》して之れを読む。邑人の大姓の文不識《ぶんふしき》、家富みて書多し。衡乃ち与《とも》に客作するも償《つぐな》いを求めず。主人怪しみて衡に問う。衡曰く、願わくば主人の書を得て、遍《あまね》く之れを読まん、と。主人感嘆し、資給するに書を以てし、遂に大学と成る。

衡能《よ》く詩を説く。時人之れが為に語りて曰く、詩を説く無かれ、匡鼎来《きょうていきた》らん。匡詩を説けば、人の頤《おとがい》を解かん、と。鼎とは衡の小名なり。時人の之れを畏服すること是くの如し。聞く者皆頤を解き歓笑す。衡の邑人に詩を言う者有り。衡之れに従いて与《とも》に語り疑を質《ただ》す。邑人挫服《ざふく》し、屣《し》を倒《さかしま》にして去る。衡之れを追いて曰く、先生留まりて聴け、更《あらた》めて前論を理《ただ》さん、と。邑人曰く、窮《きわ》まれり、と。遂に去りて返らず。

語釈 ○匡衡　前漢後期の学者・政治家（生没年不詳）。東海（現山東省郯城）の人。『詩経』に通じ、元帝時代に丞相となり、楽安侯に封じられた。○詩　『詩経』。儒教の経典で五経の一つ。前六世紀ごろまでの歌謡三百五篇を収める中国最古の詩集。各国の民謡を集めた国風、宮廷の儀礼歌からなる小雅・大雅、廟祭歌などを中心とした頌の三部からなり、孔子の編纂した書と伝えられる。○大姓　何代もつづいた権力のある家柄。勢家・豪族。○客作　人にやとわれて働くこと。傭人。○解頤　口を開いて大声で笑うこと。

通釈 匡衡は、字を稚圭といい、勉強家であったが彼の家には燭灯がなかった。隣の家には燭灯がついていたが衡の所まではとどかなかった。そこで衡は壁に穴を開けて光を採り入れ、書物を照らして読書した。郷里の大姓である文不識は、その家が裕福で書物が多かった。衡は他の者とともにやとわれてそこで働いたが報酬を求めなかった。主人は不思議に思って衡に尋ねた。すると衡は、「御主人様から書物をいただき、それを読破したいものです」と答えた。主人は感嘆して彼に書物をあたえ、ついに衡はりっぱな学者になった。衡は『詩経』に通じていた。そのため人々は、「『詩経』を説いてはならない、匡鼎がやってくる。彼が『詩経』を説くと、人々は口を開き感服して笑うであろう」と語り合った。鼎とは匡衡の幼名である。当時の人々が衡を畏敬するさまはこのようなものであった。彼の話を聞いた者は皆大きく口をあけうちとけて笑い合った。彼の郷里に『詩経』について発言する者がいた。衡はその人にしたがって語りあい疑問点をただした。するとその相手の村人は返答に窮して、くつをさかさまにはいたまま逃げ出した。衡はその人を追いかけ、「先生とどまってお聞き下さい、あらためてさきほどの議論をつづけましょう」といった。これに対して村人は、「もはや十分に窮められております」と答えた。そしてついに立ち去りもどってこなかった。

49 長安有儒生、曰惠莊。聞朱雲折五鹿充宗之角、乃嘆息曰、繭栗犢反能爾邪。吾終恥溺死溝中。遂裹糧從雲。雲與言、莊不能對、逡巡而去。拊心謂人曰、吾口不能劇談。此中多有。

長安に儒生有り、恵荘《けいそう》と曰う。朱雲《しゅうん》の五鹿充宗《ごろくじゅうそう》の角を折るを聞き、乃ち嘆息して曰く、繭栗《けんりつ》の犢《とく》すら反《かえ》って能く爾《しか》るや。吾終《つい》に溝中に溺死するを恥ず、と。遂に糧を裹《つつ》み雲に従わんとす。雲言を与《あた》うるも、荘対《こた》うる能わず、逡巡して去る。心《しん》を拊《う》ち人に謂いて曰く、吾が口劇談《げきだん》する能わず。此の中に有るもの多し、と。

語釈 ○朱雲　前漢後期の学者（生没年不詳）。魯（現山東省曲阜）の人。元帝に重用されていた五鹿充宗を論破したとき、当時の儒者はこれを「五鹿嶽嶽たり、朱雲其の角を折る」と評したとされる。○繭栗　子牛の角がはえはじめるとき、形状が繭や栗に似ているさま。

通釈 長安に儒者があり、恵荘といった。彼は〔無位無冠の〕朱雲が五鹿充宗を論破したという噂を聞くと、いたく感心して、「角が生えだした子牛のような者ですらやろうと思えばできるものだ。私は溝中に溺死するような名もない一生を終えるのが恥ずかしい」といった。そこで恵荘は糧食を持参して朱雲にしたがい学ぼうとした。朱雲が恵荘に質問を下したが、恵荘はそれに答えることができず、しりごみしてその場を去った。恵荘は胸を打って悲しみ、ある人に、「私にはよどみなく人と討論することなどできません。しかし心中には表すことのできない多くの思いがあるのです」と語った。

50武帝過李夫人、就取玉簪搔頭。自此後、宮人搔頭皆用玉、玉價倍貴焉。

武帝李夫人を過《よ》ぎるや、就《すなわ》ち玉簪を取りて頭を掻く。此れ自《よ》り後、宮人頭を掻くに皆玉を用うれば、玉価倍に貴し。

語釈 ○李夫人　武帝の夫人（生没年不詳）。武帝の寵臣李延年の妹。もと歌妓であったが、兄李延年の画策により武帝に見出され、寵愛を受けて昌邑哀王（劉髆《はく》。武帝の第六子）を生んだが早世。孝武皇后と追号。○搔頭　頭を掻くことから転じて簪の意。

通釈 武帝は李夫人のもとをおとずれたとき、〔夫人に寄り添って〕夫人の玉のかんざしを取ると自分の頭を掻い〔てそのままそれを頭にさしてい〕た。これ以後、〔その姿を見た〕宮中の人々が皆頭を掻き〔髪を飾るのに〕玉のかんざしを用いるようになったので、玉の値段は倍にあがった。

51杜陵杜夫子善奕棋、爲天下第一。人或譏其費日。夫子曰、精其理者、足以大裨聖教。

杜陵《とりよう》の杜夫子《ふうし》は奕棋《えきき》を善くし、天下第一為《た》り。人或いは其の日を費やすを譏《そし》る。夫子曰く、其の理に精《くわ》しければ、以て大いに聖教を裨《ひ》するに足れり、と。

語釈 ○奕棋　碁を打つこと。○聖教　聖人の教え。聖訓。ここではとくに儒学を指す。

通釈　杜陵県の杜先生は囲碁が上手で、天下第一の名人であった。杜先生が囲碁に日時を費やすのを非難する人もいた。すると先生は、「囲碁の道理に精通すれば、聖人の教えを知る上に大きな助けとなるのだ」といった。

52 成帝好蹴踘。羣臣以蹴踘爲勞體、非至尊所宜。帝曰、朕好之。可擇似而不勞者奏之。家君作彈棊以獻。帝大悅、賜青羔裘、紫絲履、服以朝覲。

成帝蹴踘《しゅうさく》を好む。群臣以《おも》えらく蹴踘もて為《ため》に体を労するは、至尊の宜しくする所に非ず、と。帝曰く、朕之れを好む。似て労せざる者を択びて之れを奏す可し、と。家君弾棊《だんき》を作りて以て献ず。帝大いに悦び、青羔《せいこう》の裘、紫糸の履を賜い、服して以て朝覲《ちょうきん》せしむ。

語釈　○家君　厳君。他人に対していう自分の父母のよび名。『西京雑記』の撰者を劉歆とするならば、その父劉向を指すか。○弾棊　遊戯の名称。中心部が突起した局盤に二人が向かい合い、白黒の棋子（碁石の一種）を六枚ずつ並べ、交互に自分の棋子を弾いて相手の棋子に当て、当たればその棋子を取ることができる。

通釈　成帝はけまりが好きであった。しかし臣下たちはけまりのために身体を疲労させるのは、天子が行うにふさわしくないものであるとした。そこで成帝は、「朕はけまりを好んでいる。けまりに似て疲れることのない遊戯を選んで奏上せよ」といった。そこで私の父は弾棊をつくって献上した。成帝はたいへんよろこんで、父に青色の子羊の皮衣と、紫色の糸で編んだ履き物を賜り、それを身につけて朝廷に参上させた。

53 元封二年、大寒。雪深五尺、野鳥獸皆死、牛馬皆跧踡如蝟。三輔人民凍死者、十有二三。

元封《げんぽう》二年、大いに寒し。雪深さ五尺、野の鳥獣皆死し、牛馬の皆跧踡《けんしゆく》すること蝟《い》の如し。三輔の人民の凍死する者、十に二三有り。

語釈 ○三輔　前漢時代、首都の長安を中心におかれた三つの行政区。京兆尹（現陝西省西安市潼関周辺）・左馮翊（現陝西省高陵以北）・右扶風（現陝西省眉周辺）。

通釈 〔武帝の〕元封二年（前一〇九）は、たいへん寒かった。雪が五尺（約一一五センチメートル）も積もり、野生の鳥獣は皆死に、牛馬の皆ちぢこまるありさまはまるで蝟（はりねずみ）のようであった。また三輔の人々で凍死する者は、十人中二、三人もあった。

54 武帝爲七寶牀、襍寶案、廁寶屛風、列寶帳、設於桂宮。時人謂之四寶宮。

武帝七宝牀《しつぽうしよう》、襍宝案《そうほうあん》、廁宝屛風《しほうへいふう》、列宝帳を為《つく》り、桂宮に設く。時人之れを四宝宮《しほうきゆう》と謂う。

語釈 ○七宝牀　金・銀・瑠璃などの七宝をちりばめた寝台。○襍宝案　数多くの宝をあしらったテーブル。○廁宝屛風　さまざまな宝をちりばめたついたて。○列宝帳　いくつかの宝で飾った帳。帳は牀のうえに張る幕。○桂宮　前漢の武帝が建てた宮殿。現陝西省西安の西北にあった。一九六二年、その宮趾が発掘されている。

通釈 武帝は七宝牀・襍宝案・廁宝屛風・列宝帳をつくり、桂宮に置いた。そこで当時の人々はそれを四宝宮とよんだ。

参考 『三輔黄図』巻二桂宮

55 瓠子河決。有蛟龍、從九子、自決中逆上入河。噴沫流波數十里。

瓠子に河決す。蛟竜《こうりゅう》有り、九子を従え、決中より逆上《さかのぼ》りて河に入《い》る。沫《あわ》を噴き波を流すこと数十里。

語釈 ○瓠子河決　武帝の元光三年（前一三二）、瓠子（現河南省濮陽の南）で黄河が決潰し、帝は親臨してこれを塞いだ。○蛟竜　蛟は竜の一種のみずち。想像上の動物。

通釈 瓠子において黄河が決潰した。そのとき蛟竜が現れ、九匹の子をしたがえ、溢れでた流れをさかのぼって黄河に入っていった。飛沫をふきあげ波をたてながら進むこと数十里におよんだ。

参考 『史記』巻二十九河渠書

56 文帝初、多雨、積霖至百日而止。

文帝の初め、雨多く、積霖《せきりん》百日に至りて止む。

通釈 文帝の治世の初期には、雨の降ることが多く、長雨が百日もつづいてようやくやんだ。

57 王鳳以五月五日生。其父欲不擧曰、俗諺、擧五日子、長及戸則自害、不則害其父母。其叔父曰、昔田文以此日生。其父嬰敕其母曰、勿擧。其母竊擧之、後爲孟嘗君。號其母爲薛公大家。以古事推之、非不祥也。遂擧之。

王鳳《おうほう》五月五日を以て生まる。其の父挙げざらんと欲して曰く、俗諺《ぞくげん》に、五日の子を挙ぐるや、長じて戸に及べば則ち自害し、不《しから》ずんば則ち其の父母を害さんという、と。其の叔父曰く、昔田文《でんぶん》此の日を以て生まる。其の父嬰《えい》其の母を勅《いまし》めて曰く、挙ぐる勿かれ、と。其の母窃《ひそ》かに之れを挙げ、後に孟嘗君《もうしょうくん》と為る。其の母を号して薛公大家《せつこうたいこ》と為す。古事を以て之れを推すに、不祥に非ざるなり、と。遂に之れを挙ぐ。

語釈 ○王鳳　前漢末期の政治家（?—前二二）。魏郡元城（現河北省大名）の出身。元帝の皇后王政君の長兄。漢を簒奪した王莽はその甥にあたる。成帝のとき大司馬大将軍領尚書事に就任して権勢を振った。○五日子　『史記』孟嘗君列伝は「五月子」とするが、同列伝の司馬貞『史記索隠』所引『風俗通』は「五月五日生子」とする。○田文　戦国斉の貴族（?—前二七九ごろ）。薛（現山東省滕の東南）に封じられた靖郭君田嬰の子。孟嘗君。戦国四君の一人。賓客数千人を招き、その名声は諸侯のあいだに聞こえた。

通釈 王鳳は五月五日に生まれた。彼の父は子を取り上げたくないと思い、「世間のいいつたえでは、五日（五月五日）の子を取り上げれば、その子は成長して背丈が門戸にとどくようになると自殺するか、さもなければ父母を殺すといわれている」といった。それに対し叔父が、「むかし田文もこの日に生まれた。文の父の嬰は母を戒めて、『取り上げてはならない』といった。しかし母はひそかに取り上げ、その子はのちに孟嘗君となった。そこでその母を尊んで薛公大家とよぶようになった。この故事から考えると、〔五月五日生まれは〕不祥なことではない」といった。そこで王鳳を取り上げることにした。

参考 『史記』巻七十五孟嘗君列伝、『異苑』巻十田文五月生、『宋書』巻四十五王鎮悪伝

58 惠帝七年夏、雷震南山。大木數千株、皆火燃至末。其下數十畝地草皆焦黃。其後百許日、家人就其間、得龍骨一具、鮫骨二具。

惠帝《けいてい》七年の夏、雷南山に震う。大木数千株、皆火燃《かねん》して末に至る。其の下の数十畝の地草皆焦黄す。其の後百許日、家人其の間に就き、竜骨一具、鮫骨二具を得たり。

語釈 ○畝　土地の広さの単位。一畝は約一・八アール。○鮫骨　さめの骨。鮫は蛟（みずち）にも通じる。

通釈 恵帝七年（前一八八）の夏、雷が〔終〕南山に落ちた。その大木数千株は、皆炎上し根本まで燃えつきた。その下の数十畝の地の草は皆こげて黄色になった。そののち百日ばかりして、ある人がその場所におもむき、竜骨一体と、

鮫骨二体を手に入れた。

59 高祖爲泗水亭長、送徒驪山。將與故人訣去、徒卒贈高祖酒二壺、鹿肚、牛肝各一。高祖與樂從者飮酒食肉而去。後卽帝位、朝晡尚食常具此二炙幷酒二壺。

高祖泗水《しすい》の亭長為《た》りしとき、徒を驪山《りざん》に送る。将《まさ》に故人と訣去《けつきょ》せんとするに、徒卒高祖に酒二壺《こ》、鹿肚《ろくと》、牛肝《ぎゅうかん》各々一を贈る。高祖は従うを楽《ねが》う者と酒を飲み肉を食《くら》いて去る。後に帝位に即くや、朝晡《ちょうほ》ごとに尚食常に此の二炙《にしゃ》并びに酒二壺を具《そな》う。

語釈 ○泗水　地名。現江蘇省沛の東。○亭長　宿駅の長。秦漢時代、十里ごとに一亭を置き、その長が警察の職務を代行した。最末端の地方官。○驪山　山名。現陝西省臨潼の南東にある山。秦の始皇帝の陵墓がある。○尚食　官名。秦代に置かれた六尚（皇帝の身のまわりの品をつかさどる官）の一つ。天子の食膳を担当した。

通釈 高祖は泗水の亭長であったとき、刑徒を驪山に送っていった。まさにかねてからつきしたがっていた人々と別れようとするさい、そのうちの刑徒や従卒が高祖に酒二つぼ、鹿のはらわた、牛の肝臓をひとつずつ贈った。高祖はつきしたがおうとする者と酒を飲み肉を食べて立ち去った。のちに高祖が皇帝の位に即くと、朝夕の食事ごとに尚食はこの二つの炙《あぶ》り肉と酒二つぼを用意するのがつねであった。

60 梁孝王好營宮室、苑囿之樂。作曜華之宮、築兔園。園中有百靈山、山有膚寸石、落猿巖、棲龍岫。又有雁池、池間有鶴洲、鳧渚。其諸宮觀相連、延亙數十里。奇果異樹、瑰禽怪獸畢備。王日與宮人賓客弋釣其中。

梁の孝王宮室、苑囿《えんゆう》を営むの楽《がく》を好む。曜華《ようか》の宮を作り、兎園《とえん》を築く。園中に百霊山有りて、山に膚寸石《ふすんせき》、落猿巌《らくえんがん》、棲竜岫《せいりゅうしゅう》有り。又雁池有りて、池間に鶴洲、鳧渚《ふしょ》有り。其の諸々の宮観相連《あいつら》なり、数十里に延亙《えんこう》す。奇果異樹、瑰禽怪獣畢《ことごと》く備わる。王日々宮人賓客と其の中に弋釣《よくちょう》す。

語釈 ○梁孝王　劉武。文帝の第二子（？―前一四四）。母の竇太后に寵愛され、領地に皇帝をしのぐ兵力・財産を所有し、景帝の後嗣になろうとしたが果たせなかった。梁は漢の王国名。現河南省商丘から江蘇省碭山一帯。○苑囿　鳥や動物を放し飼いにし、珍獣・名木を集めた園。○弋　いぐるみ。矢に糸をつけて鳥をからめとる狩猟法。

通釈 梁の孝王は宮室・苑囿を造営するさいにかなでられる楽を好んだ。曜華の宮をつくり、兎園を築いた。園中に百霊山があり、その山には膚寸石・落猿巌・棲竜岫があった。また雁池があり、その池には鶴洲（鶴が舞いおりる中洲）や、鳧渚（かもの遊ぶなぎさ）があった。それらの多くの宮殿はあい連なって数十里にもおよんだ。そこには変わった果物やめずらしい樹木、めずらしい鳥や不思議な形をしたけものがすべてそなわっていた。王は毎日宮女や賓客とそこで鳥を捕えたり魚を釣ったりした。

61 魯恭王好鬭雞、鴨及鵝、鴈、養孔雀、鵁鶄。俸穀一年費二千石。

魯の恭王《きょうおう》鬭鶏、鴨《おう》及び鵝《が》、雁を好み、孔雀、鵁鶄《こうせい》を養う。俸穀一年に二千石を費す。

語釈 ○魯恭王　景帝の第五子（?―前一二八）。劉余。孔子の旧宅の壁中から古文の経伝（先秦の文字で書かれた典籍）を得たとされる。また苑囿の造営や狩猟などを好んだ。魯は漢の王国名。現山東省曲阜一帯。

通釈 魯の恭王は闘鶏・鴨や鵝（がちょう）・雁（がん）を好み、孔雀・鵁鶄（さぎの一種）を飼育していた。そのために一年に糧食として二千石（郡太守などの秩禄に相当）の飼料を費した。

参考 『史記』巻五百九十五宗世家（魯共王余）・巻百四田叔列伝、『漢書』巻五十三景十三王伝（魯恭王伝）

62 會稽歳時獻竹簟供御。世號爲流黃簟。

会稽《かいけい》歳時に竹簟《ちくてん》を献じて供御とす。世に号して流黄簟《りゅうおうてん》と為す。

語釈 ○会稽　郡名。現浙江省を中心とする地域。○流黄簟　黄褐色の簟（むしろ）の意味か。

通釈 会稽では歳時に竹で編んだむしろを天子に献上した。世間ではこれを流黄簟とよんだ。

63 朱買臣爲會稽太守、懷章綬、還至舍亭、而國人未知也。所知錢勃見其纍露、乃勞之曰、得無罷乎。遺與紈扇。買臣至郡、引爲上客、尋遷爲掾史。

朱買臣《しゅばいしん》会稽の太守と為るや、章綬を懐《ふところ》にし、還りて舎亭に至るも、国人未だ知らざるなり。知る所の銭勃《せんぼつ》其の暴露せるを見るや、乃ち之れを労《ねぎら》いて曰く、罷《つか》れ無きを得んか、と。紈扇《がんせん》を遺与す。買臣郡に至るや、引きて上客と為し、尋《つ》いで遷して掾史《えんし》と為す。

語釈 ○朱買臣　武帝時代の官僚（?—前一一六）。会稽郡呉県（現江蘇省蘇州）の人。武帝に認められて丞相長史にいたったが、張湯（武帝時代の酷吏）を刑死に追いこみ、武帝の怒りに触れて誅殺された。○章綬　印章と組みひも。官職により色形が異なり、太守は亀鈕・銀印で綬は青色、その印文は「○○太守章」。○紈扇　白い練り絹で造られたうちわ。

通釈 朱買臣は会稽郡の太守（郡の長官）に任命されると、その身分を示す章綬を懐に入れ、太守の宿舎にもどったが、会稽郡の人々はそのことをまだ知らずにいた。知り合いの銭勃は章綬が懐中からはみ出ているのを見つけると、朱買臣をねぎらって、「お疲れではありませんか」といった。そして紈扇を贈った。買臣は会稽郡に着任すると、銭勃を賓客として招き、ついで属官に取り立てた。

参考 『漢書』巻六十四朱買臣伝

64 余所知有鞠道龍。善爲幻術。向余說古時事。有東海人黃公。少時爲術、能制蛇御虎。佩赤金刀、以絳繒束髪。立興雲霧、坐成山河。及衰老、氣力羸憊、飲酒過度、不能復行其術。秦末有白虎見於東海。黃公乃以赤刀往厭之、術既不行、遂爲虎所殺。三輔人俗用以爲戲。漢帝亦取以爲角抵之戲焉。

余の知る所に鞠道竜《きくどうりゅう》有り。善く幻術を為す。余に向かいて古《いにしえ》の時の事を説く。東海の人黄公《こうこう》なるもの有り。少《わか》かりし時術を為し、能く蛇を制し虎を御す。赤金の刀を佩び、絳《こう》繒を以て髪を束ぬ。立ちどころに雲霧を興し、坐《い》ながらに山河を成す。衰老するに及んで、気力羸憊《えいばい》し、酒を飲むこと度を過ぎ、復た其の術を行う能わず。秦末に白虎の東海に見《あらわ》る有り。黄公乃ち赤刀を以て往きて之れを厭《よう》せんとするも、術既に行われず、遂に虎の殺す所と為る。三輔の人俗に用いて以て戯と為す。漢帝も亦取りて以て角抵の戯と為す、と。

語釈 ○東海　郡名。現山東省南部沿岸から江蘇省北部沿岸にかけての地域。漢代に郡が置かれた。郡治は郯県。○絳繒　絳は赤、繒は細かくかたく織った絹（かとりぎぬ）。○厭　呪術によって相手をおさえ鎮めること。厭伏・厭勝。○角抵之戯　宮廷で行われた娯楽的な見せ物で、人間同士あるいは人間対獣の戦い、もしくはそれを模した競技。

通釈 私の知己に鞠道竜という人がいる。幻術を得意とした。私に昔の世のできごとを語ってくれた。「東海郡の人で黄公という人がいた。若いときに幻術を使い、蛇や虎を制御することができた。赤金（銅）の刀を身につけ、赤い絹布で髪を束ねていた。たちどころに雲や霧を生じさせたり、いながらにして山や河を出現させたりした。年老いて体力が衰えてくると、気力は減退し、酒を飲んでは度を越すようになり、その術を二度と使うことができなくなった。秦の末期に白虎が東海の地に現れた。そこで黄公は赤刀をたずさえておもむき虎をおさえ鎮めようとしたが、術はすでに効かなくなっていて、とうとう虎に殺されてしまった。三輔の人々は俗にこれをとりあげ芝居とした。また漢の皇帝もこれを採用して角抵の戯とした」。

参考 『漢書』巻六武帝紀・巻九十六西域伝賛、『文選』巻二張衡「西京賦」、『太平御覧』巻七百五十五所引「漢武故事」

65 **又說。淮南王好方士。方士皆以術見。遂有畫地成江河、撮土爲山巖、嘘吸爲寒暑、噴嗽爲雨霧。王卒與諸方士倶去。**

又説く。淮南王《わいなんおう》方士を好む。方士皆術を以て見《まみ》ゆ。遂に地に画して江河を成し、土を撮《つま》みて山巌を為り、嘘吸《きょきゅう》して寒暑を為《つく》り、噴嗽《ふんそう》して雨霧を為るもの有り。王卒《つい》に諸々の方士と倶に去る、と。

語釈 ○淮南王　高祖劉邦の孫、劉長の子（前一七九―前一二二）。劉安。学者・文人らを集めて『淮南子』を編纂した。武帝のとき謀反の容疑で追及され、自害した。○淮南　淮水以南の地。現安徽省寿を中心とする地方に置かれた王国。淮南王劉安の謀反事件ののち、王国を没収され、九江郡に改められた。

通釈 鞠道竜はこのようにも語った。「淮南王は方士を好んだ。方士らは皆得意の術をもとに王に謁見した。なかには地面に線を引いて大河を出現させたり、土をつまんで山嶽を出現させたり、呼吸によって寒暑をつくり出したり、口から水をふいて雨や霧を生み出したりする者もいた。淮南王は最後には諸々の方士とともにこの世を去って（仙界に飛翔して）いった」。

参考 『漢書』巻四十四淮南王伝、『神仙伝』巻四劉安、『水経注』巻三十二肥水

66揚子雲好事。常懐鉛提槧、從諸計吏訪殊方、絶域、四方之語、以爲裨補。輶軒所載亦洪意也。

揚子雲事を好む。常に鉛を懐《ふところ》にして槧《ざん》を提《たずさ》え、諸計吏に従いて殊方、絶域、四方の語を訪ね、以て裨補《ひほ》と為す。輶軒《ゆうけん》の載する所も亦洪意なり。

語釈 ○鉛　書写に使用する鉛粉筆。鉛粉。○槧　文字を記す木札。○計吏　官名。上計吏。毎年各郡国の会計簿を朝廷に提出する官吏。○輶軒　天子の使者の乗る一種の軽車。のちにその使者は輶軒使と称された。ここでは書名。『輶軒使者絶代語釈別国方言』の略称。一般に『別国方言』『方言』と称される。原名は『殊言』。もと十五巻、現行本は十三巻。揚雄撰、晋郭璞注。各地の方言を集録し、一名一物について、その語の異同を詳述した書。○洪意　洪は大。ただし『西京雑記全訳』では、この一節は葛洪の小注が原文に竄入したものと解釈している。

通釈 揚子雲（揚雄）は好事家であった。いつも鉛を懐中に入れ木札をたずさえ、（地方の郡国から上京してくる）計吏たちにその土地・辺境・各地のことばを訪ねて、（自分の知識を）増し補った。その著書『輶軒』に記載されていることもまた大いに意義のあることである。

参考 『風俗通義』序、『輶軒使者絶代語釈別国方言』郭璞注序

67文帝時、鄧通得賜蜀銅山、聽得鑄錢。文字肉好皆與天子錢同。故富侔人主。

時呉王亦有銅山鑄錢。故有呉錢、微重。文字肉好與漢錢不異。

文帝の時、鄧通《とうつう》蜀の銅山を賜るを得、銭を鋳するを得るを聴《ゆる》さる。文字肉好《じゅうこう》皆天子の銭と同じ。故に富は人主に侔《ひと》し。時に呉王も亦銅山を有《も》ちて銭を鋳す。故に呉銭有りて、微《わず》かに重し。文字肉好漢銭と異ならず。

語釈 ○鄧通　文帝の寵臣（生没年不詳）。蜀の巌道（現四川省滎経）の銅山と鋳銭の権限をあたえられ、その富は皇帝に匹敵したといわれる。○肉好　銭の形と孔。漢銭は外郭が円形で、中央に方孔があった。○呉王　高祖の兄劉仲の子（前二一五—前一五四）。劉濞。景帝三年（前一五四）、呉楚七国の乱を起こしたが、失敗して自殺した。

通釈 文帝のとき、鄧通は蜀の銅山を賜り、銭を鋳ることを許可された。その銭の文字や形体は〔中央政府で鋳た〕天子公認の銭と同じであった。そのためその富は人主（皇帝）とひとしかった。その当時呉王もまた銅山を私有し銭を鋳ていた。そのため呉銭という銭貨があり、〔漢銭よりも〕わずかに重かった。呉銭の文字や形体は漢銭と異なるところはなかった。

参考 『史記』巻百二十五佞幸列伝・巻百六呉王濞列伝、『漢書』巻九十三佞幸伝（鄧通伝）・巻三十五呉王濞伝

68楊貴、字王孫、京兆人也。生時厚自奉養、死卒裸葬於終南山。其子孫掘土鑿石深七尺而下屍、上復蓋之以石。欲儉而反奢也。

楊貴、字は王孫、京兆の人なり。生時厚く自ら奉養し、死卒するや終南山《しゅうなんざん》に裸葬せしむ。其の子孫土を掘り石を鑿《うが》つこと深さ七尺にして屍を下し、上に復た之れを蓋うに石を以てす。倹ならんと欲して反って奢《おご》るなり。

語釈 ○楊貴　武帝時代の富人（生没年不詳）。黄老の術を修めて当時流行の厚葬に異を唱え、臨終のときに子に命じて着衣せず全裸のまま埋葬させた。○欲倹而反奢也　「倹にして奢に反するを欲するなり」と読み、倹約することによって世間の贅沢に反対しようとしたと解釈することも可能か。

通釈 楊貴は、字は王孫、京兆尹の人である。生前は自ら養生に心をくだき、死にさいして着衣せずに全裸のままで終南山に埋葬させた。その子孫は土を掘り石をうがって深さ七尺（約一六一センチメートル）のところに遺体を置き、その上にまた石を用いて蓋をした。倹約を全うしようと欲しながらかえって贅沢に陥ってしまったのである。

参考 『漢書』巻六十七楊王孫伝、『説苑』巻二十反質

69 傅介子年十四、好學書。嘗棄觚而嘆曰、大丈夫當立功絶域。何能坐事散儒。後卒斬匈奴使者、還拜中郎、復斬樓蘭王首、封義陽侯。

傅介子《ふかいし》年十四にして、書を学ぶを好む。嘗て觚《こ》を棄てて嘆じて曰く、大丈夫当《まさ》に功を絶域《ぜついき》に立つべし。何ぞ坐して散儒に事《つか》うる能わんや、と。後に卒に匈奴の使者を斬り、還りて中郎に拝せられ、復た楼蘭《ろうらん》王の首を斬り、義陽侯《ぎようこう》に封ぜらる。

語釈 ○傅介子　昭帝時代の武人（?—前六五）。元鳳四年（前七七）、服属していた西域諸国のうち亀茲・楼蘭が匈奴と結んで漢の使者を殺したとき、西域へ派遣され、楼蘭王を刺殺して西域諸国の離反をくいとめた。○觚　棒状の木の側面を平らに削って多面にし、一本に何行も書けるようにした木札。○散儒　実際の役に立たない儒者。○中郎　官名。郎中令（光禄勲）の属官。門戸や車騎をつかさどる官。○楼蘭　漢代の西域の国名。別名鄯善。現新疆ウイグル自治区のロプノール湖岸近辺にあったとされる。

通釈 傅介子は十四歳のとき、書物を学ぶことを好んだ。あるとき手にしていた（書写用の）木札を棄てて嘆き、「男子たる者功績を異国に立てるべきである。どうしてこのまま世の役に立たない儒者に師事することなどできようか」といった。そののちついに匈奴の使者を斬って、帰還すると中郎の官を授かり、さらに楼蘭王の首を斬って、義陽侯に封ぜられた。

参考 『漢書』巻七十傅介子伝・巻九十六上西域伝上

70 余少時聞、平陵曹敞在呉章門下。往往好斥人過。或以爲輕薄、世皆以爲然。章後爲王莽所殺。人無敢收葬者、弟子皆更易姓名以從他師。敞時爲司徒掾、獨稱呉章弟子、收葬其屍。方知亮直者、不見容於冗輩中矣。平陵人生爲立碑於呉章墓側。在龍首山南幕嶺上。

余少《わか》かりし時聞くに、平陵の曹敞《そうしょう》呉章の門下に在り。往往にして人の過《あやま》ちを斥《しりぞ》くるを好む。或いは以て軽薄と為し、世皆以て然りと為す。章後に王莽《おうもう》の殺す所と為る。人敢えて収めて葬《ほうむ》らんとする者無く、弟子皆姓名を更易して以て他師に従う。敞時に司徒掾《しとえん》為《た》りしも、独り呉章の弟子と称し、収めて其の屍を葬る。方に亮直《りょうちょく》を知る者は、冗輩《じょうはい》の中に容《い》れられず。平陵の人生為《ため》に碑を呉章の墓の側に立つ。竜首《りゅうしゅ》山の南幕嶺上に在り、と。

語釈 ○平陵　県名。右扶風に所属。現陝西省咸陽の西北。前漢第八代皇帝昭帝の陵の名による。○曹敞　『漢書』では云敞につくる。前漢末期・新の学者・政治家。尚書（書経）博士。字は幼孺。この行為が車騎将軍の王舜に認められて属掾に採用され、のち御史大夫にまでいたった。○呉章　前漢末期の学者。尚書博士。字は偉君。王莽の子の宇とともに、王莽と平帝の外戚衛氏の確執を諫めたが容れられず、王莽に殺された。○司徒掾　官名。三公の一つの司徒の属官。○亮直　心が明らかで正しい。○平陵人生　平陵の人間。『太平御覧』巻五百五十五に「平陵人文生」とあり、人名の可能性もある。

通釈 私が若いころ聞いたところによると、「平陵の曹敞という者が呉章の門下にいた。ともすれば人の過失をあげつらうことを好んだ。人によってはそうした行為を軽薄と見なす者もおり、世間の人々も皆その通りだと思った。呉章はのちに王莽によって殺された。しかしあえて引き取って葬儀を行おうとする者はなく、弟子たちは皆姓名を変更して他の師にしたがった。曹敞は当時司徒掾の官にあったが、ひとりだけ呉章の弟子であると称して、彼の亡骸を引き取り葬った。本当に亮直の何たるかを知っている者は、愚かな人々の中には受け入れられないものなのである。平陵の人々は曹敞のために呉章の墓のそばに碑を立てた。それは竜首山の南幕嶺の上にある」ということである。

参考 『漢書』巻六十七云敞伝

71文帝爲太子立思賢苑、以招賓客。苑中有堂隍六所、客館皆廣廡高軒、屏風幃褥甚麗。

文帝太子の為に思賢苑《しけんえん》を立て、以て賓客を招く。苑中に堂隍《どうこう》六所有り、客館は皆広廡《こうぶ》高軒にして、屏風《へいふう》幃褥《いじょく》甚だ麗《うるわ》し。

語釈 ○文帝爲太子　文帝は太子の位を経ることなく即位したので、「文帝太子為りしとき」とは解釈できない。太子はのちの景帝劉啓。○堂隍　堂堭。四壁のない広大な建物。○廡　廊下・ひさし。

通釈 文帝は太子のために思賢苑を立て、賓客を招いた。その苑中には殿堂が六個所にあり、賓客を招く館は皆ひさしが広く軒も高く、屏風（ついたて）や幃褥（とばり・しとね）はとても美しかった。

参考 『三輔黄図』巻四苑囿、『四庫全書総目提要』巻二十七子部小説家類一

72廣陵王胥有勇力。常於別囿學格熊。後遂能空手搏之、莫不絶脰。後爲獸所傷、陷腦而死。

広陵王胥《しょ》勇力を有《も》つ。常に別囿に於いて熊と格《たたか》うことを学ぶ。後に遂に能く空手《くうしゅ》もて之れを搏《とら》え、脰《くび》を絶たざるなし。後に獣の傷つく所となり、脳を陥《そこな》いて死す。

語釈 ○広陵王胥　武帝の第五子、広陵厲王劉胥（?―前五四）。粗暴であったために武帝の継嗣になれず、昭帝を呪詛し、それが発覚して自殺した。広陵は現江蘇省江都の東北。

通釈 広陵王劉胥は勇気があって力持ちであった。つねに離宮の苑囿の中で熊と格闘することを学んだ。のちにはついに素手でつかまえて、そのくびを折らないことはなかった。そののち獣によって傷つけられ、脳が陥没して死んだ。

参考 『漢書』巻六十三武五子伝（広陵厲王伝）

73 郭威、字文偉、茂陵人也。好讀書。以謂、爾雅周公所制。而爾雅有張仲孝友。張仲宣王時人、非周公之制明矣。余嘗以問揚子雲。子雲曰、孔子門徒游夏之儔、所記以解釋六藝者也。家君以爲、外戚傳稱、史佚教其子以爾雅。爾雅小學也。又記言、孔子教魯哀公學爾雅。爾雅之出遠矣。舊傳學者皆云周公所記也。張仲孝友之類後人所足耳。

郭威《かくい》、字は文偉、茂陵の人なり。読書を好む。以謂《おも》えらく、爾雅《じが》は周公の制する所なり。而るに爾雅に張仲孝友《ちょうちゅうこうゆう》と有り。張仲は宣王の時の人なれば、周公の制に非ざること明らかなり、と。余嘗《かつ》て以て揚子雲《ようしうん》に問う。子雲曰く、孔子門徒の游夏《ゆうか》の儔《ともがら》の、記して以て六芸を解釈せんとする所の者なり、と。家君以為《おも》えらく、外戚伝に称す、史佚《しいつ》は其の子に教うるに爾雅を以てす、と。爾雅は小学なり。又記に言う、孔子魯の哀公をして爾雅を学ばしむ、と。爾雅の出《い》づるや遠し。旧伝の学者は皆周公の記する所と云うなり。張仲孝友の類は後人の足す所のみ、と。

語釈 ○爾雅　書名。三巻。儒学の経典で十三経の一つ。文字を分類、説明した最古の字書。○周公　周初の王族・名臣（生没年不詳）。姫旦。周公旦。文王の子で武王の弟。武王を輔けて殷を滅ぼし、その子成王を補佐し、礼にもとづく理想的な政治を行ったとされる。のちに儒家によって聖人として尊崇された。○張仲　周の宣王時代の賢臣（生没年不詳）。『詩経』小雅六月と『爾雅』釈訓に、その孝と友とを讃えた「張仲孝友」の句がある。○宣王　周第十一代の王（在位前八二七―前七八二）。姫静。厲王の子。西周（前十一世紀ごろ―前七七〇、周が現陝西省渭水沿岸の鎬京に首都を置いていた時期の名称）中興の英主とされる。○孔子　春秋時代の思想家・教育者・政治家（前五五二―前四七九）。孔丘。字は仲尼。魯に生まれたが重用されず、十余年間遊歴して、諸侯に仁を理想とする徳治主義を説いた。晩年、魯に帰って『詩経』『書経』などの古典の整理に専念し、『春秋』を著したとされる。○游夏　子游と子夏。ともに孔子晩年の弟子。文学にすぐれ、孔門の学を後世に伝えるのに功があった。○六芸　『詩』『書』『礼』『楽』『易』『春秋』の六種の儒家の経典。六経に同じ。また経書全体の総称。○外戚伝　『史記』には外戚世家はあるが外戚列伝はなく、『漢書』外戚伝には該当する記事がない。劉向・劉歆父子が撰述したとされる史書の中の一篇か。○史佚　周初の名臣（生没年不詳）。尹佚・尹逸・史逸とも記される。武王・成王に仕え、周公旦・召公奭・太公望（呂尚）とともに四聖と称された。○小学　経書を正確に読むために、文字の音・形・意味を研究する学問。○記　経書の注解。ここでは『孔子三朝記』を指すか。○魯哀公　春秋末期の魯第二十五代の君主（在位前四九五―前四六八）。姫蔣。家臣の三桓氏（魯公の傍系の三家。孟孫氏・叔孫氏・季孫氏）に実権を握られて亡命し、国外で没した。

通釈 郭威は、字は文偉といい、茂陵の人である。読書を好んだ。彼は、「『爾雅』は周公の著作とされている。しかし『爾雅』の文中に『張仲孝友』の文がある。張仲は宣王の時代の人であるから、周公がつくったものではないことは明らかである」といった。私はかつてこのことについて揚子雲（揚雄）に質問したことがある。子雲は、「孔子の門人の子游と子夏の仲間が、六芸を解釈するためにつくったものである」といった。私の父の考えでは、「『外戚伝』に、史佚は自分の息子の教育に『爾雅』を用いた、とある。『爾雅』は小学である。また『孔子三朝記』に、孔子は魯の哀公に『爾雅』を学ばせた、とある。『爾雅』がつくられたのは遠い昔のことである。古い書物を研究する者は皆周公がつくったものだといっている。『張仲孝友』の句などは後世の人間がつけ足したものにすぎない」ということであった。

74 茂陵富人袁廣漢藏鏹巨萬、家僮八、九百人。於北邙山下築園。東西四里、南北五里。激流水注其内。構石爲山、高十餘丈、連延數里。養白鸚鵡、紫鴛鴦、牦牛、青兕、奇獸怪禽委積其閒。積沙爲洲嶼、激水爲波潮。其中致江鷗、海鶴、孕雛産鷇、延漫林池。奇樹異草、靡不具植。屋皆徘徊連屬、重閣脩廊行之、移晷不能徧也。廣漢後有罪誅、沒入爲官園。鳥獸草木皆移植上林苑中。

茂陵《もりょう》の富人袁広漢《えんこうかん》は蔵鏹《ぞうきょう》巨万にして、家僮八、九百人なり。北邙《ほくぼう》山の下に於いて園を築く。東西四里、南北五里。流水を激《せ》きて其の内に注《そそ》ぐ。石を構えて山を為《つく》り、高さ十余丈にして、連延すること数里。白鸚鵡《おうむ》、紫鴛鴦、牦牛《ぼうぎゅう》、青《せい》兕《じ》を養い、奇獣怪禽其の間に委積《いし》す。沙を積みて洲嶼《しゅうしょ》を為り、水を激きて波潮を為る。其の中に江鷗、海鶴を致《まね》き、雛を孕《はら》み鷇《ひな》を産み、林池に延漫せしむ。奇樹異草、具《とも》に植えざるは靡《な》し。屋は皆徘徊連属し、重閣脩廊之れを行かば、晷《ひかげ》を移すも徧くすること能わざるなり。広漢後に罪有りて誅せらるるや、没入せられて官園と為る。鳥獣草木は皆上林苑中に移植せらる。

語釈 ○蔵鏹　蓄えられた銭。○北邙山　ここでは前漢の首都長安の北に位置し、現陝西省咸陽の北部から興平にかけて連なる山地。一般には後漢の首都洛陽の北に位置し、後漢以降、王侯功臣の墓葬地となっていた北邙山（現河南省洛陽の東北）を指す。○牦牛　犛牛。ヤク。

北インド・チベットなどの高地に住む毛の長い牛。尾の毛は、旗の飾りに使用された。〇青兕　牛に似た青色の一角獣。〇雛　鶏雉類のようにみずからついばむひよこ。〇鷇　燕雀類のように親の哺育を仰ぐひよこ。〇移晷　多くの時刻を経ること。移景。

通釈　茂陵の資産家である袁広漢は巨万の銭を蓄えていて、使用人が八、九百人もいた。北邙山の麓に庭園を築いた。東西四里（約一・六キロメートル）、南北五里（約二キロメートル）〔にわたる広大なものであった〕。流水を激きとめて園内に注ぎ入れた。石を構築して山をつくり、その高さは十余丈（約二〇メートル）で、数里にわたって連なっていた。白い鸚鵡・紫の鴛鴦（おしどり）・牦牛・青兕を飼って、珍奇な鳥獣をその中に集めた。沙を積み上げて州をつくり、水をせきとめて流れるような急流をつくった。園内に川辺の鷗や、海辺の鶴をまねきよせ、雛を育て鷇を産ませて、林池に繁殖させた。珍奇な草木で、移植されないものはなかった。家屋は皆つながり合いながら点在し、重閣をもつ長い廊下があって、一日ではとうてい行き尽くすことはできなかった。そののち広漢に罪があって誅殺されると、この庭園は没収されて官園となった。それらの鳥獣草木は皆上林苑に移された。

参考　『三輔黄図』巻四苑囿

75 五柞宮有五柞樹。皆連抱、上枝蔭覆數畝。其宮西有青梧觀。觀前有三梧桐樹。樹下有石麒麟二枚。刊其脇爲文字。是秦始皇酈山墓上物也。頭高一丈三尺。東邊者、前左脚折。折處有迹如血。父老謂、其有神皆含血屬筋焉。

五柞《ごさく》宮に五柞樹有り。皆連抱《れんぽう》にして、上枝は数畝を蔭覆す。其の宮の西に青梧観《せいごかん》有り。観の前に三梧桐樹有り。樹下に石の麒麟二枚有り。其の脇を刊《きざ》みて文字を為《つく》る。是れ秦の始皇の酈山の墓上の物なり、と。頭高一丈三尺。東辺の者は、前の左脚折れり。折れし処に迹有りて血の如し。父老謂わく、其れ神有りて皆血を含み筋を属《つら》ぬればなり、と。

語釈 ○五柞宮　武帝の後元二年（前八七）に建立された離宮。右扶風盩厔県（現陝西省周至）にあったとされる。宮中に五柞樹があった。柞ははそ。こなら・くぬぎなどの総称。○連抱　ひとかかえほどの大きさ。○秦始皇　秦の初代皇帝、始皇帝（在位前二四七—前二一〇）。荘襄王の子。姓は嬴、名は政。六国（戦国時代の六つの強国。韓・魏・趙・斉・燕・楚）を滅ぼして中国を統一、自ら皇帝と称した。郡県制の施行、貨幣・度量衡・文字の統一などを行い、中央集権の確立に努めた。

通釈 五柞宮には五本の柞（ははそ）の樹があった。五本とも皆一抱えもあり、上の方の枝は数畝にわたって地を覆うほどであった。その宮殿の西方には青梧観があった。その観（ものみ）の前には、三本の梧桐（あおぎり）があった。その樹の下には石でつくった麒麟が二体あった。その脇に文字がきざみつけてあった。「これは秦の始皇帝の酈山（驪山）の墓の上にあるものである」と。頭までの高さは一丈三尺（約三メートル）あった。東側の麒麟は、左の前脚が折れていた。折れた処に血のようなあとがついていた。父老がいうには、「どちらの石像も命が通っていて、皆血を含み筋肉をつけているからである」ということであった。

参考 『三輔黄図』巻三甘泉宮・巻五観

76 高祖初入咸陽宮、周行府庫。金玉珍寶不可稱言。其尤驚異者、有青玉五枝燈。

高七尺五寸、作蟠螭、以口銜燈。燈然則鱗甲皆動、煥炳若列星、盈盈焉。復鑄銅人十二枚。坐皆高三尺、列在一筵上。琴筑笙竽各有所執。皆綴花采、儼若生人。筵下有二銅管。上口高數尺、出筵後。其一管空、一管内有繩、大如指。使一人吹空管、一人紐繩、則衆樂皆作、與眞樂不異焉。有琴。長六尺、安十三弦二十六徽。皆用七寶飾之。銘曰璠璵之樂。玉管。長二尺三寸、六孔。吹之則見車馬山林、隱轔相次、吹息、亦不復見。銘曰昭華之琯。有方鏡。廣四尺、高五尺九寸、表裏有明。人直來、照之、影則倒見。以手掩心而來、則見腸胃五臟、歷然無硋。人有疾病在内、掩手而照之、則知病之所在。又女子有邪心、則膽張心動。秦始皇常以照宮人、膽張心動者、殺之。高祖悉封閉、以待項羽。羽併將以東。後不知所在。

高祖初めて咸陽宮《かんようきゅう》に入るや、府庫を周行す。金玉珍宝称言す可からず。其の尤《もっと》も驚異なる者に、青玉の五枝燈有り。高さ七尺五寸、蟠螭《ばんち》を作り、口を以て燈を銜《ふく》む。燈然《も》ゆれば則ち鱗甲《りんこう》皆動き、煥炳《かんへい》すること列星の若《ごと》く、盈盈《えいえい》たり。復た銅人十二枚を鋳る。坐皆高さ三尺、列《つら》なりて一筵上に在り。琴筑笙竽《きんちくそうう》各々執る所有り。皆花采を綴《つづ》り、儼として生人の若し。筵下に二銅管有り。上口は高さ数尺、筵後に出《い》づ。其の一管は空、一管は内に縄有り、大きさ指の如し。一人をして空管を吹き、一人をして縄を紐《ちゅう》せしむれば、則ち衆楽皆作《おこ》り、真楽と異ならず。琴有り。長さ六尺、十三弦二十六徽を安んず。皆七宝を用いて之れを飾る。銘に璠璵《はんよ》の楽と曰う。玉管あり。長さ二尺三寸、六孔。之れを吹けば則ち車馬山林を見《あら》わし、隠轔《いんりん》として相次《あいつ》ぎ、吹くこと息《や》むれば、亦復《ふたた》び見われず。銘に昭華の琯と曰う。方鏡有り。広さ四尺、高さ五尺九寸、表裏に明有り。人の直《ただ》ちに来るや、之れを照らせば、影則ち倒《さかしま》に見わる。手を以て心を掩《おお》いて来れば、則ち腸胃五臓を見わすこと、歴然として硋《さまた》ぐる無し。人の疾病の内に在る有りて、手を掩いて之れを照らせば、則ち病の在る所を知る。又女子に邪心有れば、則ち胆《たん》張り心《しん》動く。秦始皇常に以て宮人を照らし、胆張り心動く者あれば、之れを殺す。高祖悉《ことごと》く封閉し、以て項羽を待つ。羽併わせ将《おさ》めて以て東す。後に在る所を知らず。

語釈　〇咸陽宮　秦の代表的王宮。前四世紀中ごろ、孝公が遷都して築いた宮殿。その故址は現陝西省咸陽の東北にある。〇蟠螭　とぐろを巻いたみずち。〇銅人　銅で鋳造した人間の像で、宮門廟闕などに飾ったもの。〇璠璵　春秋時代の魯国にあったといわれる宝玉。〇隠轔　山の険しいさま。〇昭華　堯（上古の伝説上の帝王。五帝の一人）が舜に贈ったとされる宝玉。また「昭華の琯」は、舜の時代に西王母（崑崙山中に住むとされる女仙）が献上したともいわれる。

通釈　高祖は初めて咸陽宮に入ると、重宝財物の府庫の中を巡り歩いた。そこに収められていた金玉珍宝は口ではいい尽くすことができないほどのものであった。そのうち最も驚くべきものに、青玉製の五つに枝分かれした燭台があった。その高さは七尺五寸（約一七〇センチメートル）で、〔下方に〕蟠螭をつくり、その口が燭台を銜むように工夫されていた。燭台に灯がともると蟠螭の鱗や甲羅が皆ゆらめき動き、明るく輝く様子は列なる星のようで、〔室内に〕盈ちあふれていた。また鋳造された銅人が十二体あった。その座った高さは皆三尺（約六九センチメートル）あり、一枚の筵のような敷物の上に一列に並んでいた。それぞれ琴や筑などの弦楽器や笙や竽などの管楽器を手にしていた。皆華やかに飾りつけられ、その厳かなさまは生きている人のようであった。敷物の下には二本の銅管があった。上方の口は高さ数尺のところにあり、敷物の後ろに出ていた。その一本は空で、もう一本は中に縄が通っていて、指くらいの太さであった。一人に空管を吹かせ、一人に縄を操作させると、すべての楽器が奏でられ、本物の音楽と異なるところがなかった。そのほかに琴があった。長さは六尺（約一三八センチメートル）、十三弦で二十六の徽（ことじ）があった。全体が七宝で飾られていた。その銘文には「璠璵の楽」と刻まれていた。また玉でできた管（横笛）があった。長さは二尺三寸（約五三センチメートル）で、六つの孔があいていた。これを吹くと車馬が山々を行くのが見え、険しい山なみがつづき、吹くのをやめると、消えて二度とあらわれなかった。その銘文には「昭華の琯」と刻まれていた。また方形の鏡があった。横が四尺（約九二センチメートル）、縦は五尺九寸（約一三六センチメートル）で、表裏両面がものを映し出した。人がこれに面と向かい、姿を映すと、その像を逆さまに映し出した。また手を胸に当てて来て鏡に向かうと、胃腸や五臓（心臓・腎臓・肺臓・肝臓・脾臓）が映し出され、はっきりしてその間を妨げるものもなかった。体の内側に疾病のある人が、胸に手を当ててうつしてみると、どこが病んでいるのかわかった。また女性が邪悪な心をもっていると、〔その人を映してみると〕肝が脹れて心臓が揺れ動くさまが見られた。そこで秦の始皇帝はつねに宮中に仕える女官を映して、肝が脹れて心臓が揺れ動く者があると、その女官を殺した。高祖はこれら全てを封印して閉ざし、項羽が入関するのを待った。項羽はそれらをすべて手中に収めて東へ向かった。そののちのそれらの所在は明らかではない。

参考 『史記』巻七項羽本紀・巻八高祖本紀・巻五十三蕭相国世家、『漢書』巻一上高帝紀上・巻三十九蕭何伝

77 尉佗献高祖鮫魚、茘枝。高祖報以蒲桃錦四匹。

尉《い》佗《た》高祖に鮫魚《こうぎょ》、茘枝《れいし》を献ず。高祖報《むく》ゆるに蒲桃錦《ぶどうきん》四匹を以てす。

語釈 ○茘枝　果樹の名。現福建・広東・四川の諸省に産する。唐の楊貴妃が好んだことで有名。

通釈 尉佗（南越王趙佗）が高祖（劉邦）に鮫魚（さめ）・茘枝を献上した。高祖はその返礼として蒲桃錦四匹を贈った。

78 戚夫人侍兒賈佩蘭、後出爲扶風人段儒妻、説在宮内時見。戚夫人侍高帝、常以趙王如意爲言。而高祖思之幾半日不言、歎息悽愴而未知其術。輒使夫人擊筑、高祖歌大風詩以和之。又説。在宮内時、常以弦管歌舞相歡娯。競爲妖服以趣良時。十月十五日、共入靈女廟、以豚黍樂神、吹笛擊筑、歌上靈之曲。既而相與連臂踏地爲節、歌赤鳳凰來。至七月七日、臨百子池作于闐樂。樂畢、以五色縷相羈。謂爲相連愛。八月四日、出雕房北戸、竹下圍棊。勝者終年有福。負者終年疾病、取絲縷就北斗星求長命、乃免。九月九日、佩茱萸、食蓬餌、飲菊華酒、令人長壽。菊華舒時、并採莖葉、雜黍米釀之、至來年九月九日始熟、就飲焉。故謂之菊華酒。正月上辰、出池邊盥濯、食蓬餌以祓妖邪。三月上巳、張樂於流水。如此終焉。戚夫人死、侍兒皆復爲民妻也。

戚夫人の侍児賈佩蘭《かはいらん》、後に出でて扶風の人段儒《だんじゅ》の妻と為り、宮内に在りし時見ることを説く。戚夫人高帝に侍るや、常に趙王如意を以て言を為す。而《しこう》して高祖之れを思いて幾《ほとん》ど半日言《ものい》わず、歎息悽愴《せいそう》して未だ其の術《すべ》を知らず。輒ち夫人をして筑を撃たしめ、高祖大風の詩を歌い以て之れに和す、と。又説く。宮内に在りし時、常に弦管歌舞を以て相《あい》歓娯す。競いて妖服を為して以て良時に趣《おもむ》く。十月十五日、共に霊女廟に入り、豚黍《とんしょ》を以て神を楽しませ、笛を吹き筑を撃ち、上霊の曲を歌う。既にして相与《あいとも》に臂を連ね地を踏みて節を為し、赤鳳凰来を歌う。七月七日に至るや、百子池に臨みて于闐《うてん》の楽を作《な》す。楽畢《お》わるや、五色の縷《る》を以て相羈《つな》ぐ。謂いて相連愛と為す。八月四日、雕房《ちょうぼう》の北戸を出《い》でて、竹下に囲棋《いき》す。勝ちし者は終年福有り。負けし者は終年疾病あるも、糸縷《しる》を取り北斗《ほくと》星に就いて長命を求むれば、乃ち免ぜらる。九月九日、茱萸《しゅゆ》を佩《お》び、蓬餌《ほうじ》を食べ、菊華酒を飲めば、人をして長寿ならしむ。菊華舒《ひら》くの時、并わせて茎葉を採り、秫米《じゅつべい》に雑《ま》じえて之れを醸《かも》せば、来年の九月九日に至りて始めて熟し、就ち焉れを飲む。故に之れを菊華酒と謂う。正月上辰、池辺に出でて盥濯《かんたく》し、蓬餌を食べ以て妖邪を祓《はら》う。三月上巳、楽を流水に張る。此《か》くの如くして終わる。戚夫人死するや、侍児復《かえ》りて民の妻と為れり、と。

語釈　○大風詩　高祖（劉邦）が晩年に黥布（英布。高祖初期の武人）の反乱（前一九五）を親征して平定した帰路、故郷の沛に立ち寄ったさいにつくったとされる詩。短いが豪快な作品。○赤鳳凰来　『趙飛燕伝』によると、漢の火徳説（木・火・土・金・水の五徳の循環にしたがって、王朝の徳が決定されるという五徳終始説の一つ。漢は火徳とされ、五行によって火徳には赤が配当される）と鳳凰を皇帝の象徴とする二点から、「赤鳳凰」とは漢の皇帝を指すとし、またこの歌を含んだ一連の行事を十月五日のこととする。○于闐楽　西域のタリム盆地南縁の国ホータン（現新疆ウイグル自治区ホータン）の音楽。しかし通説ではホータンの国名が中国に伝えられたのは武帝時代の張騫の遠征（匈奴討伐の同盟国を求めた西使）によるとされている。○北斗星　中国では北斗七星はすべての人民の生死禍福をつかさどる神とされ、祈念すると百邪を除き、長生を得るとされた。○茱萸　ぐみ・かわはじかみ。強い香りと赤い色に邪気悪霊を追い払う力があるとされた。○菊華　菊の花には不老延年の効力があると考えられていた。○盥濯　盥は水差しの水を手に受けて洗い、下の水受けへ注ぐこと。濯は水で垢や汗を洗い流すこと。

通釈　戚夫人の侍女であった賈佩蘭は、のちに宮中を出て右扶風の段儒という人の妻となったが、宮中に仕えていたころに目にしたことをつぎのように語った。「戚夫人は高帝（劉邦）陛下のおそば近くにお仕えすると、いつも趙王如意殿下の将来のことを持ち出されてお話になりました。すると陛下はこのことを考えて半日近くも黙然とされたあげく、ため息をつきながらもの悲しげに顔をくもらせてどうすれば良いのかわからないご様子でした。そのたびに陛下はいつも夫人に筑を奏でさせ、その伴奏に合わせて『大風の詩』をお歌いになりました」。またつぎのようにも語った。「私が宮中におりましたころには、いつも楽器を奏で歌い舞い踊ってみんなで楽しみをともにしました。おたがいに競うようにあでやかな着物を身につけて、良い時節を選んで出かけたものでした。十月十五日には、皆霊女廟に入り、豚や黍を供えて神さまのごきげんをとり、笛を吹き筑を奏《かな》でて、『上霊の曲』を歌いました。それがすむとみんなで腕を組み地面を踏みならしてリズムをとりながら、『赤鳳凰来（赤い鳳凰がやってくる）』の歌を歌いました。七月七日になると、百子池へ行って于闐の音楽を演奏しました。音楽が終わると、五色の細い糸でたがいにからだをつなぎあいました。これを『相連愛（たがいに愛情を結びあう）』といいました。八月四日には、雕房の北の戸口を出て、竹の下で囲碁を打ちました。勝った者はその年いっぱい幸福となります。負けた者はその年病気がちとなりますが、糸すじを手にとって北斗星に向かって長寿を願えば、病気にならないですみます。九月九日には、茱萸を身につけ、蓬餌（よもぎだんご）を食べ、菊華酒を飲みましたが、こうすればその人は長生きできるとされています。菊の花が開いたときに、茎や葉といっしょに摘み採って、もち米に雑ぜあわせて醸成すると、翌年の九月九日になってようやく熟成し、それを飲んだものです。そこでこれを菊華酒といいました。正月の最初の辰の日には、池のほとりに出かけて水で手を洗い、蓬餌を食べてそれによって災難を祓いました。三月の最初の巳の日には、川で楽器を奏でました。このようにして一年をすごしておりました。戚夫人がおなくなりになると、侍女たちはみんな故郷に帰って民間の人の妻となりました」。

参考　『捜神記』巻二

79 何武葬北邙山薄龍坂王嘉冢東北一里。

何武《かぶ》北邙山《ほくぼうさん》薄竜坂の王嘉の冢《つか》の東北一里に葬らる。

語釈 ○何武　前漢の政治家（?―後三）。蜀郡の郫（現四川省郫）の人。揚州刺史（地方長官）として名をあげ、京兆尹を経て御史大夫となり、氾郷侯に封じられた。○王嘉　前漢の政治家（?―前二）。平陵の人。丞相にまで累進したが、時弊の匡正を唱えて哀帝の怒りをかい、獄死。そのとき王嘉は獄中から、もとの丞相の孔光ともとの御史大夫の何武は賢人であると述べ、のちに哀帝はこのことばを思い出し、孔光を丞相に、何武を御史大夫に復した。

通釈 何武は北邙山の薄竜坂にある王嘉の墓から東北一里（約四一五メートル）の場所に葬られた。

80 杜子夏葬長安北四里。臨終作文曰、魏郡杜鄴立志忠款、犬馬未陳、奄先草露。骨肉歸於后土、氣魂無所不之。何必故丘、然後卽化。封於長安北郭此焉宴息。及死命刊石埋於墓側。墓前種松柏樹五株、至今茂盛。

杜子夏《としか》長安の北四里に葬らる。臨終に文を作りて曰く、魏郡の杜鄴《とぎょう》志を立つること忠款《ちゅうかん》なるも、犬馬未だ陳《つら》ねざるに、奄《たちま》ちにして草露に先んず。骨肉は后土に帰るも、気魂の之《ゆ》かざる所無し。何ぞ必ずしも故丘のみにして、然る後に即ち化せんや。長安の北郭に封ぜられて此《ここ》に宴息《えんそく》せん、と。死するに及んで命じて石に刊《きざ》みて墓側に埋めしむ。墓前に松柏樹五株を種え、今に至るまで茂盛す。

語釈 ○杜子夏　杜鄴。前漢末期の官僚（生没年不詳）。子夏は字。繁陽（現河南省内黄）の人。哀帝時代の涼州刺史。元寿元年（前二）に賢良方正（官吏登用制度の一つ）にあげられ、時政を直言したが受け入れられず病死した。○魏郡　郡名。郡治は鄴。現河北省臨漳の西南。

通釈 杜子夏（杜鄴）は長安の北四里（約一・七キロメートル）の場所に葬られた。彼は臨終のときに文章をつくって、「魏郡の杜鄴は真心を尽くそうと志を立てたが、愚かな臣下として十分に力を出し切れないうちに、にわかにはかなくも草露に先んじて亡くなろうとしている。骨と肉は土に帰るが、たましいはどこにでも行くことができる。どうして埋葬の場所を故郷にのみこだわって、そののちにこの世を去る必要があろうか。長安の北側に土盛りして墓をつくりそこで安息することにしたい」といった。杜鄴が死ぬとその遺命によってこの文章を石に刻んで墓のそばに埋めた。墓の前に種えた五株の松と柏の樹は、今にいたるまで繁茂している。

81 淮南王安著鴻烈二十一篇。鴻大也、烈明也。言大明禮敎。號爲淮南子、一曰劉安子。自云字中皆挾風霜。揚子雲以爲一出一入。

淮南王《わいなんおう》安鴻烈《こうれつ》二十一篇を著す。鴻は大なり、烈は明なり。大いに礼教を明らかにするを言う。号して淮南子《えなんじ》と為し、一に劉安子と曰う。自ら字中に皆風霜を挟むと云う。揚子雲以て一出一入と為す。

語釈 ○鴻烈　書名。『淮南子』二十一巻。淮南王劉安撰。道家の無為自然を中心としながら、儒家その他の学説をも含む貴重な文献。『淮南鴻烈』ともいう。○一出一入　揚雄撰『法言』君子では「乍出乍入」につくる。

通釈 淮南王劉安は『鴻烈』二十一篇を著した。鴻とは大、烈とは明の意である。大いに礼教を明らかにするという意味である。『淮南子』と号し、また一名『劉安子』ともいう。安自《みずか》らそのすべての文字にはおごそかな雰囲気が備わっているとした。揚子雲（揚雄）はこの書を評して儒家の説から逸脱したり立ち戻ったりして、〔その内容はさまざまである〕とした。

82 公孫宏著公孫子、言刑名事。亦謂字直百金。

公孫宏《こうそんこう》公孫子を著し、刑名の事を言う。亦字は百金に直《あたい》すと謂う。

語釈 ○刑名 春秋・戦国以降の一種の法律の解釈。形名。形に現れた実情と名目とすべき本質。

通釈 公孫宏（弘）は『公孫子』を著し、刑名について言及している。また人はその文字には黄金百斤の値打ちがあるといった。

83 司馬長卿賦、時人皆稱、典而麗、雖詩人之作不能加也。揚子雲曰、長卿賦不似從人閒來。其神化所至邪。子雲學相如爲賦而弗逮。故雅服焉。

司馬長卿《しばちょうけい》の賦、時人皆称するに、典にして麗、詩人の作と雖《いえど》も加《しの》ぐ能わざるなり、と。揚子雲曰く、長卿の賦人間《じんかん》従《よ》り来るに似ず。其れ神化の至す所か、と。子雲相如に学びて賦を為《つく》るも逮《およ》ばず。故に雅《つね》に焉れに服す。

語釈 ○詩人　古詩の作者たち。なお『西京雑記校注』は『詩経』の作者を指すとする。

通釈 司馬相如の賦について、当時の人々は皆称賛し、「典雅にして華麗、〔たとえ前世の〕詩人の作をもってしてもこれをしのぐものはないであろう」といった。揚子雲（揚雄）は、「長卿の賦は人の世界から生まれ出たものとは思われない。これこそ人力のおよばない不可思議なはたらきによるものではなかろうか」といった。揚雄は相如の作風に学んで賦をつくったが相如におよばなかった。そのためつねに相如に敬服していた。

参考 『漢書』巻八十七揚雄伝

84 長安有慶虬之、亦善爲賦。嘗爲清思賦、時人不之貴也。乃託以相如所作、遂大見重於世。

長安に慶虬之《けいきゅうし》有りて、亦善く賦を為《つく》る。嘗て清思賦を為るも、時人之れを貴《たっと》ばざるなり。乃ち託するに相如の作る所を以てするや、遂に大いに世に重んぜらる。

通釈 長安に慶虬之という者がいて、また賦をつくることにたくみであった。かつて「清思賦」をつくったが、当時の人々はこれをすぐれたものとは見なさなかった。そこでこの賦を司馬相如の作品ということにしたところ、世間から非常に重んじられた。

85 相如将獻賦、未知所爲。夢一黄衣翁謂之曰、可爲大人賦。遂作大人賦、言神仙之事以獻之、賜錦四匹。

相如将《まさ》に賦を献ぜんとするも、未だ為《つく》る所を知らず。夢に一黄衣の翁ありて之れに謂いて曰く、大人賦《たいじんふ》を為る可し、と。遂に大人賦を作り、神仙の事を言いて以て之れを献じ、錦四匹を賜る。

語釈 ○大人賦　司馬相如が武帝の神仙好みを知って献上した賦。

通釈 司馬相如は賦を献上しようと考えたが、まだどのような賦をつくればよいか思い浮かばなかった。すると夢の中に一人の黄色の衣を着た老人があらわれて、「『大人賦』をつくるがよい」といった。そこでついに「大人賦」をつくり、神仙のことを述べてこれを献上し、錦四匹を賜った。

参考 『史記』巻百十七司馬相如列伝

86 相如将聘茂陵人女為妾。卓文君作白頭吟以自絶。相如乃止。

相如将に茂陵の人の女を聘りて妾と為さんとす。卓文君白頭吟を作り以て自絶せんとす。相如乃ち止む。

語釈 ○白頭吟　卓文君の作と伝えられる詩。『玉台新詠』巻一古楽府詩六首の「皚如山上雪」を指すとされる。相愛の男女が、白髪の老人となるまでその情誼をつづけることができないことを嘆いた作品。

通釈 司馬相如は茂陵の人のむすめをめとって妾にしようとした。そこで妻の卓文君は「白頭吟」をつくって離別の意志を示した。そのため相如はこの話をとりやめた。

西京雑記巻下

1 樊將軍噲問陸賈曰、自古人君皆云受命於天、云有瑞應。豈有是乎。賈應之曰、有之。夫目瞤得酒食、燈華得錢財、乾鵲噪而行人至、蜘蛛集而百事喜。小既有徵、大亦宜然。故目瞤則祝之、燈華則拜之、乾鵲噪則餧之、蜘蛛集則放之。況天下大寶、人君重位、非天命何以得之哉。瑞者寶也、信也。天以寶爲信、應人之德。故曰瑞應。無天命無寶信、不可以力取也。

樊《はん》将軍噲陸賈《かいりくか》に問いて曰く、古《いにしえ》自《よ》り人君皆命を天より受くると云い、瑞応《ずいおう》有りと云う。豈《あに》是れ有らんか、と。賈之れに応《こた》えて曰く、之れ有り。夫《そ》れ目瞤《もくじゅん》すれば酒食を得、燈華あれば銭財を得、乾鵲《かんじゃく》噪《さわ》げば行人至り、蜘蛛《ちしゅ》集まれば百事喜《よろこ》ばし。小にして既に徵《きざし》有れば、大も亦宜しく然るべし。故に目瞤すれば則ち之れを祝《いわ》い、燈華あれば則ち之れを拝し、乾鵲噪げば則ち之れに餧《くら》わせ、蜘蛛集まれば則ち之れを放《はな》つ。況んや天下の大宝、人君の重位は、天命に非ざれば何をか以て之れを得んや。瑞とは宝なり、信なり。天宝を以て信と為し、人の徳に応ず。故に瑞応と曰う。天命無く宝信無ければ、力を以て取る可からざるなり、と。

語釈　〇樊将軍噲　樊噲。高祖の武将（?—前一八九）。沛（現江蘇省沛）の人。犬の屠殺を業とする卑賤な身分であったが、高祖の挙兵にしたがって勇猛をもって功を立て、左丞相・舞陽侯にいたった。〇陸賈　高祖の功臣・学者（生没年不詳）。楚（現江蘇省徐州）の人。南越王趙佗を臣従させる功をたてて太中大夫（議論をつかさどる皇帝側近の官）となった。また高祖の初年に『新語』十二篇を著述、『楚漢春秋』九篇などを著したとされる。〇燈華　火花・燈花。ともしびの燈芯のさきに生じた燃えかすの固まりが花の形となったもの。吉事の前兆とされた。〇瑞　吉兆。または天子が諸侯を封じるさいに、信頼のしるしとして賜る玉。

通釈　樊噲将軍が陸賈に尋ねて、「古くから君主は皆天から命を受けて君主となり、〔そのさいには必ず〕瑞応があるといわれている。本当にそのようなことがあるものなのであろうか」といった。陸賈はこれにこたえて、「確かにございます。そもそも目がせわしなくまばたけば酒食のもてなしを受け、燈華が現れればお金が儲かり、かささぎが噪げば旅行に出ていた者が帰り、蜘蛛が集まれば万事がうまくいきます。小事にさえこのような前兆があるのですから、大事にも当然前兆があるわけです。ですから目がせわしなくまばたけばこれをよろこび、燈華が現れればこれをありがたく思い、かささぎが噪げばこれにえさをあたえ、蜘蛛が集まればそのまま放っておくのです。ましてや天下を治める天子の位や、君主の重い地位というものは、天命によるのでなければ何によって得ることができましょうか。瑞とは宝であり、信でもあります。天は宝を信とし、人々のもつ徳に応じてこれを授けるのです。それゆえ瑞応というのです。天命がなく宝や信もなければ、力のみあっても取ることはできないものなのです」といった。

2 霍將軍妻一産二子、疑所爲兄弟。或曰、前生爲兄、後生爲弟。今雖倶日、亦宜以先生爲兄。或曰、居上者宜爲兄、居下者宜爲弟。居下者前生。今宜以前生爲弟。時霍光聞之曰、昔殷王祖甲一産二子、曰囂曰良。以卯日生囂、以巳日生良、則以囂爲兄、以良爲弟。若以在上者爲兄、囂亦當爲弟。昔許釐公一産二女、曰妖曰茂。楚大夫唐勒一産二子、一男一女。男曰貞夫、女曰瓊華。皆以先生者爲長。近代鄭昌時、文長蒨、竝一生二男。滕公一生二女。李黎一生一男一女。竝以前生者爲長。霍氏亦以前生爲兄焉。

霍《かく》将軍の妻一《ひと》たびに二子を産みて、兄弟と為す所を疑う。或るひと曰く、前《さき》に生まるるを兄と為し、後《のち》に生まるるを弟と為す。今日を倶《とも》にすると雖も、亦宜しく先に生まるるを以て兄と為すべし、と。或るひと曰く、上に居る者は宜しく兄と為すべく、下に居る者は宜しく弟と為すべし。下に居る者は前に生まる。今宜しく前に生まるるを以て弟と為すべし、と。時に霍光之れを聞きて曰く、昔殷王祖甲《いんおうそこう》一たびに二子を産み、囂《ごう》と曰い良と曰う。卯の日を以て囂を生み、巳の日を以て良を生めば、則ち囂を以て兄と為し、良を以て弟と為す。若し上に在る者を以て兄と為せば、囂も亦当《まさ》に弟と為すべし。昔許《きょ》の釐《き》公一たびに二女を産み、妖と曰い茂と曰う。楚の大夫唐勒《とうろく》一たびに二子を産み、一は男一は女なり。男は貞夫《ていふ》と曰い、女は瓊華《けいか》と曰う。皆先に生まるる者を以て長と為す。近代の鄭昌時《ていしょうじ》、文長蒨《ぶんちょうせん》、並びに一たびに二男を生む。滕公《とうこう》一たびに二女を生む。李黎《りれい》一たびに一男一女を生む。並びに前に生まるる者を以て長と為す、と。霍氏も亦前に生まるるを以て兄と為す。

語釈 〇霍将軍　霍氏を武帝時代の将軍霍去病とする解釈も考えられるが、『西京雑記』のほかの条に霍光を霍将軍と記す例があるので、ここでも霍光とした。〇祖甲　殷の第二十四代の王、帝甲（前十三世紀ごろ）。武丁の子、祖庚の弟。帝廩辛（馮辛）と帝庚丁の父。『竹書紀年』（戦国魏の襄王の墓から発見されたとされる編年体の史書。竹簡に記されていた）に庚丁の名は囂とある。〇許　周代の国名（現河南省許昌）。姜姓。周の武王のとき文叔が許に封じられ、前五〇四年に隣国の鄭に滅ぼされた。〇釐公　許の僖公（在位？—前六二二）。姜業。底本は「釐荘公」につくり、洪邁『容斎五筆』巻一双生以前為兄では「許荘公」としている。〇唐勒　戦国楚の大夫（前三世紀ごろ）。辞賦の作者として有名。〇滕公　夏侯嬰。高祖の功臣（？—前一七二）。秦軍を洛陽の東に撃った功により封爵を賜り、太僕（皇帝の車馬を担当する役所の長官）・汝陰侯に昇進した。

通釈 霍将軍（霍光）の妻（顕）は一度に二人の子を産み、どちらを兄としどちらを弟とすべきか決めかねていた。ある人は、「前に生まれた者を兄とし、後に生まれた者を弟とする。このたびのばあいも同じ日に生まれたとはいえ、やはり先に生まれた者を兄とすべきである」といった。また別のある人は、「〔母親の胎内で〕上にいる者を兄とすべきであり、下にいる者を弟とすべきである。下にいる者が前に生まれる。このたびは前に生まれた者を弟とすべきである」といった。そのとき霍光はこれらの意見を聞くと、「昔殷王の祖甲には一度に二人の子が産まれ、嚚および良と名づけた。卯の日に嚚が産まれ、〔中一日おいて〕巳の日に良が生まれたので、嚚を兄とし、良を弟とした。もし上にいる者を兄とするならば、嚚もまた弟としなければならないことになる。昔許の釐公には一度に二人のむすめが産まれ、妖および茂と名づけた。楚の大夫の唐勒には一度に二人の子が産まれ、一人はむすこでもう一人はむすめであった。むすこは貞夫、むすめは瓊華と名づけられた。皆先に生まれた者を年長とした。近年の鄭昌時と文長蒨には、ともに一度に二人のむすこが生まれた。滕公には一度に二人のむすめが生まれた。李黎には一度にむすことむすめが一人ずつ生まれた。ともに前に生まれた者を年長としている」といった。そこで霍氏もまた前に生まれた者を兄とした。

参考 洪邁『容斎五筆』巻一双生以前為兄

3 枚臯文章敏疾、長卿制作淹遲。皆盡一時之譽、而長卿首尾溫麗、枚臯時有纍句。故知疾行無善迹矣。揚子雲曰、軍旅之際、戎馬之閒、飛書馳檄用枚臯、廊廟之下、朝廷之中、高文典册用相如。

枚臯《ばいこう》は文章敏疾にして、長卿は制作淹遲《えんち》たり。皆一時の誉《ほま》れを尽くすも、長卿は首尾温麗、枚臯は時に累句《るいく》有り。故に疾行に善迹無きを知る。揚子雲曰く、軍旅の際、戎馬の間、書を飛ばし檄《げき》を馳するには枚皋を用い、廊廟《ろうびょう》の下、朝廷の中、高文典冊には相如を用いよ、と。

語釈 ○枚皋　武帝時代の文人（前一五三—？）。淮陰（現江蘇省）の人。枚乗の庶子。多くの賦作を残した。○廊廟　表御殿。政治を執り行う場所、朝廷。

通釈 枚皋は文章を綴ることが速く、長卿（司馬相如）は文章をつくることが遅かった。両人ともに当時名声をきわめたが、長卿の文章ははじめから終わりまでおだやかで美しく、枚皋の文章にはときおり言葉の繰り返しが多かった。そのため敏速に仕上げた作品には善い結果が生まれないことがわかる。揚子雲（揚雄）は、「従軍中や、戦闘中に、書翰を急送したり急いで檄文（ふれぶみ）をまわすには枚皋を手本とし、天子の表御殿の下や、朝廷の中で、勅命による重要な文書を作成するには相如を手本とすべきである」といった。

参考 『漢書』巻五十一枚皋伝

4 安定嵩眞、玄菟曹元理、竝明算術、皆成帝時人。眞嘗自算其年壽七十三、綏和元年正月二十五日晡時死、書其壁、以記之。至期、先一日死。其妻曰、見眞算時長下一算。欲以告之、慮脫有旨、故不敢言。今果校一日。眞又曰、北邙靑隴上孤檟之西、四丈所、鑿之入五尺。吾欲葬此地。及眞死、依言往掘、

得古時空槨、即以葬焉。

安定の嵩真《すうしん》、玄菟《げんと》の曹元理《そうげんり》、並びに算術に明らかにして、皆《とも》に成帝の時の人なり。真嘗て自ら其の年寿七十三にして、綏和《すいわ》元年正月二十五日の晡時《ほじ》に死すと算《かぞ》えて、其れを壁に書き、以て之れを記す。期に至るや、先んずること一日にして死す。其の妻曰く、真時を算うるに下に一算を長《ま》すを見る。以て之れを告げんと欲するも、脱するに旨有らんと慮《おもんぱか》り、故に敢えては言わず。今果たして一日を校《かぞ》えん、と。真又曰く、北邙青隴《せいろう》上の孤檟《こか》の西、四丈の所、之れを鑿《う》ちて五尺に入れよ。吾《われ》此の地に葬られんことを欲す、と。真の死するに及んで、言に依りて往きて掘るや、古時の空槨《くうかく》を得て、即ち以て焉れに葬る。

語釈 ○安定　郡名。武帝の元鼎三年（前一一四）に設置。現寧夏回族自治区南部から甘粛省涇川にかけての地域。○玄菟　郡名。武帝の元封四年（前一〇七）に設置。現朝鮮咸鏡道から吉林省南部および遼寧省東部にかけての地域。○算　さんぎ。直径一分（約二・三ミリメートル）、長さ六寸（約一三・八センチメートル）の棒で、これを算盤に並べて計算した。○隴　うね・おか。○孤檟　一本の檟（ひさぎ）。檟は赤目梓の古名。

通釈 安定郡の嵩真と、玄菟郡の曹元理は、ともに算術に通じていて、ふたりとも成帝時代の人であった。かつて嵩真は自分の寿命は七十三歳で、綏和元年（前八）正月二十五日の晡時（午後四時ごろ）に死ぬと算出して、そのことを壁に書きとどめて、記しておいた。しかしその期日になると、それより一日早く死んでしまった。嵩真の妻は、「嵩真が寿命を計算しているとき下の位に算木を一本増やして計算しているのを見かけました。嵩真にそのことを告げようとしましたが、あとで取り除くつもりであろうと考えて、そのため敢えていおうとしませんでした。今になってみるとやはりあのとき一日多くかぞえていたのですね」といった。嵩真はまた、「北邙山にある青々とした丘の上の一本のひさぎの木の西、四丈（約九・二メートル）の場所を、五尺（約一・二メートル）の深さに掘りなさい。私はそこに葬られたい」といった。嵩真がなくなったので、彼の言葉にしたがってその地に行って掘ってみると、昔の空の槨（ひつぎ）が出てきたので、それに入れて遺体を葬った。

5 元理嘗從其友人陳廣漢。廣漢曰、吾有二囷米、忘其石數。子爲計之。元理以食筋十餘轉曰、東囷七百四十九石二升七合。又十餘轉曰、西囷六百九十七石八斗。遂大署囷門。後出米、西囷六百九十七石七斗九升。中有一鼠、大堪一升。東囷不差圭合。元理後歳復過廣漢。廣漢以米數告之、元理以手擊牀曰、遂不知鼠之殊米、不如剝面皮矣。廣漢爲之取酒、鹿脯數片。元理復算曰、諸蔗二十五區應收一千五百三十六枚。蹲鴟三十七畝應收六百七十三石。千牛産二百犢、萬雞將五萬雛。羊豕鵝鴨皆道其數、果蓏肴蔌悉知其所。乃曰、此資業之廣、何供饋之褊邪。廣漢慙曰、有倉卒客、無倉卒主人。元理曰、俎上蒸㹠一頭、廚中荔枝一柈、皆可爲設。廣漢再拜謝辠、自入取之。盡日爲歡。其術後傳南季。南季傳項瑫。瑫傳子陸。皆得其分數、而失玄妙焉。

元理《げんり》嘗て其の友人の陳広漢《ちんこうかん》に従う。広漢曰く、吾《われ》二囷《きん》の米を有するも、其の石数を忘る。子《し》為《ため》に之れを計《かぞ》えよ、と。

元理食筋《しょくちょ》を以て十余転して曰く、東囷には七百四十九石二升七合あり、と。又十余転して曰く、西囷には六百九十七石八斗あり、と。遂に囷門に大署す。後に米を出《い》だすや、西囷に六百九十七石七斗九升あり。中に一鼠《そ》有り、大きさ一升に堪《た》う。東囷は圭合《けいごう》も差《たが》わず。元理後歳に復た広漢を過ぐ。広漢米数を以て之れに告ぐるに、元理手を以て牀を撃ちて曰く、遂に鼠の米に殊なるを知らざるは、面皮を剥《は》ぐに如《し》かず、と。広漢之れが為《ため》に酒、鹿脯《ろくほ》数片を取る。元理復た算じて曰く、諸蔗の二十五区は応《まさ》に一千五百三十六枚を収むべし。蹲鴟《そんし》の三十七畝は応に六百七十三石を収むべし。千牛は二百犢を産み、万鶏は五万雛を将《もたら》す、と。羊豕鵝鴨《ようしがおう》皆其の数を道《い》い、果蓏肴蔌《からこうそう》も悉く其の所を知る。乃ち曰く、此の資業の広きありて、何ぞ饋《き》を供することの褊なるや、と。広漢慙《は》じて曰く、倉卒の客有るも、倉卒の主人無し、と。元理曰く、俎上の蒸豘《じょうとん》一頭、厨中の茘枝《れいし》一柈も、皆設と為す可し、と。広漢再拝して罪を謝し、自ら入りて之れを取る。日を尽くして歓を為す。其の術後《のち》に南季《なんき》に伝う。南季は項瑫《こうとう》に伝う。瑫は子陸に伝う。皆其の分数を得て、玄妙を失う。

語釈 ○囷　円形の穀物ぐら。○食筋　はし。○圭合　圭は一合の十分の一、転じてごく少量を示す。○剥面皮　厚顔無恥をはじること。自愧。○諸蔗　甘藷・さとうきび。○蹲鴟　みみずくの形に似た大芋。○果蓏　瓜類の蔓生植物の果実。○肴蔌　さかなとやさい。○玄妙　奥深く、微妙なこと。

通釈 曹元理はかつて友人の陳広漢の家にいたことがあった。広漢は、「私は二つの穀物ぐらに米を収めているが、その石数を忘れてしまいました。先生私のために計算して下さい」といった。曹元理は箸を十回あまり回して、「東の穀物ぐらには七百四十九石二升七合（約八二〇〇リットル）あります」といった。また十回あまり回して、「西の穀物ぐらには六百九十七石八斗（約七六三〇リットル）あります」といった。そこでその数を大きく穀物ぐらの入口にかきしるした。そののち米を出してみると、西の穀物ぐらには六百九十七石七斗九升あった。穀物ぐらの中には鼠が一匹いたが、その大きさは〔ちょうど差の米〕一升（約〇・二リットル）分にあたった。東の穀物ぐらの方はほんのわずかな誤差もなかった。曹元理は後年また陳広漢のもとに立ち寄った。陳広漢が〔以前、実際に計量した〕米の数量を教えると、曹元理は手で寝台をたたいて、「鼠と米とを区別することができなかったのは、これ以上の恥さらしはない失態であった」といった。陳広漢は曹元理のために酒と鹿の乾肉数片を取り寄せた。曹元理はまた計算して、「さとうきび畑二十五区はきっと千五百三十六枚の収穫を産むはずです。大芋畑三十七畝（約六六・六アール）はきっと六百七十三石（約七三六〇リットル）の収穫を産むはずです。一千頭の牛には二百頭の子牛が産まれ、一万羽の鶏からは五万羽の雛がかえることでしょう」といった。また羊・豚・がちょう・あひるの数を皆いいあて、草木の実や魚・野菜についてもすべてその所在を知っていた。そして、「このように資産がたくさんあるのに、どうして食事をふるまうのにこのようにお粗末なのですか」といった。陳広漢は恥じて、「前ぶれなしに突然来る客はあっても、すぐにもてなしの用意のできる主人はおりません」といった。曹元理は、「まないたの上にある蒸した子ぶたや、台所にある茘枝ひとはちは、両方とも立派なごちそうになるでしょう」といった。陳広漢はもう一度頭をさげてあやまると、自分で台所に入ってそれらを取ってきた。そして一日中親しく酒盛りをした。〔曹元理は〕のちにその術を南季に伝えた。南季は項瑫に伝えた。項瑫は子陸に伝えた。彼らは皆推算の法則を会得したが、その玄妙さは失われた。

6 衛將軍靑生子。或有獻騧馬者。乃命其子曰騧、字叔馬。其後改爲登、字叔昇。

衛将軍《えいしょうぐん》青子を生む。或るひと騧《か》馬を献ずる者有り。乃ち其の子に命《なづ》けて騧、字を叔馬《しゅくば》と曰う。其の後改めて登、字を叔昇と為す。

語釈 ○衛将軍青　衛青。武帝時代の将軍（?—前一〇六）。字は仲卿。河東郡平陽（現山西省臨汾）の人。もと奴僕であったが、姉の衛子夫が武帝の寵愛を受けたことによって累進。対匈奴戦争で活躍し、大将軍・長平侯を授けられ、その三子も皆侯に封じられた。○騧馬　浅黄色で口の周辺の黒い馬。四頭立馬車の外側の馬に使用。

通釈 衛青将軍に子が生まれた。ある人が騧馬を献上した。そこで生まれた子に騧と名づけ、字を叔馬とした。そののち改めて名を登、字を叔昇とした。

7 哀帝爲董賢起大第於北闕下。重五殿洞六門、柱壁皆畫雲氣、華蘤、山靈、水怪、或衣以綈錦、或飾以金玉。南門三重、署曰南中門、南上門、南便門。東西各三門、隨方面題署亦如之。樓閣臺榭轉相連注、山池玩好窮盡雕麗。

哀帝董賢《とうけん》の為に大第を北闕《けつ》の下に起つ。五殿を重ねて六門を洞《つら》ね、柱壁に皆雲気、華蘤《かい》、山霊、水怪を画《えが》き、或いは衣《おお》うに綈錦《ていきん》を以てし、或いは飾るに金玉を以てす。南門は三重、署して南中門、南上門、南便門と曰う。東西に各々三門あり、方面に随いて題署すること亦之《か》くの如し。楼閣台榭《だいしゃ》は転相連注し、山池玩好《がんこう》は雕麗を窮尽す。

語釈 ○哀帝　前漢第十三代皇帝（在位前七—前一）。劉欣。元帝の庶孫。董賢を寵愛し、帝位を譲ることさえ考えたといわれる。その晩年は王莽が執政。○董賢　哀帝時代の寵臣（前二三—前一）。字は聖卿。左馮翊雲陽（現陝西省淳化）の人。美貌によって哀帝に愛幸され、大司馬・高安侯となった。哀帝の死後、王莽に弾劾されて自殺。

通釈 哀帝は董賢のために大邸宅を宮城の北側の門のそばにたてた。五つの御殿を重ねて六つの門をつらね、柱や壁には皆雲・花びら・山の霊・水中の怪物をえがき、綈（あつぎぬ）と錦でおおい、黄金と玉で飾り立てた。南門は三重で、それぞれおもてがきして南中門・南上門・南便門とした。東西に各々三つの門があり、方角にしたがって南門と同じようにおもてがきした。楼閣や台（うてな）や榭（たかどの）は相互に連なりつづき、山や池のめずらしい品々には美しいかざりがきわめつくされていた。

参考 『漢書』巻九十三佞幸伝

8 平津侯自以布衣爲丞相、乃開東閣、營客館、以招天下之士。其一曰欽賢館、以待大賢。次曰翹材館、以待大才。次曰接士館、以待國士。其有徳任毗贊佐理陰陽者、處欽賢之館。其有才堪九列、將軍、二千石者、居翹材之館。其有一介之善、一方之藝、居接士之館。而躬自菲薄、所得俸祿、以奉待之。

平津侯布衣《ふい》を以て丞相と為りて自り、乃ち東閤《とうこう》を開き、客館を営み、以て天下の士を招く。其の一は欽賢館《きんけんかん》と曰い、以て大賢を待《たい》す。次は翹材《ぎょうざい》館と曰い、以て大才を待す。次は接士館と曰い、以て国士を待す。其の徳有りて毗賛《ひさん》に任じ陰陽を佐理する者は、欽賢の館に処《お》く。其の才有りて九列、将軍、二千石に堪《た》うる者は、翹材の館に居く。其の一介の善、一方の芸有るは、接士の館に居く。而れども躬自《みみずか》らは菲薄《ひはく》し、得る所の俸禄は、以て之れに奉待す。

語釈 ○布衣　庶人の着る布製の衣。転じて、官位のない人、卑しい身分。○東閤　東向きの小門。この公孫弘の故事によって、のちに宰相が賢上を招致する場所を指すようになった。

通釈 平津侯（公孫弘）は庶民の身分から丞相に出世して以来、東閤を開放し、賓客をもてなすための館を営み、天下の名士を招いた。一番目は欽賢館といい、そこでは有徳の賢者を待遇した。つぎは翹材館といい、そこではすぐれた才能のある人物を待遇した。つぎは接士館といい、そこでは国家に有能な人士を待遇した。徳望があって国政輔佐の任に就き〔天子を助けて〕陰陽の二気を整えることができる〔三公に相当する〕者は、欽賢の館にすまわせた。才能があって九卿・将軍・秩二千石の高官の任務に堪えうる者は、翹材の館にすまわせた。ひとかけらの善行や、ひとかどの技術があれば、接士の館にすまわせた。それでいて平津侯自身はつつましく、あたえられた俸禄は、すべて賓客を接待するのに用いた。

参考 『史記』巻百十二平津侯列伝、『漢書』巻五十八公孫弘伝

9 南越王献高帝石蜜五斛、蜜燭二百枚、白鷳黒鷳各一雙。高帝大悦、厚報遣其使。

南越王高帝に石蜜《せきみつ》五斛《こく》、蜜燭《みつしょく》二百枚、白鷳《かん》黒鷳各々一双を献ず。高帝大いに悦び、厚く報いて其の使を遣わす。

語釈 ○石蜜　氷砂糖、または岩石の間に生じた蜂蜜。○蜜燭　蜜蜂の巣からつくったろうそく。

通釈 南越王は高祖に石蜜五斛（約一〇〇リットル）・蜜燭二百枚・白鷴（しろきじ）と黒鷴（くろきじ）各々一つがいを献上した。高祖はたいへん悦び、手厚い報酬をあたえて使者をおくりかえした。

10 滕公駕至東都門。馬嘶踊不肯前、以足跑地久之。滕公使士卒掘馬所跑地、入三尺所得石槨。滕公以燭照之有銘焉。乃以水洗其文、文字皆古異、左右莫能知。以問叔孫通。通曰、科斗書也。以今文寫之、曰、佳城鬱鬱、三千年見白日。吁嗟滕公居此室。滕公曰、嗟乎天也。吾死其卽安此乎。死遂葬焉。

滕公《とうこう》駕して東都門に至る。馬嘶《いなな》き踊《かが》みて前《すす》むを肯んぜず、足を以て地を跑《か》くこと之れを久しうす。滕公士卒をして馬の跑く所の地を掘らしむれば、入ること三尺の所に石槨を得たり。滕公燭を以て之れを照らすに銘有り。乃ち水を以て其の文を洗うも、文字皆古異にして、左右能く知る莫し。以て叔孫通《しゅくそんとう》に問う。通曰く、科斗《かと》の書なり、と。今文を以て之れを写せば、曰く、佳城《かじょう》鬱鬱《うつうつ》、三千年にして白日《はくじつ》を見ん。吁嗟《ああ》滕公此の室に居らん、と。滕公曰く、嗟乎《ああ》天なるかな。吾死すれば其れ即ち此《ここ》に安んぜんか、と。死して遂に焉《ここ》に葬らる。

語釈 〇東都門　長安城の東にある門。宣王門の俗称。〇叔孫通　秦末・漢初の儒者・官僚（生没年不詳）。薛（現山東省滕）の人。高祖の命をうけ、古礼と秦礼を参照して新たな漢の儀礼を制定し、奉常（太常）に任じられた。〇科斗　中国古代の字体の一つ。かつて漆で文字を書いていた当時、漆がねばって、字の頭が太く先が細くなり、科斗（おたまじゃくし）に似た形になったことに由来するとされる。〇佳城　佳い城という意味から、転じて人の墓地をいう。

通釈 滕公（夏侯嬰）が車に乗って東都門までやって来た。ところが車を引く馬がいななき体を折り曲げて進もうとせず、さかんに足で地面を掻いた。滕公が士卒に馬の掻く場所を掘らせたところ、深さ三尺（約六九センチメートル）ほどの所から石槨が出てきた。彼があかりで照らしてみると銘文が刻まれていた。水でその文を洗ってみたが、文字が皆古体で奇異であるために、従者の中には誰も見知っている者がいなかった。そこで叔孫通にたずねた。通は、「これは科斗の書である」といった。そして通がそれを今文（当時通用の文字）に写し換えたところ、その内容は、「佳き城は鬱鬱と土中にうもれているが、三千年目には日の目を見ることになる。ああ滕公という者がこの室に入るであろう」というものであった。滕公は、「ああこれは天命であろうか。わたしは死ねばこのなかに安息することになるのであろうか」といった。のちに死ぬとそこに葬られた。

参考 『博物志』巻七異聞

11 韓嫣好彈。常以金爲丸。所失者、日有十餘。長安爲之語曰、苦飢寒逐金丸。京師兒童、毎聞嫣出彈、輒隨之望丸之所落、輒拾焉。

韓嫣弾《かんえんだん》を好む。常に金を以て丸《たま》を為《つく》る。失う所の者、日に十余有り。長安之れが為に語りて曰く、飢寒に苦しめば金丸を逐《お》え、と。京師の児童、嫣の出《い》でて弾するを聞く毎《ごと》に、輒ち之れに随いて丸の落つる所を望み、輒ち焉れを拾う。

語釈 ○韓嫣　武帝時代の佞臣（?―前一三七?）。武帝が膠東王のころから親幸され、即位するにおよんで上大夫となり、つねに起居をともにした。○弾　はじき弓。泥の玉をはじき飛ばす弓。

通釈 韓嫣は弾を好んだ。つねに黄金をもちいて弾丸をつくった。一日に紛失する数は、十数個もあった。そのため長安の人々は、「飢えや寒さに苦しむときには金の弾丸をさがせ」と語り合った。都の子供たちは、嫣が外出して弾遊びに興じていると聞くたびに、それにつきしたがって弾丸の落ちる所をうかがい、すかさずそれらを拾い集めた。

12 司馬遷發憤、作史記百三十篇。先達稱爲良史之才。其以伯夷居列傳之首、以爲善而無報也。爲項羽本紀、以踞高位者非關有德也。及其序屈原、賈誼、辭旨、抑揚悲而不傷。亦近代之偉才。

司馬遷　憤《いきどおり》を発して、史記百三十篇を作る。先達称して良史の才と為す。其の伯夷《はくい》を以て列伝の首《はじめ》に居《お》くは、善を為すも報《むく》い無きを以てなり。項羽本紀を為るは、高位に踞《きょ》するは有徳に関わるに非ざるを以てなり。其の屈原《くつげん》、賈誼《かぎ》を序するに及んでは、辞旨、抑揚に悲しみて傷まず。亦近代の偉才ならん。

語釈 ○司馬遷　武帝時代の歴史家（前一四五または前一三五ごろ―前九三または前八六ごろ）。字は子長。武帝のとき、父司馬談のあとを継ぎ太史令（天文・星暦の記録をつかさどる官）となった。李陵が匈奴に投降したのを弁護して宮刑（性器を切り取る刑罰）に処せられ、発憤して『史記』を完成させた。○史記　書名。百三十巻。司馬遷撰。史上最初の紀伝体の歴史書で、上古の黄帝から前漢の武帝までの歴史を記述、歴代正史の筆頭に置かれる。本来この書は『太史公書』と命名され、『史記』とよばれるようになったのは、一般に後漢末期とされている。したがって本文のように、前漢末・王莽新の学者である劉歆が『史記』という書名を使用し得たか否かについては疑問がある。○伯夷　殷末・周初の伝説的な高士。周の武王が殷の紂王の討伐におもむくのに出会い、弟叔斉とともにこれを諫めたが聞き入れられず、首陽山に隠れて餓死したといわれる。○項羽　秦末の楚の武将（前二三二―前二〇二）、項籍。羽は字。楚から起こり、秦を滅ぼして覇王となったが、劉邦との戦いに敗れ、自殺した。○屈原　戦国時代の楚の政治家・詩人（前三四三？―前二七七？）。楚の懐王を補佐して重用されたが、のちに頃襄王に逐われ、汨羅に身を投げて自殺した。賦を得意とし、その作品は『楚辞』に収録されている。○賈誼　文帝時代の政治家・文人（前二〇一？―前一六九？）。若くしてその才を認められ異例の昇進をとげたが、のち文帝に疎まれて左遷、わずか三十三歳の若さで亡くなった。賦や文章にすぐれ、『新書』などの著者とされる。

通釈　司馬遷は〔宮刑を受けたことを機縁としてかえって〕発憤して、『史記』百三十篇を完成させた。先学たちは司馬遷を歴史家として良い才能の持主であると評した。司馬遷が伯夷を列伝の巻首に据えたのは、〔伯夷や叔斉が〕善事を行ったにもかかわらず報われなかったからで〔司馬遷自身になぞらえているので〕ある。項羽〔は正式に王朝を開かなかったが、それにもかかわらず〕本紀をつくったのは、皇帝に等しい高貴な位に即くことがその人物の徳の有無とは関係ないことを示すためである。〔司馬遷と同様に為政者に疎んじられ、悲劇の生涯を終えた〕屈原や賈誼の伝を叙述するにおよんでは、ことばのおもむきや、文の勢いの高低は悲痛な調子をおびているが悲しみにおぼれてはいない。まことに近代における偉大なる逸材ではなかろうか。

参考　『史通』巻七内篇探賾

13　梁孝王遊於忘憂之館、集諸遊士、各使爲賦。

梁の孝王忘憂《ぼうゆう》の館に遊び、諸々の遊士を集め、各々賦を為《つく》らしむ。

通釈 梁の孝王（劉武）は忘憂の館に遊び、そこにさまざまな客遊の士を集め、各人に賦をつくらせた〔が、それは以下のようなものであった〕。

14 枚乘爲柳賦。其辭曰、忘憂之館、垂條之木。枝逶遲而含紫、葉萋微而吐綠。出入風雲、去來羽族。既上下而好音、亦黃衣而絳足。蜩螗厲響、蜘蛛吐絲。階草漠漠、白日遲遲。于嗟細柳、流亂輕絲。君王淵穆其度。御羣英、翫之。小臣瞽聵、與此陳詞。于嗟樂兮。於是、罇盈縹玉之酒、爵獻金漿之醪。庶羞千族、盈滿六庖。弱絲清管、與風霜共雕。鎗鍠啾唧、蕭條寂寥。雋乂英旄、列襟聯袍。小臣莫效於鴻毛、空銜鮮而嗽醪。雖復河清海竭、終無增景於邊撩。

枚乗柳賦《ばいじょう》を為る。其の辞に曰く、忘憂の館、垂条《すいじょう》の木。枝は逶遅《いち》として紫を含み、葉は萋微《せいび》として緑を吐く。風雲を出入し、羽族を去来す。既に上下して音を好くし、亦黄衣にして絳足《こうそく》。蜩螗《ちょうとう》響きを厲《ま》し、蜘蛛糸を吐く。階《きざはし》の草は漠漠として、白日遅遅たり。于嗟《ああ》細柳、軽糸を流乱す。君王淵穆《えんぼく》として其れ度あり。群英を御して、之れを翫《もてあそ》ぶ。小臣瞽聵《こかい》なれども、此れが与《ため》に詞を陳《の》ぶ。于嗟楽しきかな。是こに於いて、罇《そん》に縹玉《ひょうぎょく》の酒を盈《み》たし、爵に金漿《きんしょう》の醪《ろう》を献ず。庶羞《しょしゅう》千族もて、六庖に盈満す。弱糸清管、風霜と共に雕《きざ》む。鎗鍠啾唧《しょうこうしゅうしつ》として、蕭条寂寥《しょうじょうせきりょう》たり。雋乂英旄《しゅんがいえいぼう》、襟を列《つら》ね袍《ほう》を聯《つら》ぬ。小臣鴻毛よりも効莫く、空しく鮮《せん》を銜《ふく》みて醪を嗽《すす》るのみ。復た河清《かす》み海竭《つ》くると雖も、終《つい》に景を辺《へん》撩《りょう》だに増すこと無し、と。

語釈 ○枚乗　景帝・武帝時代の詩人・政治家（?—前一四〇?）。呉王濞・梁の孝王につかえ、とくに呉王に諫言を行ったことで有名。詞賦にたくみで、武帝に召し出されたが、老齢のため道中死亡した。○縹玉之酒　縹玉は薄い藍色あるいはもえ黄色の玉。転じてそのような色合いをもつ酒。○金漿之醪　さとうきびを材料とした梁特産の酒。醪はどぶろく。○辺撩　柳の繊細な梢。

通釈 枚乗は「柳賦」をつくった。それには、「忘憂の館には、垂条の木（しだれ柳）がある。紫がかった枝は長く、緑なす葉は盛んに茂っている。〔その枝葉の間を〕風が吹き抜け、鳥たちがとびかう。上下にとびかい好い声で鳴くのは、黄色い羽毛に深紅の脚の〔黄鶯（からうぐいす）という〕鳥である。蜩螗（せみ）ははげしく鳴き、蜘蛛は糸を吐いて〔巣をつくる〕。地一面に草が生い茂り、天にかがやく太陽は遅々として光を送る。ああなんとほっそりとした柳であろう、まるで軽い糸が乱れ流れているかのようである。君王（梁孝王）の器量は広大で奥深い。たくさんの英雄豪傑を従えて、この柳樹を愛《め》でる。非才な私ではあるが、君王のために詞賦を奉る次第である。ああなんと楽しいことであろう。ここにおいて、縹玉の美酒を罇（酒を入れるかめ）に満たし、金漿の醪を爵（さかずき）に盛って君王に献上する。山海の珍味は、六つの台所に満ちあふれている。しなやかな弦楽と清らかな管楽の音が、風や霜といっしょに柳にしみいるようだ。鐘鼓の音は高く低くむせぶように響きながら、ひっそりとものさびしい風情を漂わせている。多くの俊才や英傑が、襟や袖を連ねて前後左右に整列している。その中では私の功などは鴻（おおとり）の羽毛よりも軽く、むなしく酒のさかなを口にふくんで醪をすするのみである。たとえ黄河の水が清《す》み海の水が渇れ果てたとしても、眼前のこの絶景について梢の先すらの描写も付け加えることはできないであろう」と詠まれている。

参考 『古文苑』巻三章樵注

15 路喬如爲鶴賦。其辭曰、白鳥朱冠、鼓翼池干。擧脩距躍躍、奮皓翅獑獑。宛脩頸而顧步、啄沙磧而相讙。豈忘赤霄之上。忽池籞而盤桓。飲清流而不擧、食稻粱而未安。故知、野禽野性、未脫籠樊。賴吾王之廣愛、雖禽鳥兮、抱恩。方騰驤而鳴舞、憑朱檻而爲歡。

路喬如《ろきょうじょ》鶴賦を為《つく》る。其の辞に曰く、白き鳥にして朱冠なるもの、翼を池の干《きし》に鼓す。脩き距《けづめ》を挙げて躍躍《やくやく》たり、皓翅《こうし》を奮いて獑獑《さんさん》たり。脩き頸《くび》を宛《あ》げて顧歩《こほ》し、沙磧《させき》を啄《たく》して相讙《あいかん》す。豈赤霄《あにせきしょう》の上を忘れんや。池籞《ちぎょ》に忽《わす》れて盤桓《ばんかん》す。清流を飲むも挙がらず、稲粱《とうりょう》を食《くら》うも未だ安んぜず。故に知る、野禽の野性なるも、未だ籠樊《ろうはん》を脱せざるを。吾が王の広愛に頼《よ》りて、禽鳥と雖も、恩を抱《いだ》かん。方《まさ》に騰驤《とうじょう》して鳴舞し、朱檻《しゅかん》に憑《つ》いて歓を為さんとす、と。

語釈 ○籠樊　鳥かご。梁の孝王の慈愛に触れた鶴がそれに恩義を感じて、この地を飛び去りかねている気持ちの比喩的な表現。

通釈 路喬如は「鶴賦」をつくった。それには、「頭に朱い冠を頂いた白い鳥が、池の岸辺で翼をはばたかせている。長いけづめをあげてすばやく動き、白い翼をはばたかせてゆうゆうと飛んでいる。美しく長い頸を折り立てては左右にふりつつ歩き、河原の砂をついばんではたがいにかまびすしく鳴きさわぐ。すでに赤い夕焼けの空を飛んだことを忘れてしまったのであろうか。池籞（竹を編んで囲った垣根）に気をとめることもなくあたりを動き回っている。清流の水を飲んだのに飛び上がろうともせず、いくら穀物を食べても満足して飛び去ろうともしない。そこで、この野の鳥が野性の動物であるにもかかわらず、〔目には見えない〕鳥かごを抜け出せないでいることがわかるのである。吾が王の広大な慈愛のおかげで、たとえ鳥といえども、恩義を感じているのであろうか。いまや鶴はとびはねながら鳴き舞い、朱塗りの手すりにとまり〔王徳を讃えて〕歓喜をあらわそうとしている」と詠まれている。

参考　『古文苑』巻三章樵注

16 公孫詭爲文鹿賦。其詞曰、麀鹿濯濯、來我槐庭。食我槐葉、懷我德聲。質如湘縟、文如素綦。呦呦相召、小雅之詩。歎丘山之比歲、逢梁王於一時。

公孫詭《こうそんき》文鹿賦《ぶんろくふ》を為《つく》る。其の詞に曰く、麀鹿濯濯《ゆうろくたくたく》として、我が槐庭《かいてい》に来《きた》る。我が槐葉を食《くら》い、我が徳声に懐《なつ》く。質は湘《しょう》縟《じょく》の如く、文は素綦《そき》の如し。呦呦《ゆうゆう》として相《あい》召すは、小雅の詩なり。丘山の比歳を歎くも、梁王に一時《いっとき》に逢う、と。

語釈　○公孫詭　前漢初期の官僚（?—前一五〇）。梁の孝王にとりたてられたが、袁盎（諸侯王抑制策を説いた文帝時代の郎官）らを殺害した罪により自殺。○湘縟　湘は浅黄色、縟はしとね。鹿の毛色とその光沢ある皮。○呦呦　鹿の鳴き声の形容。

通釈　公孫詭は「文鹿賦」をつくった。それには、「肥えてつやつやした牝鹿が、えんじゅの植えられた我が君の庭にやってきた。鹿がえんじゅの葉を食べたのは、我が君の高徳ある名声をしたってのこと。毛質はつややかな浅黄色の織物に似て、その模様は白い玉飾りをちりばめたかのようである。呦呦と独特の声で鳴いて互いに呼び合うさまは、『詩経』小雅の詩に歌われるとおりである。これまで長い間野山で過ごした不遇の歳月を歎いてきたが、今やついに梁王というすばらしい君王に出会うことができたのである」と詠まれている。

参考　『漢書』巻四十七文三王伝（梁孝王伝）・巻五十二韓安国伝

17 鄒陽爲酒賦。其詞曰、清者爲酒、濁者爲醴。清者聖明、濁者頑騃。皆湑麴丘之麥、釀野田之米。倉風莫預、方金未啓。嗟同物而異味、歎殊才而共侍。流光醳醳、甘滋泥泥。醪釀既成、綠瓷既啓。且筐且漉、載茜載齊。庶民以爲歡、君子以爲禮。其品類則沙洛淥酃、程鄉若下、高公之清、關中白薄、青渚縈停、凝醳醇酎、千日一醒。哲王臨國、綽矣多暇。召皤皤之臣、聚肅肅之賓。安廣坐、列雕屛、綃綺爲席、犀璩爲鎭。曳長裾、飛廣袖、奮長纓、英偉之士、莞爾而卽之。君王憑玉几、倚玉屛、擧手一勞、四坐之士、皆若哺粱肉焉。乃縱酒作倡、傾盌覆觴、右以宮申、旁亦徵揚。樂只之深、不吳不狂。於是錫名餌、祛夕醉、遣朝酲。吾君壽億萬歲、常與日月爭光。

鄒陽《すうよう》酒賦を為る。其の詞に曰く、清《す》める者は酒と為り、濁《にご》れる者は醴《れい》と為る。清める者は聖明にして、濁れる者は頑《がん》騃《がい》なり。皆麴丘《きくきゆう》の麦を湑《こ》し、野田の米を醸《かも》す。倉風は預《あず》かる莫く、金に方《あ》たりて未だ啓《ひら》かず。物を同じうして味を異にするを嗟《なげ》き、才を殊《こと》にして共に侍するを歎く。流光醳醳《えきえき》として、甘滋泥泥《かんじでいでい》たり。醪醸《ろうじよう》既に成り、緑瓷《りよくし》既に啓く。且つ筐《きよう》し且つ漉《こ》し、載《すなわ》ち茜《こ》し載ち斉《し》す。庶民は以て歓と為し、君子は以て礼と為す。其の品類は則ち沙洛淥酃《さらくろくれい》、程郷若《ていきょうじゃく》下《か》、高公の清、関中白薄、青渚縈停《せいしょえいてい》、凝醳醇酎《ぎょうえきじゅんちゅう》、千日一醒なり。哲王の国に臨むや、綽《ゆる》やかにして暇《いとま》多し。皤皤《はは》の臣を召し、粛粛《しゆくしゆく》の賓を聚《あつ》む。広坐を安んじ、雕屛を列《つら》ね、綃綺《しようき》もて席と為し、犀璩《さいきよ》もて鎮と為す。長き裾《すそ》を曳《ひ》き、広き袖を飛ばし、長き纓《ひも》を奮い、英偉の士、莞爾《かんじ》として之れに即《つ》く。君王玉几に憑《よ》り、玉屛に倚《よ》りて、手を挙げて一労すれば、四坐の士、皆若《じやく》として粱肉を哺《ふく》む。乃ち酒を縦《ほし》いままにして倡を作《おこ》し、盌《わん》を傾けて觴を覆《くつがえ》し、右以て宮申すれば、旁《かたわら》も亦徴揚《ちょうよう》す。楽只《たのし》みの深くして、呉《かまび》すしからず狂ならず。是こに於いて名餌《めいじ》を錫《たま》い、夕酔を祛《はら》い、朝酲《ちょうてい》を遣《や》る。吾が君の寿億万歳にして、常に日月と光を争う、と。

語釈 ○鄒陽　漢初の官僚・詩人（生没年不詳）。斉（現山東省）の人。はじめ呉王濞、のちに梁の孝王に仕えた。讒言にあって獄に下されたが、やがて許されて梁の上客となった。○聖明　酒の種類・等級を表す名称。清酒を「聖明」、濁酒を「頑騃」と対比。○湑麴丘之麦　漢魏叢書本（四十六種・九十六種）、和刻本は「麴湑丘之麦」につくることから「湑丘の麦を麴し」と訓読し、「灌漑で潤した丘で取れた麦を醸造し」と訳すことも可能か。○粱肉　上等の粟めしと極上の肉。富貴な人の食物。

通釈 鄒陽は「酒賦」をつくった。それには、「清んだ酒は『酒』（清酒）といい、濁った酒は『醴』（甘酒）という。清んだほうは徳が高く聡明で、濁ったほうは頑なで愚かとされる。どちらも皆麴丘の麦をこして糟を取り、野田から取れた穀物を熟成させてつくる。ともに春風にさらすことはせず、秋になっても酒がめのふたをひらくことはしない。同じ材料を使い同じ条件におかれているのにその味が異なるのをなげき、それと同様に才能が異なるにもかかわらずともに宴席に侍っている自分をなげかわしく思う。酒から流れ出る光はつやつやとして、その味わいも潤いこくがある。さて醸成が完了して、緑色の酒がめのふたもあけられた。何度も濾過し糟をさらって濃縮したあげく、さまざまな名酒ができあがった。庶民が飲むのは歓びのため、君子が飲むのは礼を尊ぶため。その酒の品には沙洛淥酃・程郷若下・高公の清・関中白薄・青渚縈停・凝醳醇酎・千日一醒などがある。すぐれた王が国をおさめると、法が寛大で人々にゆとりがある。経験豊かな老臣を召しかかえ、慎み深い賓客をあつめている。広い座席をととのえ、彫刻のあるついたてを並べ立て、あや絹をもって敷物にし、堅い環をもって敷物のおさえにする。長い裾をひき、広い袖をはためかせ、長い冠のひもをなびかせながら、りっぱな人物たちが、にっこり笑ってその座につく。君王が〔お出ましになって〕玉製の肘掛によりかかり、玉製のついたてにもたれ、手を挙げてねぎらいの気持ちを示せば、満座の人々は、皆思い思いに上等なごちそうを口に運ぶ。このように思う存分酒を飲み伎楽をかなで、大杯を傾けさかずきをほし、上席の人々が王宮のいやさかを申し述べると、周囲の人もいっしょにほめ讃える。楽しみが深まっても、大声をあげる者はなく取り乱すこともない。さてここに名茶が振るまわれると、夕方からの酔いが醒め、朝方の二日酔いも取り除かれる。我が君王の長寿は億万年もつづき、〔その功業の輝くさまは〕つねに日や月の光と争うほど〔盛時をきわめているの〕である」と詠まれている。

18 公孫乘爲月賦。其辭曰、月出皦兮、君子之光。鶤雞舞於蘭渚、蟋蟀鳴於西堂。君有禮樂、我有衣裳。猗嗟明月、當心而出。隱員巖而似鉤、蔽脩堞而分鏡。既少進以增輝、遂臨庭而高映。火珠匪明、皓璧非淨。躔度運行、陰陽以正。文林辨囿、小臣不佞。

公孫乗《こうそんじょう》月賦を為る。其の辞に曰く、月出《い》でて皦《しろ》く、君子の光あり。鶤鶏蘭渚《こんけいらんちょ》に舞い、蟋蟀《しっしゅつ》西堂に鳴く。君に礼楽有り、我《われ》に衣裳有り。猗嗟《ああ》明月なるかな、心《しん》に当たりて出《い》ず。員巌《えんがん》に隠れては鉤に似、脩堞《しゅうちょう》を蔽《おお》いては鏡を分かつ。既に少しく進まば以て輝きを増し、遂に庭に臨みて高く映《は》ゆ。火珠も明るきに匪《あら》ず、皓璧《こうへき》も浄きに非ず。躔度《てんど》もて運行し、陰陽以て正し。文林弁囿するも、小臣佞ならず、と。

語釈　○鶤鶏　とうまる。大きな鶏の一種。長頸で赤いくちばしをもち、鶴に似た黄白色の鳥。○火珠　火斉珠、玫瑰石などの赤色の美玉。

通釈　公孫乗は「月賦」をつくった。それには、「月が出てこうこうと輝き、君子のような光をはなっている。とうまるが蘭のなぎさで舞い踊り、こおろぎが西のやかたで鳴いている。君王は礼楽をそなえられて、我々はそれにふさわしい衣裳を身につけている。ああなんと明るい月であろうか、〔さえぎるもののない〕天空の中心で月はそのすべての姿を現している。〔月の満ち欠けや光の増減は君王の恩徳によるもので〕まるい岩山に隠れると三日月に似た形になり、城壁のひめがきに隠れると二つに割れた鏡のような満月。やがて少しずつ天空を進むにつれてその光は輝きを増し、ついに庭先にさしこんで空高く照り映える。〔この月の明るさの前では〕火斉珠のような玉とてもその明るさにはかなわず、〔その清らかさの前では〕まっ白な玉璧とてもその清らかさにはおよばない。〔こうした月の輝きの下で〕天体はその軌道にしたがって運行し、陰陽二気も正しく動いている。〔我が君王の周りには〕文人や雄弁な人が多いのに、臣下の私にそのような才能がないのを恥じいるばかりである」と詠まれている。

19 羊勝爲屏風賦。其辭曰、屏風韐匝、蔽我君王。重葩纍繡、沓璧連璋。飾以文錦、映以流黄。畫以古烈、顒顒昂昂。藩后宜之、壽考無疆。

羊勝屏風賦《へいふうふ》を為《つく》る。其の辞に曰く、屏風韐匝《こうそう》として、我が君王を蔽《おお》う。葩《は》を重ね繡《しゅう》を累《かさ》ね、璧を沓《かさ》ね璋を連《つら》ぬ。飾るに文錦を以てし、映すに流黄《りゅうこう》を以てす。画《えが》くに古烈を以てし、顒顒昂昂《ぎょうぎょうこうこう》たり。藩后之れに宜《よろ》しく、寿考彊《きわま》り無からん、と。

語釈 ○羊勝　文帝・景帝時代の文人（?—前一五〇）。斉の人。公孫詭・鄒陽らとともに梁の孝王にとりたてられたが、公孫詭とともに袁盎を殺害した罪により自殺。○韐匝　韐は革をかさねてつくる矢を防ぐための道具。匝はめぐる、めぐらすの意。韐匝はかさねてめぐらしたさま。○葩　花。ここでは屏風の表面につけられた装飾用の刺繡の花、あるいは花をかたどった装飾用の金具。○璧・璋　ともに瑞玉の名。○流黄　もえ黄色の絹布。または黄繭の糸で織った布。○顒顒昂昂　顒顒は温和で敬順なさま、昂昂は志行のすぐれて気高いさまや君主の徳の高いさま。○藩后　諸侯王。諸侯王が皇帝の藩屏（かきねのように守護すること）の役割を果たすことによる。ここでは梁の孝王を指す。

通釈　羊勝は「屛風賦」をつくった。それには、「屛風はいくえにもつつみこむようにして、我が君王を蔽いまもっている。花〔の形の金具〕や五色のぬいとりのきぬをかさね、多くの璧や璋を連ねている。あや模様の錦で飾られ、もえ黄色の絹布によって照り映えている。そのおもてには昔の賢人や烈士たちがえがかれ、〔その威儀・容貌は〕荘重として気高く見える。我が君王はこのようなすばらしい屛風にふさわしい方であり、その長寿はかぎりないであろう」と詠まれている。

参考　『古文苑』巻三章樵注

20 韓安國作几賦、不成。鄒陽代作。其辭曰、高樹凌雲、蟠紆煩冤、旁生附枝。王爾、公輸之徒、荷斧斤、援葛藟、攀喬枝、上不測之絶頂、伐之以歸。眇者督直、聾者磨礱。齊貢金斧、楚入名工。迺成斯几。離奇髣髴、似龍蟠馬廻鳳去鸞歸。君王憑之、聖德日躋。鄒陽、安國、罰酒三升、賜枚乘、路喬如絹人五匹。

韓安国几賦《きふ》を作るも、成らず。鄒陽《すうよう》代わりて作る。其の辞に曰く、高樹雲を淩《しの》ぎ、蟠紆煩冤《はんうはんえん》、付枝を旁生《ぼうせい》す。王爾《おうじ》、公輸《こうしゅ》の徒、斧斤を荷《にな》い、葛藟《かつるい》を援《ひ》き、喬枝を攀《よ》じ、不測の絶頂に上《のぼ》り、之れを伐《き》りて以て帰る。眇者《びょうしゃ》は直《ただ》を督し、聾《ろう》者《しゃ》は磨礱《まろう》す。斉は金斧を貢ぎ、楚は名工を入る。廼《すなわ》ち斯《こ》の几を成す。離奇《りき》髣髴として、竜の蟠《ふ》し馬の廻《めぐ》り鳳《ほう》の去り鸞《らん》の帰るが似《ごと》し。君王之れに憑《よ》れば、聖徳日に躋《たかま》れり、と。鄒陽、安国罰酒三升、枚乗、路喬如に絹を賜うこと人ごとに五匹。

語釈 ○韓安国　景帝・武帝時代の官僚（生没年不詳）。字は長孺。梁の成安（現河南省臨汝の東南）の人。はじめ梁の孝王に仕え、呉楚七国の乱に武功をあげ、武帝時代に御史大夫などを歴任した。○蟠紆　音声が混じり合って乱れるさま。○王爾・公輸　ともに春秋時代の名工。公輸は魯国の人で『墨子』などに見え、公輸班・公輸般などともよばれ、楚国のために攻城具の「雲梯」を発明したことで有名。

通釈 韓安国は「几賦」をつくろうとしたが、完成しなかった。そこで鄒陽が代わってそれをつくった。それには、「高い樹が雲を淩ぐようにそびえたち、さまざまな音をたてて風をめぐらせ、うっそうと枝を生い茂らせている。王爾・公輸のような名工たちは、斧やまさかりをかつぎ、かずらをたよりに、高い枝によじのぼり、はてしなく高い木の絶頂に達して、これを伐って帰ってきた。片目の不自由な者がそれをまっすぐにととのえ、耳の不自由な者がそれを磨き上げた。斉の国は金の斧を貢ぎ、楚の国は名工を献上してきた。そこではじめてこの几ができあがったのである。その珍奇なようすは、まるで竜が伏せ馬が疾駆し鳳が飛び立ち鸞が舞い下りるさまを彷彿とさせる。我が君王がこれに身をよせていると、その聖徳は日々たかまるばかりである」と詠まれている。鄒陽・韓安国は、罰杯三升を下しおかれ、〔「柳賦」や「鶴賦」を奉った〕枚乗・路喬如は、おのおの絹五匹を賜った。

21 梁孝王入朝、與上爲家人之讌。乃問王諸子。王頓首謝曰、有五男。卽拜爲列侯、賜與衣裳器物。王薨、又分梁國爲五、進五侯皆爲王。

梁の孝王入朝し、上《しょう》と家人の讌《えん》を為す。乃ち王の諸子を問う。王頓首《とんしゅ》し謝して曰く、五男有り、と。即ち拝して列侯と為し、衣裳器物を賜与す。王薨《こう》ずるや、又梁国を分かちて五と為し、五侯を進めて皆王と為す。

語釈 ○列侯　徹侯。漢代の二十等爵の最高位で、王につぐ爵位。金印紫綬。前漢武帝のときにその諱を避けて列侯または通侯と称された。
○五男　梁共王買（もと乗氏侯）・済川王明（もと桓邑侯）・済東王彭離・山陽哀王定・済陰哀王不識の五人。いずれも景帝の中六年（前一四四）五月、王に立てられた。

通釈 梁の孝王（劉武）が入朝し、帝（景帝）と身内の酒宴を催した。すると景帝は梁王の子どもたちについて尋ねた。梁王は叩頭して感謝し、「五人の息子がおります」とこたえた。そこで景帝は五人の息子たちを列侯とし、衣裳や器物を賜与した。梁王が亡くなると、また梁国を五つに分割し、五人の列侯の位を進めて皆王とした。

22 河間王德築日華宮、置客館二十餘區、以待學士。自奉養不踰賓客。

河間王徳日華宮を築くや、客館二十余区を置き、以て学士を待《たい》す。自らの奉養は賓客を踰《こ》えず。

語釈 ○河間王徳　景帝の第三子（？—前一二九）。劉徳。経術に通じ、山東の多くの儒者と交遊した。また民間より善書を求め、秦以前の多数の経書・諸子の書を所蔵した。

通釈 河間王〔劉〕徳は日華宮を築くと、そこに客館を二十あまりも置いて、学士たちをもてなした。自分の衣食・住居は賓客たちのそれを上回ることはなかった。

参考 『史記』巻五十九五宗世家（河間献王徳）、『漢書』巻五十三景十三王伝（河間献王徳伝）、『三輔黄図』巻三甘泉宮

23 梁孝王子賈従朝。年幼、竇太后欲帝冠婚之。帝謂王曰、兒堪冠矣。王頓首謝曰、臣聞、禮二十而冠、冠而字、字以表德。自非顯才高行、安可強冠之哉。餘日帝又曰、兒堪室矣。王頓首謝曰、臣聞、禮三十而室。賈年蒙悼、未有人父之端。安可強室之哉。餘日賈朝至闈、而遺其舃。帝曰、兒眞幼矣。白太后、未可冠婚之。

梁の孝王の子賈《か》朝に従う。年幼きも、竇太后帝をして之れに冠婚せしめんと欲す。帝王に謂いて曰く、児《じ》は冠するに堪《た》うるや、と。王頓首し謝して曰く、臣聞く、礼に二十にして冠し、冠して字《あざな》し、字して以て徳を表す、と。顕才高行に非ざる自《よ》りは、安《いず》くんぞ強《し》いて之れに冠せしむる可けんや、と。余日帝又曰く、児は室するに堪うるや、と。王頓首し謝して曰く、臣聞く、礼に三十にして室す、と。賈年蒙悼《もうとう》にして、未だ人父の端有らず。安くんぞ強いてこれ

に室せしむる可けんや、と。余日賈朝して闔《こん》に至りて、其の舄《せき》を遺《のこ》す。帝曰く、児は真に幼し、と。太后に白《もう》す、未だ之れに冠婚せしむる可からず、と。

語釈 ○梁孝王子賈　未詳。『史記』梁孝王世家、『漢書』諸侯王表によると、梁孝王の子に梁共（恭）王劉買（?—前一三七）が存在する。○竇太后　文帝の皇后（?—前一三五）。景帝・梁孝王・館陶公主の生母。儒学を嫌い、黄老思想を好んだ。景帝即位後に皇太后、武帝即位後に太皇太后となって権勢を振った。○冠　男子の成人儀礼。元服。はじめて冠をかぶる儀礼。『礼記』曲礼上に「二十を弱と曰い、冠す」とある。○室　結婚して一家をなすこと。『礼記』内則に「三十にして室有り」とある。○蒙悼　幼くして分別に欠けること。蒙は知恵の不足、未発達。『礼記』曲礼上によれば悼は七歳の子供を指す。○闔　元来は門の敷居・門ぐいの意味。転じて后妃の居所・後宮を指す。後宮は皇帝以外の男子の立入が禁じられていた。劉賈が後宮に入ることができたのは、一人前の男子として認められていなかったためと考えられる。○舄　重ねぞうり。底を幾重にも重ねたくつ。

通釈 梁の孝王の子の賈は〔父の〕入朝にしたがった。年はまだ幼かったが、竇太后は帝（景帝）に対して賈の元服と結婚を執り行わせようとした。帝は王に、「そなたの息子は元服するのにふさわしいか」とたずねた。王は頓首してことわり、「臣は、『礼』に二十歳で元服を執り行い、元服のさいに字をつけ、字をつけることによって徳を表す、とあるのを聞いております。〔賈には〕またきわだった才能や気高い行いがない以上、このような者をしいて元服させることができましょうか」といった。後日帝はまた、「そなたの息子は家庭をもつにふさわしいか」とたずねた。王は頓首してことわり、「臣は、『礼』に三十歳になって家庭をもつ、とあるのを聞いております。賈は分別のつかぬ幼児で、人の父たる風格のかけらもございません。このような者をしいて家庭をもたせることができましょうか」といった。後日賈が〔帝に〕お目見えしたとき、後宮に入りこみ〔自分のはいていた〕くつをわすれて帰った。帝は、「この子は本当に幼いわいわい」といった。そして太后に、「まだ〔賈を〕元服させたり家庭をもたせたりすることはできません」と申し上げた。

24 江都王勁捷。能超七尺屛風。

江都王勁捷《けいしょう》なり。能く七尺の屛風を超ゆ。

語釈 ○江都王　景帝の子、武帝の兄（前一六八―前一二八）。劉非。呉楚七国の乱（前一五四）にさいして活躍し、汝南王から江都王に遷された。勇壮を好み、四方の豪傑を招いて驕奢を極めた。江都は王国名。現江蘇省江都。

通釈 江都王はからだがつよく敏捷であった。七尺（約一六一センチメートル）の屛風をとびこえることができた。

25 元后在家、嘗有白鷰銜白石大如卵、墜后績筐中。后取之、石自剖爲二。其中有文曰、母天地。后乃合之、遂復還合。乃寶錄焉。後爲皇后、常幷置璽笥中、謂爲天璽也。

元后家に在りしとき、嘗て白鷰《はくえん》の白石の大きさ卵の如きなるを銜《ふく》みて、后の績筐《せききょう》中に墜《おと》すこと有り。后之れを取るや、石自《おの》ずから剖《わ》れて二と為る。其の中に文有りて曰く、天地に母たらん、と。后乃ち之れを合《がっ》すれば、遂に復び還《ま》た合す。乃ち宝として焉れを録す。後に皇后と為るや、常に并わせて璽笥《じし》の中に置き、謂いて天璽《てんじ》と為すなり。

語釈 ○元后　元帝の皇后（前七一―後一三）。王政君。成帝の母。王莽の伯母として莽の簒奪に反対したが、結局、漢の伝国璽を莽に渡し、新王朝が成立した。○白鷰　尾の白い燕。瑞兆の鳥とされる。

通釈 元后がまだ実家にいたころ、白鷰が卵ほどの大きさの白石を銜み、后の績筐（つむいだ糸を入れておくかご）の中に墜していった。后が取りあげると、石はひとりでに剖れて二つになった。その中に文字があり、「天地の母となるであろう」とあった。后が石を合わせると、ふたたび一つになった。そこでこれを宝物として収蔵した。のちに皇后となってからは、つねに〔皇后璽と〕いっしょに璽笥（璽を入れておくはこ）の中に置き、「天璽」とよびならわした。

26 漢朝以玉爲虎子、以爲便器。使侍中執之、行幸以從。

漢朝玉を以て虎子《こし》を為《つく》り、以て便器と為す。侍中をして之れを執《と》らしめ、行幸には以て従う。

語釈 ○虎子　便器。おまる・しびん。○侍中　官名。宮中で顧問・応対などをつかさどる官。漢代では加官で、本官にこの肩書きが加えられると、宮中で天子の側に近侍し、身辺の雑用に奉仕することができた。

通釈 漢朝では〔皇帝は〕玉をもって虎子をつくり、便器とした。侍中にそれを担当させ、行幸のときには持参させた。

27 中書以武都紫泥爲璽室、加綠綈其上。

中書は武都の紫泥《しでい》を以《もち》いて璽室を為り、緑綈《りょくてい》を其の上に加う。

語釈 ○中書　官名。少府の属官。宮廷の文書・詔勅などをつかさどった。前漢の武帝が宦者に宮中の文書を担当させ、これを中書謁者とよんだのがその起源とされる。○武都　郡名。現甘粛省西和の南。○紫泥　武都で採取される紫色の泥。粘り気が強いので、天子の璽書を封じるのに用いられた。○璽室　璽を押す粘土のかたまりか。

通釈 中書では武都の紫泥をもちいて璽書に封印するための封泥とし、緑色のあつぎぬでそれをおおった。

28 茂陵文固陽本瑯琊人。善馴野雉爲媒、用以射雉。每以三春之月、爲茅障以自翳、用鮭矢以射之、日連百數。茂陵輕薄者化之、皆以雜寶錯廁翳障、以青州蘆葦爲弩矢、輕騎妖服、追隨於道路以爲歡娯也。陽死、其子亦善其事。董司馬好之、以爲上客。

茂陵の文固陽《ぶんこよう》は本《もと》瑯琊の人なり。善く野雉《やち》を馴らして媒《おとり》と為し、用いて以て雉を射る。毎《つね》に三春の月を以て、茅障《ぼうしょう》を為《つく》りて以て自ら翳《おお》い、鮭矢《かし》を用いて以て之れを射ること、日ごとに百数を連《つら》ぬ。茂陵の軽薄なる者之れに化し、皆雑宝を以て翳障《えいしょう》に錯廁《さくし》し、青州の蘆葦《ろい》を以て弩矢《どし》を為り、軽騎妖服もて、道路に追随して以て歓娯《かんご》と為すなり。陽死するや、其の子も亦其の事を善くす。董司馬《とうしば》之れを好み、以て上客と為す。

語釈 ○瑯琊　郡名。現山東省諸城の東南。山東半島南部の黄海に面した地方。○三春之月　春の三か月。正月を孟春、二月を仲春、三月を季春という。○青州　武帝の置いた十三州刺史部の一つ。平原郡・済南郡・千乗郡・斉郡・淄川国・北海郡・高密国・膠東国・東莱郡からなる。現山東省北部の地域。○弩矢　弩はいしゆみ。しかけによって矢や石を発射する武器。○董司馬　『太平御覧』巻七百四十六所引の佚文によれば、董賢を指す。

通釈 茂陵の文固陽はもとは瑯琊出身の人であった。野性の雉を飼い馴らしておとりにし、それを用いて雉を射た。毎年春の三か月がおとずれるたびに、茅のついたてをつくって自分の身をかくし、牝羊の角でつくった矢で雉を射止めることと、一日に百羽を数えるほどであった。茂陵の軽薄な連中がそれをまねて、皆さまざまな黄金や宝石でついたてをかざりたて、青州のあしの葉で弩をつくり、軽装備の馬にまたがり派手な服装で、〔陽の〕道ゆきにつきしたがいそれをたのしみとした。陽が死んだあと、その子もまたこの狩猟法に長じていた。董司馬はそれを好み、上席の客とした。

29 茂陵少年李亨、好馳駿狗逐狡獸。或以鷹鷂逐雉兎。皆爲之佳名。狗則有脩毫、釐睫、白望、青曹之名。鷹則有青翅、黄眸、青冥、金距之屬。鷂則有從風鷂、孤飛鷂。楊萬年有猛犬、名青駮。買之百金。

茂陵の少年李亨《りこう》、好んで駿狗《しゅんく》を馳《は》せ狡獣《こうじゅう》を逐《お》う。或いは鷹鷂《ようよう》を以て雉兎《ちと》を逐う。皆之れが佳名を為《つく》る。狗には則ち脩《しゅう》毫《ごう》、釐睫《りしょう》、白望、青曹の名有り。鷹には則ち青翅《せいし》、黄眸《こうぼう》、青冥《せいめい》、金距《きんきょ》の属有り。鷂には則ち従風鷂、孤飛鷂《こひよう》有り。楊《よう》万年《ばんねん》には猛犬有り、青駮《せいはく》と名づく。之れを買うこと百金。

語釈 ○鶻　はしたか。鷹の一種。鷹よりも小さく、背は黒く、腹部に赤白または黄黒の斑点がある。

通釈 茂陵の少年李亨は、好んで足のはやいいぬを駆りたてすばしこい獣を追った。また鷹や鶻をつかって雉や兎をおいたてた。〔狗・鷹・鶻に〕皆それぞれにふさわしい美名をつけた。狗には脩毫（毛なが）・釐睫（まつ毛ばえ）・白望（白おもて）・青曹（青つかさ）と命名した。鷹には青翅（青つばさ）・黄眸（黄まなこ）・青冥（青がすみ）・金距（かねけづめ）と命名した。鶻には従風鶻（はやてだか）・孤飛鶻（ひとりだか）と命名した。楊万年のもとには一匹の猛犬がおり、青駮と名づけられた。それを買うのに百金を費やしたほどであった。

30 成帝時、交趾、越嶲獻長鳴雞、伺晨雞。卽下漏驗之、晷刻無差。雞長鳴則一食頃不絕。長距善鬬。

成帝の時、交趾《こうし》、越嶲《えつすい》長鳴鶏、伺晨鶏《ししんけい》を献ず。即ち下漏《かろう》して之れを験《ため》すに、晷刻《きこく》に差無し。鶏長鳴すれば則ち一食の頃絶えず。長距もて善く闘う。

語釈 ○交趾　郡名。現ヴェトナムのハノイ周辺。武帝の元鼎六年（前一一一）に設置。○越嶲　郡名。現四川省西昌周辺。交趾郡と同時期に設置。○長鳴鶏・伺晨鶏　ともに鶏の名。伺晨鶏は明け方のときを正確に告げる鶏をいうか。○下漏　漏は水時計、または時刻。下漏とは水などを点滴して時刻をはかることをいう。

通釈 成帝のとき、交趾郡・越巂郡が長鳴鶏・伺晨鶏を献上してきた。そこで時刻をはかってこの鶏たちの能力を試したところ、〔伺晨鶏は〕少しの誤差もなく時を告げた。また長鳴鶏は一度の食事をする間、絶えることなく鳴きつづけた。またいずれも長いけづめをもっていて闘いを得意とした。

31 許博昌安陵人也。善陸博。竇嬰好之、常與居處。其術曰、方畔揭道張、張畔揭道方。張究屈玄高、高玄屈究張。又曰、張道揭畔方、方畔揭道張。張究屈玄高、高玄屈究張。三輔兒童、皆誦之。法用六箸。或謂之究。以竹爲之、長六分。或用二箸。博昌又作六博經一篇。今世傳之。

許博昌《きょはくしょう》は安陵の人なり。陸博《りくはく》を善《よ》くす。竇嬰《とうえい》之れを好み、常に居処を与《とも》にす。其の術に曰く、方の畔《かたわら》より道を張に掲《と》り、張の畔より道を方に掲る。張に究して屈玄高、高玄屈に究して張、と。又曰く、張より道を畔の方に掲り、方の畔より道を張に掲る。張に究して屈玄高、高玄屈に究して張、と。三輔《さんぽ》の児童、皆之れを誦す。法は六箸《ちょ》を用う。或いは之れを究と謂う。竹を以て之れを為《つく》り、長さは六分。或いは二箸を用う。博昌又六博経一篇を作る。今の世之れを伝う。

語釈 ○陸博　六博。古代に流行した双六に似た盤上ゲーム。対局者が各々六個のこまをもち、六本の箸を使用するために六博とよばれたという。○竇嬰　文帝・景帝・武帝時代の学者・政治家（?—前一三一）。魏其侯。文帝の皇后竇太后の従兄弟の子、字は王孫。観津（現河北省武邑の東南）の人。儒学を好み、武帝即位後、丞相となったが、竇太后の怒りに触れて免職、のちに棄市（市場で公開される処刑）された。○方・張・屈・玄・高　いずれも六博のゲーム盤（博局）上の位置を示す用語で、方は博局の四隅、張は四個所ある「水の領域」（ここにこまが入ると特典があたえられる）、屈は窟の意味で博局の四辺の中央、玄・高は博局の中央部分と考えられるが、詳細は不明。○究　箸の別名で、本来は煢が正しい。また箸を投げる動作をも指す。○箸　六博で使用されるサイコロの一種。別に究（煢）。瓊・蔽などともいい、玉・木・獣骨・象牙などでつくられた。

通釈　許博昌は安陵の人であった。陸博（六博）を得意とした。竇嬰はこれを好み、つねに博昌と寝食をともにした。その六博術の秘訣は、「方の縁辺より道筋を張にとり、張の縁辺より道筋を方にとる。張で究を一投して屈・玄・高にいたり、高・玄・屈で究を一投して張にいたること」であるという。また、「張より道筋を方の縁辺にとり、方の縁辺より道筋を張にとる。張で究を一投して屈・玄・高にいたり、高・玄・屈で究を一投して張にいたること」であるともいう。三輔の子供たちは、皆これを口ずさんだ。六博の一般的なルールでは六本の箸を用いる。この箸を別名は究ともいう。竹でつくり、その長さは六分（約一・四センチメートル）である。あるいは二本の箸をつかうばあいもある。博昌はまた『六博経』という一篇の書物をつくった。これは今でも伝え残されている。

32 高祖與項羽戰於垓下、孔將軍居左、費將軍居右。皆假爲名。

高祖項羽と垓下《がいか》に戦いしとき、孔将軍左に居り、費将軍右に居る。皆仮に名と為す。

語釈　○垓下　地名。現安徽省霊壁の東南。高祖劉邦と項羽の古戦場。○孔将軍・費将軍　張守節『史記正義』高祖本紀は蓼侯孔煕と費侯陳

賀とする。また『漢書』高恵高后文功臣表に蓼夷侯孔聚とあり、顔師古注は孔聚が孔将軍にあたるとする。両将軍ともに高祖の軍に合流して、当時韓信の指揮下にあった。

通釈 高祖が項羽と垓下で戦ったとき、孔将軍は左翼に布陣し、費将軍は右翼に布陣した。そこで二人ともその位置によって仮にそれぞれ左将軍右将軍と名づけられた。

参考 『史記』巻八高祖本紀、『漢書』巻十六高恵高后文功臣表

33 東方生善嘯。毎曼聲長嘯、輒塵落瓦飛。

東方生嘯《しょう》を善くす。曼声《まんせい》長嘯《ちょうしょう》する毎に、輒ち塵《じん》落ち瓦《が》飛ぶ。

語釈 ○嘯　嘯は、賦などの韻文を長く引きのばして吟誦する独特の発声法。

通釈 東方生（東方朔）は嘯が得意であった。その長く引きのばした音声を発するたびに、ほこりが落ち瓦がはねとんだ。

34 京兆有古生者。學從横、揣摩、弄矢、搖丸、樗蒲之術。爲都掾史四十餘年、善諂謾二千石、隨以諧謔、皆握其權要、而得其歡心。趙廣漢爲京兆尹、下車而黜之、終于家。京師至今、俳戲皆稱古掾曹。

京兆に古生《こせい》なる者有り。従横《しょうおう》、揣摩《しま》、弄矢《ろうし》、揺丸《ようがん》、樗蒲《ちょぼ》の術を学ぶ。都掾史《とえんし》と為りて四十余年、善く二千石を諂謾《たまん》し、随《したが》うに諧謔を以てし、皆其の権要を握り、其の歓心を得。趙広漢《ちょうこうかん》京兆尹と為り、下車するや之れを黜《しりぞ》け、家に終わる。京師今に至るも、俳戯は皆古掾曹《こえんそう》と称せらる。

語釈 ○従横　一般には諸子百家の一つで、諸国遊説の外交術を専門とした縦横家。ここでは舌先三寸で人にとりいる弁論術。○揣摩　相手の意図・心情を推察する読心術。○弄矢　矢を使って行う曲戯の一種。○揺丸　複数の玉を空中に投げ上げ、手で受けとめる動作を繰り返す曲戯。たまとり・お手玉。○樗蒲　賭博。樗はぬるでの木、蒲は水辺に生えるがま（ひらがま）。古くはともにその実を賽として使用したことから、賭博のことをこのようにいう。○趙広漢　昭帝・宣帝時代の官僚（?―前六五）。字は子都。涿郡蠡吾（現河北省博野の西南）の人。宣帝のとき、京兆尹となった。人格廉潔で豪族・貴戚に対して峻厳な態度でのぞみ、能吏として知られた。○京兆尹　三輔の行政区の一つ、またはその長官。首都長安を管轄し、豪族・貴戚の多い難治の地域。有能な人材が抜擢されてその長官に就任し、よく治めた者は高官に昇進した。

通釈 京兆尹に古生という者がいた。弁論術や読心術、あるいは弄矢・揺丸のような曲芸や賭博の技術を学んでいた。首都長安の長官の属官となって四十年余り、歴代の京兆尹たちの目をごまかし、おべっかや追従をもって彼らにつきしたがい、すべてその実権をにぎって、その歓心を得ていた。趙広漢が京兆尹となって、その任地に赴任すると古生は即座に罷免され、そのまま自宅でその生涯を終えた。都では今でも〔彼のような〕わざおぎは皆古掾曹とよばれている。

35 婁敬始因虞將軍請見高祖、衣旃衣、披羊裘。虞將軍脫其身上衣服、以衣之。敬曰、敬本衣帛、則衣帛見。敬本衣旃、則衣旃見。今捨旃褐假鮮華、是矯常也。不敢脫羊裘、而衣旃衣以見高祖。

婁敬《ろうけい》始めて虞《ぐ》将軍に因りて高祖に見《まみ》えんことを請いしとき、旃衣《せんい》を衣《き》、羊裘《ようきゅう》を披《まと》う。虞将軍其の身上の衣服を脱ぎて、以て之れに衣せんとす。敬曰く、敬本より帛《はく》を衣れば、則ち帛を衣て見えん。敬本より旃《せん》を衣れば、則ち旃を衣て見えん。今旃褐《せんかつ》を捨てて鮮華を仮りれば、是れ常を矯《いつわ》るなり、と。敢えて羊裘を脱がず、旃衣を衣て以て高祖に見ゆ。

語釈 ○婁敬　劉敬。高祖の臣下（生没年不詳）。斉（現山東省）の人。建信君と号した。都を関中に定めることを献策し、その功によって劉姓を賜った。のちに匈奴との和親締結や各地の富豪の関中徙民などに活躍。

通釈 婁敬ははじめて〔同郷の〕虞将軍に願い出て高祖に謁見することを請うたとき、毛織物の粗末な衣服を着て、羊のかわごろもをはおっていた。そこで虞将軍は自分が着ていた衣服を脱いで、彼に着せようとした。すると婁敬は、「自分はもとから帛の衣服を着ていたならば、それを着て御前に出るでしょう。またもとから毛織物の衣服を着ていたならば、それを着て御前に出るでしょう。今着ている粗末な衣服を捨てて豪華な衣服をお借りするならば、それは本来の自分をいつわることになります」といった。ついに敢えて羊のかわごろもを脱がず、毛織物の衣服を着たまま高祖に謁見した。

参考 『史記』巻九十九劉敬列伝、『漢書』巻四十三婁敬伝

36 會稽人顧翺少失父、事母至孝。母好食雕胡飯。常帥子女、躬自採擷還家。導水、鑿川、自種、供養。毎有嬴儲。家亦近太湖。湖中後自生雕胡、無復餘草。蟲鳥不敢至焉。遂得以爲養。郡縣表其閭舍。

会稽《かいけい》の人顧翺《ここう》少《わか》くして父を失い、母に事えて至孝なり。母雕胡《ちょうこ》飯《はん》を食するを好む。常に子女を帥《ひき》い、躬《みずか》ら採擷《さいけつ》して家に還る。水を導き、川を鑿《うが》ち、自ら種《う》えて、供養《きょうよう》す。毎《つね》に嬴儲《えいちょ》有り。家も亦太湖に近し。湖中後に自《おの》ずから雕胡を生じ、余草を復すること無し。虫鳥敢えては至らず。遂に以て養いを為すを得たり。郡県其の閭舎《りょしゃ》に表す。

語釈 ○雕胡飯　まこもの実でつくった飯。○太湖　湖名。現在の江蘇省と浙江省の二省にまたがる大湖。○閭舎　閭は村の門、舎は家。

通釈 会稽の人顧翺は若いときに父をなくし、残された母親の世話をしていたって孝行であった。その母は雕胡飯を食べるのが好きであった。顧翺はいつも子どもたちをひきつれ、自ら雕胡をつみ取って家にもちかえった。のちに水をひき、川を掘って、自ら雕胡を移植し、それを母の食膳に供した。いつもありあまるほどのたくわえがあった。また家は太湖に近かった。太湖ではのちに雕胡が自生し、それ以外の雑草がふたたびはえることはなかった。害虫や鳥も〔雕胡をついばむために〕近づこうとはしなかった。そのためついに太湖産の雕胡で母を奉養することができるようになった。そこで郡県は顧翺の住んでいる村の門と家に顧翺を称える高札を掲げ〔て、彼の善行を表彰し〕た。

37 齊人劉道强善彈琴、能作單鵠寡鳧之弄。聽者皆悲不能自攝。

斉人劉道強《りゅうどうきょう》善く琴を弾《ひ》き、能く単鵠寡鳧《たんこくかふ》の弄《ろう》を作《な》す。聴く者皆悲しみて自《おの》ずから摂《やす》らかなること能わず。

語釈 ○単鵠寡鳧之弄　琴の曲名。単鵠とは孤独な白鳥。寡鳧とは配偶者を喪ったあひる。配偶者を喪った悲しみを主題とした曲であろう。

通釈 斉の人劉道強はたくみに琴を弾き、見事に「単鵠寡鳧」の曲を演奏した。それを聴く者は皆悲しみ心を安んずることができなかった。

38 趙后有寶琴、曰鳳皇。皆以金玉隱起、爲龍、鳳、螭、鸞、古賢、列女之象。善爲歸風送遠之操。

趙后に宝琴有り、鳳皇と曰う。皆金玉を以て隠起《いんき》とし、竜、鳳、螭《ち》、鸞《らん》、古賢、列女の象を為《つく》る。善く帰風送遠の操を為す。

語釈 ○隠起　もともと道具などの表面に刻み込んだ陰文。ここでは琴の表面に陰文を刻み、そこに黄金と珠玉をはめ込んだもの。象嵌。○列女　烈女。節操堅固で行いの立派な女性。○帰風送遠之操　琴の曲名。なお作者不明の『趙后外伝』に趙后がこの曲を歌ったという記事が見える。

通釈 趙后〔趙飛燕〕は宝琴をもっていたが、それは鳳皇とよばれていた。琴の全体に黄金と珠玉を用いて象嵌がほどこされ、竜・鳳（ほうおう）・螭（みずち）・鸞（ほうおうの一種）・古賢（上古の賢聖）・烈女の姿が表現されていた。〔趙后はその琴で」見事に「帰風送遠」の曲を演奏した。

39 公孫弘以元光五年爲國士所推、尚爲賢良。國人鄒長倩、以其家貧、少自資致、乃解衣裳以衣之、釋所著冠履以與之。又贈以芻一束、素絲一緵、撲滿一枚。書題遺之曰、夫人無幽顯、道在則爲尊。雖生芻之賤也、不能脫落君子。故贈君生芻一束。詩人所謂生芻一束、其人如玉。五絲爲䋈、倍䋈爲升、倍升爲緎、倍緎爲紀、倍紀爲緵、倍緵爲襚。此自少之多、自微至著也。士之立功勳、效名節、亦復如之。勿以小善不足脩而不爲也。故贈君素絲一襚。撲滿者以土爲器、以蓄錢具。其有入竅而無出竅。滿則撲之。土麤物也、錢重貨也。入而不出。積而不散。故撲之。士有聚斂而不能散者。將有撲滿之敗。可不誡歟。故贈君撲滿一枚。猗嗟盛歟。山川阻脩、加以風露。次卿足下、勉作功名。竊在下風、以俟嘉譽。弘荅爛敗不存。

公孫弘元光五年を以て国士の推《お》す所と為り、尚《あ》げられて賢良と為る。国人鄒長倩《すうちょうせん》、其の家の貧しくして、自ら資致《しち》することを少なきを以て、乃ち衣裳を解《と》きて以て之れに衣《き》せ、著《ちゃく》する所の冠履《かんり》を釈《と》きて以て之れに与《あた》う。又贈るに芻《すう》一束、素糸一繸《すい》、撲満《ぼくまん》一枚を以てす。書題して之れに遺《おく》りて曰く、夫れ人に幽顕と無く、道在らば則ち尊しと為す。生芻の賤しきなりと雖も、君子に脱落する能わず。故に君に生芻一束を贈る。詩人謂う所の生芻一束、其の人玉の如し。五糸は䌰《じょう》と為り、䌰を倍すれば升と為り、升を倍すれば緎《し》と為り、緎を倍すれば紀と為り、紀を倍すれば緵《そう》と為り、緵を倍すれば繸《すい》と為る。此れ少なき自《よ》り多きに之《ゆ》き、微《かす》か自り著《あき》らかに至るなり。士の功勲を立て、名節を効《いた》すも、亦復すること之《か》くの如し。小善を以て脩むるに足らずとして為さざる勿かれ。故に君に素糸一繸を贈る。撲満とは土を以て器と為し、以て銭を蓄《たくわ》うる具なり。其れ入るる竅《あな》有りて出《い》だす竅無し。満つれば則ち之れを撲《う》つ。土は麤《そ》物なるも、銭は重貨なり。入れて而も出ださず。積みて而も散ぜず。故に之れを撲つ。士に聚斂《しゅうれん》して散ずる能わざる者有り。将に撲満の敗有らんとす。誡《いまし》めざる可けんや。故に君に撲満一枚を贈る。猗嗟《ああ》盛んなるかな。山川は阻脩《そしゅう》し、加うるに風露を以てす。次卿足下、勉めて功名を作せ。窃《ひそ》かに下風に在りて、以て嘉誉を俟《ま》たん、と。弘の答えは爛敗《らんぱい》して存せず。

語釈　○賢良　前漢の文帝時代から始まった官吏登用制度の一つ。○素糸　白糸。善・悪に染まる素地を暗示する。○生芻　刈り取ったばかりのまぐさ。ここではわずかばかりの贈り物の比喩。『詩経』小雅白駒に「生芻一束、其の人玉の如し」とある。小雅白駒は去っていく賢者を思う詩。この文の賢者とは公孫弘を指す。○䌰・升・緎・紀・緵・繸　いずれも糸の量を表す単位。○次卿　公孫弘に対する尊称。

通釈　公孫弘は元光五年（前一三〇）に王国の士人に推薦され、賢良に指名された。国人の鄒長倩は、公孫弘の家が貧しく、資産が少ないことを知っていたので、自分の衣裳をぬいで公孫弘に着せ、身に着けていた冠や履（くつ）をぬいで公孫弘にあたえた。また芻（まぐさ）一束・素糸（白糸）一繸・撲満（土製の貯金箱）一枚を贈った。〔それらの品目を〕表書きして公孫弘に遺ったが、それには、「人間というものは不遇や顕貴の区別なく、守りしたがうべき道があればそれを尊重するものです。生芻は粗末な一品にすぎませんが、君子にとっては欠くことのできない大切なものです。そこで君に生芻一束を贈ることにします。『詩経』に『贈り物はまぐさ一束にすぎないが、賢者の徳は玉のように美しい』

と歌われている故事によるものです。また糸は五本で一䋌、䋌を二倍すると一升、升を二倍すると一紽、紽を二倍すると一緵、緵を二倍すると一䍁となります。これは少ないものがしだいに多くなり、目に見えないものがしだいに見えるようになる段階を示しています。士たるものが勲功を立て、名を天下にあらわすのも、またこのような積み重ねが大切なのです。小さな善行だからといっておろそかにせず行わなければなりません。そこで君に素糸一䍁を贈るのです。撲満とは土でつくった器で、銭を蓄えるための用具です。撲満には貨幣を入れる穴はありますが出す穴はありません。いっぱいになればこれを撲ちこわすことになります。撲満自体は土でできた粗末なものですが、その中にある銭は貴重なものです。それは銭を入れるばかりで出すことをしません。積みあげるばかりで散財することがありません。だからこれを撲ちこわすことになるのです。それと同様に士の中には税を取りたてるばかりで散財することのできない者がいます。そうすると撲満のように打ちこわされるはめになるでしょう。誡めとしないでよいものでしょうか。そこで君に撲満一つを贈るのです。ああ〔君の前途は〕なんと盛んなことでしょう。しかし山や川が前途を阻み、ときには風や露がふりかかることもあるでしょう。公孫弘殿、はげんで功名をおたて下さい。僭越ですがかげながら見守りつつ、名声を得られることを期待しています」と書かれていた。これに対する公孫弘の返事の部分は腐敗してしまったために存在しない。

40漢朝輿駕、祠甘泉、汾陰、備千乘萬騎。太僕執轡、大將軍陪乘。名爲大駕。司南車、駕四、中道。

辟惡車、駕四、中道。
記道車、駕四、中道。
靖室車、駕四、中道。
象車、鼓吹十三人、中道。
式道候二人、駕一。——左右一人——。
長安都尉四人、騎。——左右各二人——。
長安亭長十人、駕。——左右各五人——。
長安令車、駕三、中道。
京兆掾史三人、駕一。——三分——。
京兆尹車、駕四、中道。
司隸部京兆從事、都部從事、別駕、一車。——三分——。
司隸校尉、駕四、中道。
廷尉、駕四、中道。
太僕、宗正引從事、駕四。——左右——。
太常、光祿、衞尉、駕四。——三分——。
太尉外部都督令史、賊曹屬、倉曹屬、戶曹屬、東曹掾、西曹掾、駕一。——

左右各三――。
太尉、駕四、中道。
太尉舍人、祭酒、駕一。――左右――。
司徒列從、如太尉、王公騎。――令史、持戟吏從各八人、鼓吹一部――。
中護軍、騎、中道。――左右各三行。戟楯、弓矢、鼓吹各一部――。
步兵校尉、長水校尉、駕一。――左右――。
隊、百匹。――左右――。
騎隊、十。――左右各五――。
前軍將軍。――左右各二行。戟楯、刀楯、鼓吹各一部七人――。
射聲、翊軍校尉、駕三。――左右二行。戟楯、刀楯、鼓吹各一部七人――。
驍騎將軍、游擊將軍、駕三。――左右二行。戟楯、刀楯、鼓吹各一部七人
――。
黃門前部鼓吹、左右各一部十三人、駕四。
前黃麾騎、中道。自此分爲八校。――左右各四――。
護駕御史、騎。――左右――。
御史中丞、駕一、中道。

謁者僕射、駕四。
武剛車、駕四、中道。
九斿車、駕四、中道。——斿本或作游——。
雲罕車、駕四、中道。
皮軒車、駕四、中道。
闟戟車、駕四、中道。
鸞旗車、駕四、中道。
建華車、駕四、中道。
虎賁中郎將車、駕二、中道。
護駕尚書郎三人、騎。——三分——。
護駕尚書、三、中道。
相風烏車、駕四、中道。自此分爲十二校。——左右各六——。
殿中御史、騎。——左右——。
典兵中郎、騎、中道。
高華、中道。
畢、罕。——左右——。

御馬。――三分――。

節、十六。――左八、右八――。

華蓋、中道。自此分爲十六校。――左八、右八――。

剛鼓、中道。

金根車。自此分爲二十校。滿道。

左衛將軍。

右衛將軍。

華蓋。――自此後糜爛不存――。


漢朝の輿駕、甘泉、汾陰《ふんいん》を祠《まつ》るに、千乗万騎を備う。太僕轡《くつわ》を執り、大将軍陪乗す。名づけて大駕と為す。

司南車は、四に駕して、中道す。

辟悪《へきあく》車は、四に駕して、中道す。

記道車は、四に駕して、中道す。

靖室車は、四に駕して、中道す。

象車は、鼓吹十三人あり、中道す。

式道候二人は、一に駕す。――左右に一人――。

長安の都尉四人は、騎す。――左右に各々二人――。

長安の亭長十人は、駕す。――左右に各々五人――。

長安令の車は、三に駕して、中道す。

京兆掾史三人は、一に駕す。——三分す——。

京兆尹の車は、四に駕して、中道す。

司隷《しれい》部の京兆従事、都部従事、別駕は、一車なり。——三分す——。

司隷校尉は、四に駕して、中道す。

廷尉は、四に駕して、中道す。

太僕、宗正の引従事は、四に駕す。——左右す——。

太常、光禄、衛尉は、四に駕す。——三分す——。

太尉の外部の都督令史、賊曹の属、倉曹の属、戸曹の属、東曹の掾、西曹の掾は、一に駕す。——左右に各々三——。

太尉は、四に駕して、中道す。

太尉の舎人、祭酒は、一に駕す。——左右す——。

司徒の列従は、太尉、王公の騎の如し。——令史、持戟《じげき》の吏の従うもの、各々八人、鼓吹は一部——。

中護軍は、騎して、中道す。——左右に各々三行。戟楯《げきじゅん》、弓矢、鼓吹は各々一部——。

歩兵校尉、長水校尉は、一に駕す。——左右す——。

隊は、百匹。——左右す——。

騎隊は、十。——左右に各々五——。

前軍将軍。——左右に各々二行。戟楯、刀楯、鼓吹は各々一部七人——。

射声《せきせい》、翊軍《よくぐん》の校尉は、三に駕す。——左右に二行。戟楯、刀楯、鼓吹は各々一部七人——。

驍騎将軍、游撃将軍は、三に駕す。——左右に二行。戟楯、刀楯、鼓吹は各々一部七人——。

黄門前部鼓吹は、左右に各々一部十三人、四に駕す。

前黄麾騎は、中道す。此れより分かちて八校と為る。――左右に各々四――。

護駕御史は、騎す。――左右す――。

御史中丞は、一に駕して、中道す。

謁者僕射《えつしゃぼくや》は、四に駕す。

武剛車は、四に駕して、中道す。

九斿《きゅうゆう》車は、四に駕して、中道す。――斿は本或は游に作る――。

雲罕《うんかん》車は、四に駕して、中道す。

皮軒《ひけん》車は、四に駕して、中道す。

闟戟《きゅうげき》車は、四に駕して、中道す。

鸞旗《らんき》車は、四に駕して、中道す。

建華車は、四に駕して、中道す。

虎賁《こふん》中郎将の車は、二に駕して、中道す。

護駕尚書郎三人は、騎す。――三分す――。

護駕尚書は、三、中道す。

相風烏車は、四に駕し、中道す。此れより分かちて十二校と為る。――左右に各々六――。

殿中御史は、騎す。――左右す――。

典兵中郎は、騎して、中道す。

高華は、中道す。

畢《ひっ》、罕《かん》。――左右す――。

御馬。――三分す――。

節は、十六。——左に八、右に八——。

華蓋《かがい》は、中道す。此れより分かちて十六校と為る。——左に八、右に八——。

剛鼓《ごうこ》は、中道す。

金根車。此れより分かちて二十校と為る。満道。

左衛将軍。

右衛将軍。

華蓋。——此れより後は靡爛《びらん》して存せず——。

語釈 ○甘泉　長安の西南にある離宮。武帝はここに通天台を築いて上帝を親祭した。○汾陰　県名。河東郡に属す。現山西省栄河の北。武帝はここに后土祠を立てて后土を親祭した。○太僕　官名。九卿の一つ。朝廷の車馬・牧畜をつかさどる官。○大駕　天子の出行に随う供揃え（鹵簿）のうちで最も高い格式をもつ行列。ほかに法駕・小駕がある。○司南車　指南車。方角を示す機械を置いて車馬行列を先導する車。○駕四　四頭の馬に繋駕すること。四頭立て。○中道　左・中・右の三列縦隊に編成された車馬行列の中央。○辟悪車　桃弓・葦矢を立てて不祥を祓除する車。○記道車　道路の里程を計測する車。○靖室車　静室車。行幸先の宮室を清浄にする車。○象車　象が挽く車、鼓吹をつかさどる十三人の楽人が座乗する。○式道候　官名。鹵簿の出還に際して宮門の開閉をつかさどる官。○長安都尉　官名。長安の治安をつかさどる武官。○長安亭長　官名。長安城中の市や門に設置された高い物見台（亭）に常駐し、城内の治安を守る役人の長。○長安令　官名。県令。長安県城全域の治安をつかさどる官。○司隷校尉　官名。百官の不正を摘発し、また京師やその近郡の治安をつかさどる官。京兆従事・都部従事・別駕（従事）はその属官。○廷尉　官名。九卿の一つ。裁判・刑罰をつかさどる官。○宗正　官名。九卿の一つ。皇族に関する諸事をつかさどる官。○太常　官名。九卿の一つ。宗廟礼儀をつかさどる官。○光禄　官名。光禄勲。九卿の一つ。宮中に宿衛して宮殿の門戸をつかさどる官。○衛尉　官名。九卿の一つ。宮殿の門衛および屯兵をつかさどる官。○太尉　官名。三公の一つで、武事をつかさどる官。賊曹属・倉曹属・戸曹属・東曹掾・西曹掾はその属官。なお都督は光武帝の建武初年に置かれたとされるが、太尉との関係は不明。○祭酒　官名。学政をつかさどる官。○中護軍　官名。大将軍の幕下で武事をつかさどる官。○歩兵校尉　官名。武帝が置いた八校尉の一つで、上林苑門の屯兵をつかさどる官。○長水校尉　官名。長水・宣曲（現陝西省西安の西南）に駐屯する胡騎（北方遊牧民で漢に帰順した兵卒からなる部隊)をつかさどる官。○前軍将軍　臨時に置かれ、種々の名号が冠せられる雑号将軍の一つ。○射声校尉　官名。弓弩部隊をつかさどる官。○翊軍校尉　官名。武事をつかさどる官。○驍騎将軍・游撃将軍　雑号将軍の一つ。○黄門前部鼓吹　鹵簿の前衛で鼓吹をつかさどる黄門（宦者）の楽人。○黄麾　乗輿を飾る旗幟。○護駕御史　官名。御史中丞の下で、鹵簿の督整をつかさどる官。○御史中丞　官名。御史大夫の次官で、宮中の図籍・秘書を管理し、また非法の糾察をつかさどる官。殿中御史はその属官。○謁者僕射　官名。宮中で賓客の取次を行う謁者台の長官。○武剛車　戦闘に用いる車、戦車。○九斿車　九本のはたあしのある旗幟を立てた車。○雲罕車　旗幟（雲罕）を立てた車。○皮軒車　乗車部の両脇にある軒（衡立）を虎の皮で飾った車。○闟戟車　闟戟（枝のある矛）を置く車。○鸞旗車　鸞（鳳凰の一種）の形に似せた大旗を立てた車。○建華車　天子が狩猟に用いる車。○虎賁中郎将　官名。虎賁郎（皇帝の儀衛をつかさどる武官）を領して宿衛をつかさどる官。○護駕尚書　官名。天子の出猟にさいして乗輿の守護をつかさどる官。護駕尚書郎はその属官。○相風烏車　風の有無や方向を観測する鳥形を立てた車。○典兵中郎　官名。兵事をつかさどる官。○高華　華は蓋の誤りか。畢を左に罕を右に立てて飾りとした車。○畢・罕　畢と罕はいずれも長い柄のついた網。旌旗の名称。○華蓋　蓋に華の装飾をほどこした車。○剛鼓　剛鼓（はがねのつづみ）をかかげた車。○金根車　黄金の装飾をほどこし、天子が座乗する六頭立ての御車。○左衛将軍・右衛将軍　官名。京師の兵衛をつかさどる官。

通釈　省略

参考　『独断』巻下、『続漢書』輿服志上、『晉書』巻二十五輿服志

41 元光元年七月、京師雨雹。鮑敞問董仲舒曰、雹何物也。何氣而生之。仲舒曰、陰氣脅陽氣。天地之氣陰陽相半。和氣周廻朝夕不息。陽德用事則和氣皆陽。

建巳之月是也。故謂之正陽之月。陰徳用事則和氣皆陰。建亥之月是也。故謂之正陰之月。

元光元年七月、京師雹《ひょう》を雨《ふ》らす。鮑敞《ほうしょう》董仲舒に問いて曰く、雹とは何物ぞや。何《いず》れの気に而《よ》りて之れを生ずるや、と。仲舒曰く、陰気陽気を脅《おびや》かせばなり。天地の気は陰陽相《あい》半ばす。和気は周廻して朝夕息《や》まず。陽徳事を用うれば則ち和気は皆陽なり。建巳《けんし》の月是れなり。故に之れを正陽の月と謂う。陰徳事を用うれば則ち和気は皆陰なり。建亥《けんがい》の月是れなり。故に之れを正陰の月と謂う。

語釈 ○和気　陰陽二気が和合し調和した気。○建巳之月　建とは北斗七星の斗柄が特定の方向を指し示すこと。建巳之月とは北斗七星の斗柄が薄暮のころ、巳すなわち南南東の方向を指し示す旧暦四月。○正陽之月　陽気が最も盛んな旧暦四月。なお正は主の意。○建亥之月　北斗七星の斗柄が薄暮のころ、亥すなわち北北西の方向を指し示す旧暦十月。○正陰之月　陰気が最も盛んな旧暦十月。

通釈 武帝の元光元年（前一三四）七月、都に雹がふった。鮑敞が董仲舒に、「雹とはどのようなものですか。どのような気がそれを生みだすのですか」と質問した。董仲舒は、「それは陰の気が陽の気を損ない妨げるために生じるのです。天地に満ちている気は陰と陽という二つの等量の気から成立っています。〔それらが和合し調和して生じた〕和気はめぐりめぐっていつも止まることがありません。陽の力が盛んになると和気はすべてが陽となります。建巳の月がそれです。ゆえに建巳の月を正陽の月とよぶのです。陰の力が盛んになると和気はすべてが陰となります。建亥の月がそれです。ゆえに建亥の月を正陰の月とよぶのです」と答えた。

参考 『漢書』巻二十七中之下五行志中之下

42 十月、陰雖用事、而陰不孤立。此月純陰疑於無陽。故謂之陽月。詩人所謂日月陽止者也。四月、陽雖用事、而陽不獨存。此月純陽疑於無陰。故亦謂之陰月。

十月、陰事を用うると雖も、而れども陰は孤立せず。此の月純陰にして陽無きに疑《まぎら》わし。故に之れを陽月と謂う。詩に人の謂う所の日月陽止なる者なり。四月、陽事を用うると雖も、而れども陽は独り存せず。此の月純陽にして陰無きに疑わし。故に亦之れを陰月と謂う。

語釈 ○陽月 「純陰」が勢力をもつ「正陰之月」であるが、すでに陽気も兆しはじめている旧暦十月の別名。○日月陽止 出典は『詩経』小雅鹿鳴之什。陽は旧暦十月。止は調子をととのえる助字。月日が経過して、歳の暮れの十月になってしまった、という意味の詩句。○陰月 「純陽」が勢力をもつ「正陽之月」であるが、すでに陰気が兆しはじめている旧暦四月の別名。

通釈 「十月は、陰が盛んであるとはいえ、しかし陰だけが単独で存在しているわけではありません。この月は純粋な陰〔が盛んな月〕であり、陽が存在しないかのようです〔が実際には陽が兆しています〕。ゆえにこれを陽月とよぶのです。『詩経』で人が『日月陽なり』という陽がそれです。四月は、陽が盛んであるとはいえ、しかし陽だけが単独で存在しているわけではありません。この月は純粋な陽〔が盛んな月〕であり、陰が存在しないかのようです〔が実際には陰が兆しています〕。ゆえにまたこれを陰月とよぶのです」。

43 自十月已後、陽氣始生於地下漸苒流散。故言息也。陰氣轉收。故言消也。日夜滋生遂至四月、純陽用事。自四月已後、陰氣始生於天上漸苒流散。故云息也。陽氣轉收。故言消也。日夜滋生遂至十月、純陰用事。

十月自り已後、陽気始めて地下に生じ漸苒《ぜんぜん》流散す。故に息と言うなり。陰気は転収《てんしゅう》す。故に消と言うなり。日夜滋生して遂に四月に至り、純陽事を用う。四月自り已後、陰気始めて天上に生じ漸苒流散す。故に息と云うなり。陽気は転収す。故に消と言うなり。日夜滋生して遂に十月に至り、純陰事を用う。

通釈 「十月以後、陽気は始めて地下に生じてしだいに広がっていきます。ゆえに息というのです。陰気は衰退していきます。ゆえに消というのです。日夜成長してついに四月に至り、純粋な陽が盛んになります。四月以後、陰気は始めて天上に生じてしだいに広がっていきます。ゆえに息というのです。陽気は衰退していきます。ゆえに消というのです。日夜成長してついに十月に至り、純粋な陰が盛んになります」。

44 二月八月陰陽正等無多少也。以此推移、無有差慝。

二月八月は陰陽正等にして多少無きなり。此れを以て推移し、差慝《さとく》有る無し。

通釈 「二月と八月は陰と陽とがちょうど勢力を等しくして強弱がありません。〔陰陽の交替というものは〕以上のような過程を経て推移し、くいちがうことがないのです」。

45 運動抑揚更相動薄、則熏蒿歊蒸而風、雲、雨、霧、雷、電、雪、雹生焉。氣上薄爲雨、下薄爲霧。風其噫也。雲其氣也。雷其相擊之聲也。電其相擊之光也。

運動抑揚して更々《こもごも》相《あい》動薄すれば、則ち熏蒿歊蒸《くんこうきょうじょう》して風、雲、雨、霧、雷、電、雪、雹生ず。気上に薄《いた》れば雨と為り、下に薄れば霧と為る。風は其の噫《あい》なり。雲は其の気なり。雷は其の相《あい》撃つの声なり。電は其の相撃つの光なり。

語釈　○動薄　薄は迫に通じ、近づくこと。○熏蒿歊蒸　蒿は歊の仮借。熏・歊・蒸は気が上昇すること。

通釈　「〔陰陽二気が〕運動し上下して互いに接近すると、上昇して風・雲・雨・霧・雷鳴・稲妻・雪・雹が生じます。〔陰陽二〕気が上空の高い所に達すれば雨になり、地上に近く低い所に止《とど》まれば霧になります。風は陰陽二気が吐き出す息です。雲はそれらが生み出す気です。雷鳴は陰陽二気がぶつかりあって発する声です。稲妻は陰陽二気がぶつかりあって発する光です」。

46 二氣之初蒸也、若有若無。若實若虛。若方若圓。攢聚相合、其體稍重。故雨乘虛而墜。風多則合速。故雨大而疎。風少則合遲。故雨細而密。其寒月則雨凝於上。體尙輕微而因風相襲。故成雪焉。寒有高下。上暖下寒則上合爲大雨、下凝爲冰。霰雪是也。雹霰之流也。陰氣暴上、雨則凝結成雹焉。

二気の初めて蒸すや、有るが若《ごと》く無きが若し。実《み》つるが若く虚《むな》しきが若し。方なるが若く円なるが若し。攢聚《さんしゅう》して相《あい》合するや、其の体稍《やや》重し。故に雨は虚に乗じて墜《お》つ。風多ければ則ち合すること速《すみ》やかなり。故に雨は大にして疎《そ》なり。風少なければ則ち合すること遅し。故に雨は細にして密なり。其れ寒月なれば則ち雨は上に凝《こお》る。体は尚軽微にして風に因りて相襲《かさ》ぬ。故に雪と成る。寒に高下有り。上暖にして下寒なれば則ち上に合して大雨と為り、下に凝れば氷《こおり》と為る。霰雪《さんせつ》是れなり。雹は霰の流《たぐ》いなるや。陰気上に暴《さか》んなれば、雨則ち凝結して雹と成る。

通釈 「陰陽二気が上空に昇った当初は、あるかなきかのような状態です。実と虚がまちまちの状態です。方と円のさだかでない状態です。〔しかしやがて〕群がり集まって合体すると、それは次第に重くなります。それゆえ雨は〔上空の〕何もない所をくぐりぬけて降ってくるのです。〔陰陽二気が合体して雨が生じるばあい〕風が強いと〔二気は〕速やかに合体します。ゆえに雨は大粒になるのです。風が弱いとなかなか合体しません。ゆえに雨は霧雨となるのです。〔冬の〕寒い月には雨は上空で凍ります。その形態はなお軽くて微小なので風に吹かれてぶつかりあって大きくなっていきます。ゆえに雪になるのです。寒さには高度による差があります。空の上層は温暖で、下層は寒冷なので上層で〔陰陽二気が〕合体すると大粒の雨になり、下層で凍ると氷になります。霰や雪がそれです。〔ところで〕雹は霰と同じようなものでしょうか。陰気が上層で勢力を振うと、雨が凍って雹になるのです〔から雹は、霰とは別のものです〕」。

参考　『漢書』巻二十七中之下五行志中之下

47 太平之世則風不鳴條、開甲散萌而已。雨不破塊、潤葉津莖而已。雷不驚人、號令啓發而已。電不眩目、宣示光耀而已。霧不塞望、浸淫被泊而已。雪不封條、凌殄毒害而已。雲則五色而爲慶、三色而成矞。露則結味而成甘、結潤而成膏。此聖人之在上則陰陽和、風雨時也。政多紕繆則陰陽不調、風發屋、雨溢河、雪至牛目、雹殺驢馬。此皆陰陽相蕩而爲祲沴之妖也。

太平の世なれば則ち風は条《えだ》を鳴らさず、甲《かわ》を開きて萌《め》を散《はな》つのみ。雨は塊を破らず、葉を潤し茎を津《うるお》すのみ。雷は人を驚かさず、号令して啓発するのみ。電は目を眩《くら》まさず、宣示して光耀するのみ。霧は望を塞《ふさ》がず、浸淫《しんいん》して被泊《ひはく》するのみ。雪は条を封ぜず、毒害を凌殄《りょうてん》するのみ。雲なれば則ち五色にして慶と為り、三色にして矞《いつ》と成る。露なれば則ち味を結《まじ》えて甘と成り、潤を結えて膏《こう》と成る。此れ聖人の上に在れば則ち陰陽和して、風雨に時あるなり。政に紕《ひ》繆《びゅう》多ければ則ち陰陽調《ととの》わず、風は屋を発《あば》き、雨は河に溢《あふ》れ、雪は牛目に至り、雹は驢馬を殺す。此れ皆陰陽相蕩《あいやぶ》りて祲沴《しんれい》と為るの妖なり、と。

語釈　○被泊　覆いつづけること。なお『太平御覧』巻十五は披薄につくり、薄く広がること。○凌殄　死滅させること。なお『太平御覧』巻十二、『芸文類聚』巻二天部下は凌弭につくり、抑制すること。○慶　慶雲、五色の雲。瑞祥の一種。○矞　矞雲、二色もしくは三色の雲。瑞祥の一種。一説に外側が赤く内側が青い雲。○甘・膏　甘露と膏露。太平の世に降るとされる瑞祥。○祲沴　祲は災いをおこす気。

通釈　「太平の世の中であれば風は小枝を鳴らすほど吹き荒れることはなく、ただ木の芽をおおった皮を開き芽生えさせるだけです。雨は土のかたまりを砕くほど強く降ることはなく、ただ葉や茎を潤すだけです。雷鳴は人々を驚かすことはなく、鳴りひびいて〔冬のあいだ眠っていた万物を〕目覚めさせるだけです。稲妻は目を眩ませることはなく、隈なく照らし出し光り燿くだけです。霧は視界を閉ざすことはなく、〔万物を〕しだいに潤し覆うだけです。雪は小枝を埋もれさせることはなく、害虫などを死滅させるだけです。雲のばあいは五色であれば慶雲となり、三色であれば矞雲となります。露のばあいは味を加えて甘露となり、潤いを加えて膏露となります。これらは聖人が政治を担当する高い地位についているために陰陽が調和して、風や雨が時宜を得た結果〔生じる瑞祥〕なのです。〔一方〕政治に誤謬が多いと陰陽は調和せず、風は屋根を吹き飛ばすほど吹き荒れ、雨は河が溢れるほど降り、雪は牛の目の高さほど積もり、雹は驢馬を殺すほど降るのです。これらは皆陰陽が相互に悪影響をおよぼし合い悪気となった結果起こるわざわいなのです」。

48 敞曰、四月無陰、十月無陽。何以明陰不孤立、陽不獨存邪。仲舒曰、陰陽雖異、而所資一氣也。陽用事、此則氣爲陽、陰用事、此則氣爲陰。陰陽之時雖異、而二體常存。

歆曰く、四月に陰無く、十月に陽無し。何を以て陰の孤立せず、陽の独存せざるを明らかにするや、と。仲舒曰く、陰陽異なると雖も、資する所は一気なり。陽事を用うるは、此れ則ち気陽為《た》り、陰事を用うるは、此れ則ち気陰為り。陰陽の時は異なると雖も、而も二体は常に存す。

通釈 鮑歆が、「四月には陰が存在せず、十月には陽が存在しません。何によって陰が単独で存在せず、陽が単独で存在しないことを証明するのですか」とたずねた。董仲舒は、「陰と陽とは別々のものですが、もとになるものは一つの気です。陽の力が盛んであるということは、気が陽の状態にあるということであり、陰の力が盛んであるということは、気が陰の状態にあるということです。陰や陽が盛んである時期は異なっていますが、両者はつねに併存しているのです」と答えた。

49 猶如一鼎之水、而未加火純陰也。加火極熱純陽也。純陽則無陰氣、息火水寒則更陰矣。純陰則無陽氣、加火水熱則更陽矣。

猶《なお》一鼎《てい》の水の如くして、未だ火を加えざれば純陰なり。火を加うれば極熱にして純陽なり。純陽なれば則ち陰気無きも、火を息《や》め水寒《ひ》ゆれば則ち更《あらた》めて陰たり。純陰なれば則ち陽気無きも、火を加え水熱すれば則ち更めて陽たり。

通釈 「それはちょうど一つの鼎の中の水のようなものであって、火で熱しなければ純粋な陰です。〔しかし〕火で熱すれば沸騰して純粋な陽になるのです。純粋な陽であるときには陰気は存在しませんが、火を消して水が冷えるとまた陰になります。純粋な陰であるときには陽気は存在しませんが、火で熱して水が熱くなるとまた陽になるのです」。

50 然則建巳之月爲純陽、不容都無復陰也。但是陽家用事、陽氣之極耳。薺麥枯由陰殺也。建亥之月爲純陰、不容都無復陽也。但是陰家用事、陰氣之極耳。薺麥始生由陽升也。其著者、葶藶死於盛夏、款冬華於嚴寒。

然らば則ち建巳の月は純陽為《な》るも、都《すべ》てを容れずんば復た陰無きなり。但だ是れ陽家事を用い、陽気の極なるのみ。薺麦《せいばく》枯るるは陰の殺《か》らすに由るなり。建亥の月は純陰為るも、都《すべ》てを容れずんば復た陽無きなり。但だ是れ陰家事を用い、陰気の極なるのみ。薺麦始めて生ずるは陽の升《みの》らすに由るなり。其の著《あき》らかなるは、葶藶《ていれき》盛夏に死《か》れ、款冬《かんとう》厳寒に華《しげ》る。

語釈 ○葶藶　いぬなずな。なずなに似ているが食用にならないためにこの名がある。

通釈 「そのようなわけで建巳の月（四月）は純粋な陽〔が盛んな月〕ですが、その中に陰を含んでいなければ再び陰が盛んになることはないはずです。建巳の月は陽が盛んな月であり、陽気の極盛期であるだけなのです。〔建巳の月に〕薺（なずな）や麦が枯れるのは陰がそれらを枯らすためなのです。建亥の月（十月）は純粋な陰〔が盛んな月〕ですが、その中に陽を含んでいなければ再び陽が盛んになることはないはずです。建亥の月は陰が盛んな月であり、陰気の極盛期であるだけなのです。薺や麦が始めて芽生えるのは陽がそれらを芽吹かせるためなのです。以上のことを示す最も著しい例は、いぬなずなが夏の盛りに枯れ、ふきが厳冬の時期に成長するということです」。

参考 『淮南子』巻三天文訓

51 水極陰而有溫泉、火至陽而有涼焰。此知陰不得無陽、陽不容都無陰也。

水も極陰にして温泉有り、火も至陽にして涼焰有り。此れ陰の陽無きを得ず、陽都《すべ》てを容れずんば陰無きを知るなり、と。

通釈 「水は陰の極みですが温かい泉というものがあり、火は陽の極みですが青白い焰というものがあるのです。これらによって陰が陽を内包せざるを得ないことや、陽が陰を含んでいなければ陰が存在しなくなってしまうことがわかるのです」。

52 敞曰、然則冬雪必暖、夏雨必涼何也。曰、冬氣多寒、陽氣自上躋。故人得其暖、而上蒸成雪矣。夏氣多暖、陰氣自下昇。故人得其涼、而上蒸成雨矣。

敞曰く、然らば則ち冬雪は必ず暖かく、夏雨は必ず涼しきは何ぞや、と。曰く、冬は気に寒多く、陽気上自《よ》り隮《くだ》る。故に人は其の暖を得て、上蒸して雪を成す。夏は気に暖多く、陰気下自り昇る。故に人は其の涼を得て、上蒸して雨を成す、と。

通釈 鮑敞が、「それでは冬に雪が降ると必ず暖かく、夏に雨が降ると必ず涼しいのはなぜですか」とたずねた。董仲舒は、「冬には寒気が多いので、〔それを調和させるために〕陽気が上空から下降してきます。そのために人々は陽気の暖かさを得ることができるのであり、〔それと入れ代わりに寒気が〕上昇して雪を形成するのです。夏には暖気が多いので、〔それを調和させるために〕陰気が地下から立ち昇ってきます。そのために人々は陰気の涼しさを得ることができるのであり、〔それと入れ代わりに暖気が〕上昇して雨を形成するのです」と答えた。

53 敞曰、雨既陰陽相蒸。四月純陽、十月純陰。斯則無二氣相薄。則不雨乎。曰、純陽、純陰雖在四月、十月、但月中之一日耳。敞曰、月中何日。曰、純陽用事未夏至一日、純陰用事未冬至一日。朔旦夏至冬至其正氣也。敞曰、然則未至一日其不雨乎。曰、然。頗有之則妖也。和氣之中、自生災沴、能使陰陽改節暖涼失度。敞曰、災沴之氣其常存邪。曰、無也。時生耳。猶乎人四支五藏中也。有時及其病也、四支五藏皆病也。敞遷延負牆、俛揖而退。

敞曰く、雨ふるは既に陰陽相《あい》蒸すなり。四月は純陽、十月は純陰なり。斯《か》くなれば則ち二気相薄《いた》ること無し。則ち雨ふらざるか、と。曰く、純陽、純陰は四月、十月に在ると雖も、但だ月中の一日なるのみ、と。敞曰く、月中の何《いず》れの日なるか、と。曰く、純陽事を用うるは未だ夏至ならざるの一日、純陰事を用うるは未だ冬至ならざるの一日なり。朔旦の夏至冬至は其れ正気なり、と。敞曰く、然らば則ち未だ至《し》ならざるの一日には其れ雨降らざるか、と。曰く、然り。頗る之れ有るは則ち妖なり。和気の中、自《おの》ずから災沴を生ずるは、能く陰陽をして暖涼の度を失うを改節せしむ、と。敞曰く、災沴の気は其れ常に存するか、と。曰く、無きなり。時に生ずるのみ。猶《なお》人の四支五蔵中に乎《お》けるがごときなり。有時其の病むに及ぶや、四支五蔵皆病むなり、と。敞遷延《せんえん》して負牆《ふしょう》し、俛揖《べんゆう》して退《しりぞ》けり。

語釈　○朔旦夏至冬至　朔旦冬至とは十一月の朔日、すなわち一日の朝が冬至に当たること。気が本来の正しい状態であることの証拠であり、めでたい現象とされた。朔旦夏至については用例が見当たらないが、朔旦冬至から類推すると五月一日の朝が夏至に当たるか。○未至一日　夏至と冬至の前日、すなわち四月と十月の末日を指すか。○四支五蔵　四肢と五臓。すなわち手足および肝臓・心臓・脾臓・肺臓・腎臓。○負牆　壁を背にして立つこと。相手に対する敬意を表す礼。○俛揖　俛はかがむ。揖は両手を胸の前で組み合わせてそれを上下もしくは前後させ、相手に対して敬意を表す礼。

通釈　鮑敞が、「降水は陰陽二気がともに上昇した結果起こる現象です。〔しかし〕四月は純粋な陽が盛んな月であり、十月は純粋な陰〔が盛んな月〕です。したがって〔四月と十月には〕陰陽二気が接近する〔ために雨・雪・霰・雹などを形成する〕ことはないはずです。〔四月と十月には〕降水という現象は起こらないのでしょうか」とたずねた。〔董仲舒は〕「純粋な陽と、純粋な陰〔が盛んな時期〕はそれぞれ四月・十月にありますが、それは月のうちの一日だけです」と答えた。鮑敞が、「それはいつですか」とたずねた。〔董仲舒は〕「純粋な陽が盛んになるのは夏至の前の日であり、純粋な陰が盛んになるのは冬至の前の一日です。〔五月〕一日の朝が夏至に当たり〔十一月〕一日の朝が冬至に当たることは気が本来の正しい状態であるしるしです」と答えた。鮑敞が、「そうすると夏至と冬至の前日には降水という現象は起こらないことになるのですか」とたずねた。〔董仲舒は〕「そうです。もしもひどい降水があるとすればそれは凶事が起こる兆しなのです。気が調和しているのに、災いをひき起こす悪気が自然に生じたばあいには、陰陽によって寒暖の変調を正すことができます」と答えた。鮑敞が、「悪気はいつでも存在しているのですか」とたずねた。〔董仲舒は〕「いいえ。時々生じるだけです。それはちょうど人間の四肢や五臓に似ています。たまたま病気が生じると、体全体が病気になる〔ように、悪気が生じるとさまざまな異変が起こる〕のです」と答えた。〔質問を終えた〕鮑敞は退いて壁を背にして立ち、両手を胸の前に組み合わせる拝礼をしたのちに立ち去った。

54

武帝時、郭舍人善投壺。以竹爲矢、不用棘也。古之投壺、取中而不求還。故實小豆於中、惡其矢躍而出也。郭舍人則激矢令還、一矢百餘反。謂之爲驍。言如博之掔梟於掌中、爲驍傑也。每爲武帝投壺、輒賜金帛。

武帝の時、郭舎人投壺《かくしゃじんとうこ》を善くす。竹を以て矢を為《つく》り、棘《きょく》を用いざるなり。古《いにしえ》の投壺、中《あた》るを取りて還《かえ》るを求めず。故に小豆を中に実《み》たし、其の矢の躍りて出《い》づるを悪《にく》むなり。郭舎人則ち矢を激《う》ちて還らしむること、一矢にして百余反。之れを謂いて驍《ぎょう》と為す。博《はく》の梟《きょう》を掌中に掔《も》つや、驍傑と為るが如きを言うなり。武帝の為に投壺する毎《ごと》に、輒ち金帛を賜る。

語釈 ○郭舎人　武帝時代の倡優（生没年不詳）。舎人は皇帝側近の官名。○投壺　もと古礼の一つで、宴会の席で壺の中に矢を投げ入れて勝負をする遊戯。○棘　なつめ。『礼記』投壺には矢の材料として柘（山桑）や棘が使用されたとある。棘は重くて堅く、はね返らせることが難しいので、軽くて弾力性のある竹を選択した。○梟　六博のこまの一つ。強力なこまとされる。○驍傑　驍はつよく、傑はすぐれること。強力なこま。勝負手。

通釈　武帝のとき、郭舎人は投壺の技に秀《ひい》でていた。竹で矢をつくり、棘を〔矢の材料として〕使用することはしなかった。むかしの投壺は、ただ矢を壺に投げ入れるだけではね返ってくることまでは必要としなかった。そこで小さな豆を壺の中に満たし、矢が飛び出してくることをきらったのである。しかし郭舎人のばあいは〔豆を壺の中に入れないで〕一本の矢を打ち込んではね返らせることが、連続して百回あまりにもおよんだ。これを驍とよんだ。六博の遊戯で梟（強力なこま）を手にもつと、驍傑となるのと同じことをいうのである。彼は武帝に投壺の技を披露するたびに、黄金や絹を下賜された。

55　武帝以象牙爲簟、賜李夫人。

武帝象牙を以て簟《てん》を為《つく》り、李夫人に賜う。

通釈　武帝は象牙で簟（竹や葦で編んだござ）をつくって、〔寵妃の〕李夫人に賜与した。

56 賈誼在長沙、鵩鳥集其承塵。長沙俗以鵩鳥至人家、主人死。誼作鵩鳥賦、齊死生、等榮辱、以遣憂纍焉。

賈誼《かぎ》長沙に在りしとき、鵩鳥《ふくちょう》其の承塵《しょうじん》に集《とま》る。長沙の俗に鵩鳥の人家に至るを以て、主人死す、と。誼鵩鳥賦を作り、死生を斉《ひと》しく、栄辱を等しくして、以て憂累を遣《や》る。

語釈 ○長沙　王国名。現湖南省の東半部。○鵩鳥　ふくろうに似た鳥で、不吉の象徴とされた。○承塵　室内の座席の上に設けるおおい。ごみよけ。○鵩鳥賦　賈誼が長沙に左遷されていたとき、不遇を嘆いてつくった賦。

通釈 賈誼が〔長沙王の太傅に左遷されて〕長沙にいたとき、鵩鳥が賈誼の住居の承塵にとまった。長沙の習俗では「鵩鳥が人の住み家にやってくると、その家の主人は死ぬ」といわれていた。賈誼は「鵩鳥賦」をつくって、もともと死と生とはひとしく、また栄達と屈辱も対等に存在するものと諦観し、憂いが重なり深まるのをなぐさめた。

参考 『史記』巻八十四賈生列伝、『漢書』巻四十八賈誼伝、『文選』巻十三鵩鳥賦

57 李廣與兄弟共獵於冥山之北。見臥虎焉、射之一矢卽斃。斷其髑髏以爲枕。示服猛也。鑄銅、象其形爲溲器。示厭辱之也。他日復獵於冥山之陽。又見臥虎、射之沒矢飲羽。進而視之乃石也。其形類虎。退而更射、鏃破簳折而石不傷。

余嘗以問揚子雲。子雲曰、至誠則金石爲開。余應之曰、昔人有遊東海者。既而風惡船漂、不能制。船隨風浪、莫知所之。一日一夜、得至一孤洲。共侶、歡然下石、植纜、登洲煮食。食未熟而洲沒。在船者、斫斷其纜、船復漂蕩。向者孤洲乃大魚。奮鬐、揚鬣、吸波、吐浪而去。疾如風雲。在洲上死者十餘人。又余所知陳縞、質木人也。入終南山、采薪還。晚趨舍未至、見張丞相墓前石馬、謂爲鹿也。卽以斧撾之、斧缺櫟折、石馬不傷。此二者亦至誠也、卒有沈溺缺斧之事。何金石之所感偏乎。子雲無以應余。

李広兄弟と共に冥山《めいざん》の北に猟《かり》す。臥虎《がこ》を見、之れを射るに一矢にして即ち斃《たお》る。其の髑髏《どくろ》を断ちて以て枕を為《つく》る。猛を服するを示すなり。銅を鋳《い》、其の形を象《かたど》りて溲器《しゅき》を為る。之れを厭辱《ようじょく》するを示すなり。他日復た冥山の陽《みなみ》に猟す。又臥虎を見、之れを射るに矢を没して羽を飲む。進みて之れを視れば乃ち石なり。其の形は虎に類す。退きて更に射るに、鏃《ぞく》破れ簳《やがら》折るるも石傷つかず。余嘗て以て揚子雲に問う。子雲曰く、至誠あれば則ち金石も為に開く、と。余之れに応《こた》えて曰く、昔人の東海に遊ぶ者有り。既にして風悪《あ》しく船漂《ただよ》いて、制する能わず。船は風浪に随いて、之《ゆ》く所を知る莫し。一日一夜にして、一孤洲に至るを得たり。共侶《ともがら》、歓然として石を下し、纜《ともづな》を植《つな》ぎ、洲に登りて食を煮る。食未だ熟さずして洲没せんとす。船に在る者、其の纜を斫断《しゃくだん》するや、船復た漂蕩す。向者《さき》の孤洲は乃ち大魚なり。鬐《き》を奮い、鬣《りょう》を揚げ、波を吸い、浪を吐きて去る。疾《と》きこと風雲の如し。洲の上に在りて死せる者十余人。又余の知る所の陳縞《ちんこう》、質木の人なり。終南山《しゅうなんざん》に入り、薪を采りて還る。晩《おそ》く舎に趨《おもむ》き未だ至らずして、張丞相の墓前の石馬を見、謂《おも》いて鹿と為すなり。即ち斧を以て之れを撾《う》つに、斧缺け櫟《よう》折るるも、石馬傷つかず。此の二者も亦至誠なるも、卒《つい》に沈溺と缺斧の事有り。何ぞ金石の感ずる所の偏《かたよ》るや、と。子雲以て余に応うる無し。

語釈 ○李広　武帝時代の将軍（?―前一一九）。隴西郡成紀（現甘粛省静寧の南）の人。射術にすぐれ、呉楚七国の乱と匈奴討伐に勇名をはせたが、元狩四年（前一一九）の匈奴討伐のさいに、策を誤りその責任を負って軍中で自殺した。○冥山　山名。現河南省信陽の石城山。○溲器　便器。○張丞相　張蒼。前漢初期の功臣（?―前一五二）。陽武（現河南省陽武）の人。文帝時代の丞相。とくに暦算に長じ、漢家の律暦はすべて張蒼を祖としたといわれる。

通釈 李広は兄弟とともに冥山の北麓で狩りをしたことがあった。そのとき彼は伏している虎を見つけ、弓でこれを射たところ、虎は一矢で即死した。李広はその虎の頭骨を切断してそれで枕をつくった。それは勇猛な虎を屈服させたことを誇示するためであった。また銅を鋳て、虎の形をした便器をつくった。それは虎の威勢を押さえ付け辱めたことを誇示するためであった。他日また李広は冥山の南麓で狩りをすることになった。今度も伏した虎が目についたので、それを射たところ矢羽根の部分が深く突き刺さった。近づいてよく見るとそれは石であった。それはまるで虎のような形をしていた。うしろへ下がってもう一度矢を射ると、やじりはくだけ矢柄は折れたが石には傷一つつかなかった。以前私はこれについて揚子雲（揚雄）にたずねたことがあった。すると子雲は、「至誠さえあれば金石さえも割れ開くものです」とこたえた。私はこれに対して、「むかし東方の海上に船出した人々がいました。しばらくすると風がはげしくなり船は漂い出して、一同これを制することもできません。船は風浪にもてあそばれるまま、どこに流されて行くのかもわからないありさまでした。まる一昼夜ほどして、船はようやく一つの孤島にたどりつきました。一同はよろこんで石の錨を下ろし、ともづなをもやい、島に上陸して食事の煮炊きをはじめました。ところがまだ食事ができあがらないうちに島は沈みかけました。船に残っていた者が、ともづなを絶ち切ったので、船は再び漂流しはじめました。先ほどの孤島は実は大きな魚であったのです。大魚は背びれをふるい立て、ひげをふりあげ、波を吸い込み、吐き出しながらいずこともなく立ち去っていきました。そのはやさはまるで風雲のようでした。島の上にいたために死んだ者は十余人にものぼりました。また私の知り合いの陳縞は、質実で素朴な人です。ある日彼は終南山に入って、薪を採って帰路につきました。夕方遅くなって帰り道をいそぐ途中、張丞相（張蒼）の墓前に立っている石馬を見つけ、これを鹿と思い込みました。そこでこれに斧を打ち下ろしたところ、斧は欠け柄は折れてしまいましたが、石馬は傷ひとつつきませんでした。この二つの話はいずれも同じく至誠といえる事柄でありながら、このように海に沈没したり斧が破損したりするという事態にいたりました。どうして同じ金石の感じるところでありながらこのように不公平なのでしょうか」といった。子雲は私にこたえることができなかった。

58 魯恭王得文木一枚、伐以爲器。意甚玩之。中山王爲賦曰、麗木離披、生彼高崖。拂天河而布葉、横日路而擢枝。幼雛羸鷇、單雄寡鵠、紛紜翔集、嘈嗷鳴啼。載重雪而梢勁風。將等歳於二儀。巧匠不識、王子見知。乃命班爾載斧伐斯。隱若天崩、豁如地裂。華葉分披、條枝摧折。既剝既刊、見其文章。或如龍盤虎踞、復似鸞集鳳翔。青緺紫綬、環璧珪璋。重山纍嶂、連波疊浪。奔電屯雲、薄霧濃雰。麏宗驥旅、雞族雉羣。蠋繡鴦錦、蓮藻芰文。色比金而有裕、質參玉而無分。裁爲用器、曲直舒卷。修竹映池、高松植巘。制爲樂器、婉轉蟠紆。鳳將九子、龍導五駒。制爲屏風、鬱弗穹隆。制爲杖几、極麗窮美。制爲枕案、文章璀璨、彪炳煥汗。製爲盤盂、采玩踟跦。猗歟君子、其樂只且。恭王大悅、顧眄而笑、賜駿馬二匹。

魯の恭王文木《ぶんぼく》一枚を得、伐りて以て器を為《つく》る。甚だ之れを玩《もてあそ》ばんと意《おも》う。中山王賦を為りて曰く、麗木離れ披《ひら》きて、彼の高《こう》崖に生《は》ゆ。天河を払いて葉を布《ひろ》げ、日路を横《よ》ぎりて枝を擢《ぬき》んず。幼雛羸轂《ようすうるいこく》、単雄寡鳴《たんゆうかし》、紛紜翔集《ふんうんしょうしゅう》し、嘈嗷鳴啼《そうごうめいてい》す。重雪を載せて梢に勁風《けいふう》あり。将《まさ》に歳を二儀に等しからんとす。巧匠識《し》らざるも、王子見知す。乃ち班爾《はんじ》に命じて斧を載せて斯《こ》れを伐る。隠すること天の崩るるが若く、豁《かつ》すること地の裂《さ》くるが如し。華葉分かれ披き、条枝摧《くだ》け折らる。既に剝ぎ既に判《わか》ち、其の文章を見る。或いは竜の盤《わだかま》り虎の踞《うずくま》るが如く、復た鸞《らん》の集《とま》り鳳の翔《あまが》けるが似《ごと》し。青緺《せいか》紫綬、環璧珪璋《かんぺきけいしょう》。重山累嶂《るいしょう》、連波畳浪《じょうろう》。奔電《ほんでん》屯雲、薄霧濃雰《のうふん》。麏《か》は宗《おもむ》き驥は旅《つら》なり、鶏は族《あつ》まり雉は群れり。蠋繡《しょくしゅう》鴦錦《おうきん》、蓮藻芰文《れんそうきぶん》。色は金に比べて裕かさ有り、質は玉に参《くら》べて分かつ無し。裁《た》ちて用器を為《つく》れば、曲直舒巻《じょかん》す。修竹は池に映え、高松は巘《けん》に植ゆ。制して楽器を為れば、婉転蟠紆《えんてんはんう》す。鳳は九子を将《ひき》い、竜は五駒を導く。制して屏風《へいふう》を為れば、鬱弗穹隆《うつふつきゅうりゅう》す。制して杖几《じょうき》を為れば、麗を極め美を窮む。制して枕案《ちんあん》を為れば、文章璀璨《さいさん》、彪炳《ひょうへい》にして煥汗《かんかん》たり。製して盤盂《ばんう》を為れば、采玩するに踟跦《ちちゅ》す。猗歟《ああ》君子、其れ楽しきかな、と。恭王大いに悦び、顧眄《こべん》して笑い、駿馬二匹を賜う。

語釈 ○文木　きめが細かく水牛の角の色をした木。○中山王　景帝の子。魯の恭王の弟（?—前一一二）。劉勝。酒色を好み国政を顧みなかったとされる。○日路　太陽の通り道。○単雄寡鳴　つがいをなさない雌雄の鳥。鳴は雌と同じ。○紛紜　みだれるさま。○二儀　天と地または陰と陽。両儀。○文章　文は青と赤の模様。章は赤と白の模様。○青緺紫綬　青紫色の平ひも。○環璧珪璋　環は輪状の玉。璧は輪状で環に比べて穴が小さい玉。珪は角のある四角な玉。璋は珪を半分にした玉。○蠋繡鴦錦　蠋（あおむし）のはきだす糸のようなぬいとりと鴦（おしどり）の羽のように美しい絹。○蓮藻芰文　蓮（はす）・藻（も）・芰（ひし）などの水草のような模様。○曲直舒巻　まげることとのばすこと。○婉転蟠紆　まといからまり、声が入りみだれるさま。趣があり種々に変化すること。○鳳将九子、竜導五駒　『古文苑』巻三文木賦の章樵注によれば、この表現は「声音煩雑にして、自然清亮たり」という状態を指す。○鬱弗穹隆　ふさがりくらく、曲がりくねったさま。○璀璨　玉の光。○彪炳煥汗　きらびやかで美しいさま。○盤盂　食物を盛る鉢。○踟蹰　ためらうこと。○只且　句末の語調を整える語。

通釈　魯の恭王（劉余）は一本の文木を得て、それを断ち切って器をつくった。これを愛玩したいという気持ちがつよかった。そこで中山王は賦をつくって、「麗木が充分に生い茂って、あの高い崖に生えていた。天の河をかすめるほど葉をひろげ、太陽の通り道を横ぎるほど枝をのばしていた。幼い雛やかよわいひよこ、つがいをなさない雌雄の鳥が、みだれつつ翔び集まって、かまびすしく鳴いていた。重い雪を載せて梢に強い風がふいていた。まさに樹齢は天地に等しいほどになろうとしていた。巧匠はその存在を識らなかったが、王子の見知るところとなった。昔の班・爾のような名工らに命じて斧を加えて切りたおさせた。たおれゆくさまは天の崩れゆくようであり、ひらけゆくさまは地が裂けゆくようであった。華と葉は分かれさき、条と枝は摧き折られた。このようにして皮を剝ぎけずると、美しい木目があらわれた。竜がうねり虎がうずくまっているかのようであり、鸞がとまり鳳がはばたいているかのようである。青紫色の平ひも、環・璧・珪・璋のような玉。重なりつらなる山や嶂、畳なり連なる波や浪。はしる雷光やたなびく雲、薄い霧や濃い雰。雄鹿は集まり、駿馬は群をなし、鶏雉は群れつどう。あおむしのぬいとりにおしどりの錦、蓮・藻・芰の水草模様。色は金と比べても裕かであり、質は玉にくらべて見劣りがしない。それを裁断して用器をつくると、曲げたりまっすぐにのばしたり自由自在である。長い竹が池に映え、高い松が巘に生えている。裁断して楽器をつくると、まといからまるように音声が入り交じる。それは鳳が九子をひきい、竜が五駒を導くさまににている。裁断して屏風をつくると、くらいかげをつくりながら曲がりくねる。裁断して杖とひじかけをつくると、麗を極め美を窮める。裁断して枕とつくえをつくると、模様は珠のように光り、美しくもえ出るようである。裁断して食物をいれる鉢をつくると、手にとって愛玩するのをためらうほどである。ああ君子よ、なんと楽しいことであろうか」と詠んだ。恭王は大いに悦び、左右を見回して微笑み、駿馬二頭を中山王に賜与した。

参考 『古文苑』巻三章樵注

59 廣川王去疾好聚無賴少年、遊獵畢弋無度。國内冢藏、一皆發掘。余所知爰猛說。其大父爲廣川王中尉。每諫王不聽。病免歸家。說王所發掘冢墓不可勝數。其奇異者百數焉。爲余說十許事。今記之于左。

広川王去疾《きよしつ》は好んで無頼の少年を聚め、遊猟畢弋《ひつよく》すること度《かぎ》り無し。国内の冢蔵《ちようぞう》、一に皆発掘す。余の知る所の爰猛《えんもう》説く。其の大父は広川王の中尉為《た》り。毎《つね》に王を諫むるも聴かず。病もて免ぜられ家に帰る。王の発掘する所の冢墓を説くこと勝《あ》げて数う可からず。其の奇異なる者百もて数う。余が為に十許《ばかり》の事を説く。今之れを左に記す。

語釈 ○広川王去疾　景帝の曾孫、広川王去（?—前七〇）をいうか。広川は王国名。現河北省棗強一帯。前漢の諸侯王の中に広川王去疾の名は見えない。○冢蔵　つかあな・墓の穴。○中尉　官名。前漢では中央で京師の治安維持を担当した中尉と各王国の軍事長官としての中尉とがあった。ここでは後者を指す。

通釈 広川王劉去疾は無頼の少年たちをあつめて、狩猟することを好んだがそれは限度を越していた。また王国内の墓という墓を、皆掘りあばいた。私の知り合いの爰猛はつぎのように語ってくれた。彼の祖父は広川王の中尉であった。いつも王を諫めたが王は聴き入れなかった。病気を理由に官をやめて家に帰った。〔祖父が〕王の掘りあばいた墓について〔爰猛に〕語ったことは数えきれないほどであった。そのうち奇異なものだけでも百を数えるほどであったという。〔爰猛は〕私のためにそのうちの十ばかりの事を語ってくれた。今それを左に記すことにする。

60魏襄王冢、皆以文石爲槨。高八尺許、廣狹容四十人。以手捫槨、滑液如新。中有石牀、石屛風、婉然周正。不見棺柩明器蹤跡。但牀上有玉唾壺一枚、銅劍二枚、金玉雜具、皆如新物。王自取服之。

魏の襄王の冢は、皆文石《ぶんせき》を以て槨を為《つく》る。高さ八尺許《ばかり》にして、広狭四十人を容《い》る。手を以て槨を捫《さぐ》るや、滑液として新しきが如し。中に石牀、石屛風《へいふう》有りて、婉然周正たり。棺柩明器の蹤跡を見ず。但だ牀上に玉唾壺《だこ》一枚、銅剣二枚、金玉の雑具有るのみにして、皆新物の如し。王自《みずか》ら取りて之れを服す。

語釈 ○魏襄王　戦国時代の魏の王（在位前三三四―前三一九）。姫嗣。たびたび秦に敗れ、ついに河西の地を奪われた。○文石　すじめ・あや模様のある石。○明器　死者が生前に用いた器物の模造品。副葬品の一種。

通釈 魏の襄王の冢は、皆あや模様のある美しい石で外棺がつくられていた。その高さは八尺（約一八四センチメートル）ほどもあり、四十人を収容するだけの広さがあった。手で外棺にふれてみると、なめらかにうるおいまるで真新しいもののようであった。その内部には石でつくられた寝台と、石のついたてがあり、きちんと整頓されていた。ひつぎと明器の痕跡は見あたらなかった。ただ寝台の上には玉製のたんつぼ一つ、銅剣二ふり、金玉の雑具が置かれ、それらは皆新品のようであった。〔広川〕王はみずからそれらの品をうばい取って佩用した。

61 哀王冢、以鐵灌其上。穿鑿三日乃開。有黄氣如霧、觸人鼻目、皆辛苦不可入。以兵守之、七日乃歇。初至一戸、無扃鑰。石牀方四尺。牀上有石几。左右各三石人立侍、皆武冠帶劍。復入一戸、石扉有關鑰。叩開見棺柩。黒光照人。刀斫不入、燒鋸截之。乃漆雜兕革爲棺厚數寸、纍積十餘重。力不能開、乃止。復入一戸、亦石扉關鑰。得石牀方七尺、石屏風、銅帳鐫一具。或在牀上、或在地下、似是帳麋朽而銅鐫墮落。牀上石枕一枚。塵埃朏朏甚高、似是衣服。牀左右石婦人各二十、悉皆立侍。或有執巾、櫛、鏡、鑷之象、或有執盤奉食之形。無餘異物。但有鐵鏡百枚。

哀王の冢は、鉄を以て其の上を灌《おお》う。穿鑿《せんさく》すること三日にして乃ち開く。黄気の霧の如きもの有りて、人の鼻目に触れ、皆辛苦して入る可からず。兵を以て之れを守らしめ、七日にして乃ち歇《や》む。初め一戸に至るや、扃鑰《けいやく》無し。石牀の方四尺なるものあり。牀上に石几有り。左右に各々三石人立侍し、皆武冠帯剣す。復た一戸に入るや、石扉に関鑰《かんやく》有り。叩き開くや棺柩を見る。黒く光りて人を照らす。刀もて斫《き》るも入らず、鋸を焼きて之れを截《き》る。乃ち漆もて兕《し》革《かく》を雑《ま》じえて棺を為《つく》ること厚さ数寸、累積すること十余重なり。力もて開く能わず、乃ち止む。復た一戸に入るも、亦石扉に関鑰あり。石牀の方七尺なるもの、石屛風、銅の帳鎝《ちょうこう》一具を得たり。或いは牀上に在り、或いは地下に在り、是れ帳糜朽《びきゅう》し銅鎝堕落するが似《ごと》し。牀上に石枕一枚あり。塵埃《じんあい》朏朏《ひひ》として甚だ高く、是れ衣服の似し。牀の左右に石婦人各々二十、悉く皆立侍す。或いは巾、櫛、鏡、鑷《じょう》を執るの象有り、或いは盤を執り食を奉ずるの形有り。余に異物無し。但だ鉄鏡百枚有るのみ。

語釈　○哀王　戦国時代の魏の王（在位前三一八―前二九六）。襄王の子。勢力を伸ばしつつある秦と和を結んだが、次第に領地を奪われて弱体化した。○扃鑰・関鑰　かんぬきと錠。○兕　水牛に似た獣。その皮革は堅厚で鎧を造るのに用いられた。○帳鎝　とばりの掛けがね。

通釈　哀王の冢は、鉄を溶かしてその上をおおっていた。三日間もかけて穴をうがったすえにようやく開くことができた。霧のような黄気がたちこめ、ひとの鼻や目を刺激し、皆苦しんで入ることができなかった。兵にこれを見守らせたところ、〔黄気は〕七日目にやっと消え失せた。最初の一室にたどりつくと、かんぬきと錠はとりつけられていなかった。〔中には〕一辺が四尺（約九二センチメートル）の石の寝台があった。寝台の上に石のひじかけがあった。左右には各々三人の石人が侍立していたが、皆武官の冠をかぶり剣を帯びていた。つぎの一室に入ると、石の扉にはかんぬきと錠がかけられていた。叩き開けてみると棺柩が目に入った。それは黒く光って人を照らすほどであった。刀で切っても開かないので、鋸を焼いてこれをきり開いた。するとそれは漆で兕革をぬりかためてつくった棺で厚さは数寸、十あまりも重ね合わせてあった。力を入れても開くことができないので、ついに開けるのをあきらめた。つぎの一室に入ると、こんどもまた石の扉にはかんぬきと錠がかけてあった。一辺が七尺（約一六一センチメートル）の石の寝台、石のついたて、銅製の帳鎝ひとそろいを目にすることができた。寝台の上にあったり、地面に散乱しているところをみると、帳が朽ちて銅の帳鎝が落ちてしまったのであろう。寝台の上に石の枕が一つあった。塵埃がうずたかくつもっていて、まるで衣服のようにみえた。寝台の左右には石の婦人各々二十人が、皆侍立していた。巾・櫛・鏡・鑷（髪かざり）をもつすがたや、さらを手にして食べものをささげるすがたのものがあった。そのほかにめずらしい品物はなかった。ただ鉄の鏡が百枚あるだけであった。

62 魏王子且渠冢、甚淺狹、無棺柩。但有石牀廣六尺長一丈、石屏風。牀下悉是雲母。牀上兩尸。一男、一女、皆年二十許、倶東首裸臥。無衣衾。肌膚顔色如生人。鬢、髮、齒、爪亦如生人。王畏懼之、不敢侵近。還擁閉如舊焉。

魏王の子且渠《しょきょ》の冢は、甚だ浅狭にして、棺柩無し。但だ石牀の広さ六尺長さ一丈なるもの、石屏風《へいふう》有るのみ。牀下悉く是れ雲母なり。牀上に両尸あり。一は男、一は女、皆《とも》に年二十許《ばかり》にして、倶に東首して裸臥す。衣衾《いきん》無し。肌膚《きふ》顔色は生人の如し。鬢《びん》、髪《はつ》、歯《し》、爪《そう》も亦生人の如し。王之れを畏懼《いく》し、敢えては侵近せず。還りて擁閉すること旧《もと》の如し。

通釈 魏王の子且渠の冢は、たいへん浅く、狭くて棺柩がなかった。ただ広さ六尺（約一三八センチメートル）長さ一丈（約二・三メートル）の石の寝台と、石のついたてがあるだけであった。寝台の下にはすべて雲母が敷きつめてあった。寝台の上に死体が二体あった。一体は男、一体は女で、二体とも年は同じく二十歳ぐらい、ともに東に頭を向けて裸で横たわっていた。衣服や夜着のたぐいをまとっていなかった。肌のつや・顔色は生きている人のようであった。髪の毛・歯・爪もまた生きている人のようであった。〔広川〕王はこれをおそれて、敢えて近づこうとはしなかった。戻って入り口を閉ざしてもとどおりにした。

63 袁盎冢、以瓦爲棺椁。器物都無、唯有銅鏡一枚。

袁盎の冢は、瓦を以て棺椁を為《つく》る。器物都《すべ》て無く、唯だ銅鏡一枚有るのみ。

語釈 ○袁盎　文帝時代の政治家（?—前一四八）。楚の人。爰盎。斉相・呉相を歴任して太常に就任、直言をもって重用されたが、梁の孝王に怨まれ、その刺客に殺された。○棺椁　ひつぎ。棺は内棺、椁は外棺。

通釈 袁盎の冢は、棺と椁が素焼きの土器によってつくられていた。器物は一切なく、ただ銅鏡が一枚あるだけであった。

64 晉靈公冢、甚瑰壯。四角皆以石爲玃犬、捧燭。石人男女四十餘、皆立侍。棺器無復形兆。尸猶不壞、孔竅中皆有金玉。其餘器物皆朽爛、不可別。唯玉蟾蜍一枚。大如拳。腹空容五合。水光潤如新。王取以爲書滴。

晋の霊公の冢は、甚だ瑰壮《かいそう》なり。四角《よすみ》に皆石を以て玃犬《かくけん》を為《つく》り、燭を捧ぐ。石人の男女四十余り、皆立侍す。棺器は形兆を復する無し。尸は猶《なお》壊《こわ》れず、孔竅《こうきょう》の中に皆金玉有り。其の余の器物は皆朽爛し、別《わか》つ可からず。唯だ玉の蟾蜍《せんじょ》一枚あるのみ。大きさ拳の如し。腹空にして五合を容《い》る。水光潤にして新しきが如し。王取りて以て書滴と為す。

語釈 ○霊公　春秋、晋の君主（在位前六二一—前六〇七）。襄公の子。姫夷皐。暴虐無道で奢侈を好んだ。○玃犬　玃はおおざる。霊獣の一種。○蟾蜍　ひきがえる。○書滴　墨水。またはそれを入れる容器。「王はそれを取って入れ物とした」と解釈することも可能。

通釈 晋の霊公の冢は、たいへん立派であった。その四すみには皆石の霊獣が置いてあり、燭台を捧げもっていた。石人の男女四十人あまりがいて、皆侍立していた。ひつぎなどはあとかたもとどめていなかった。死体はまだくずれておらず、〔耳や口などの身体の〕あなの中には皆金や玉がつめられていた。そのほかの器物は皆朽ち果てていて、判別することができなかった。ただひきがえるの形をした玉製の器物がひとつ残されていた。大きさは拳ぐらいであった。その腹部は空洞になっていて〔水が〕五合（約一〇〇ミリリットル）入っていた。その水は光りうるおいまだ新しいもののようであった。〔広川〕王は〔それを〕取って墨水とした。

65 幽王冢、甚高壮。羨門既開、皆是石堊。撥除丈餘深、乃得雲母。深尺餘見百餘尸。縦横相枕藉皆不朽。唯一男子、餘皆女子。或坐、或臥。亦猶有立者。衣服、形色不異生人。

幽王の冢は、甚だ高壮なり。羨《せん》門既に開けば、皆是れ石堊《せきあ》なり。撥除《はつじょ》すること丈余の深さにして、乃ち雲母を得たり。深さ尺余にして百余尸を見る。縦横に相枕藉《ちんしゃ》して皆朽ちず。唯だ一男子のみにして、余は皆女子なり。或いは坐し、或いは臥す。亦猶《なお》立つる者有り。衣服、形色は生人と異ならず。

語釈 ○幽王　西周最後の王（在位前七八一—前七七一）。姫宮涅。褒姒を溺愛し、犬戎によって国を滅ぼされたことで有名。あるいは幽王は、春秋、晋の君主幽公柳（在位前四四〇—前四二二）を指すか。幽公は淫奔な性格で、盗賊に殺された。○羨門　墓道と墓室の境をなす門。○石堊　石灰・しっくい。○枕籍　互いに枕をするように身体を寄せ合い、重なり合うこと。

通釈　幽王の冢は、たいへん大きく立派であった。墓門が開かれると、〔墓の内部は〕皆石灰で閉ざされていた。それらを取り除いてみると一丈あまりの深さのところで、雲母が見つかった。〔そこから〕深さ一尺（約二三センチメートル）あまりのところに百余体の屍体（かたしろ）を発見した。〔それらは〕縦横に入り乱れ折り重なって皆朽ち果てていなかった。そのうちただ一体のみが男性で、残りは皆女性であった。ある者はすわり、ある者はうつ伏せになっていた。さらに立っている者まであった。衣服や姿かたちは生きている者と変わりなかった。

66 欒書冢、棺柩、明器朽爛無餘。有一白狐、見人驚走。左右逐擊之。不能得傷其左脚。其夕王夢。一丈夫鬚眉盡白、來謂王曰、何故傷吾左脚。乃以杖叩王左脚。王覺、脚腫痛生瘡。至死不差。

欒書の冢は、棺柩、明器朽爛して余無し。一白狐有り、人を見て驚き走る。左右逐《お》いて之れを撃つ。得ること能わざるも其の左脚を傷つく。其の夕べ王夢む。一丈夫の鬚眉《しゅび》尽く白きもの、来りて王に謂いて曰く、何故に吾が左脚を傷つけしや、と。乃ち杖を以て王の左脚を叩く。王覚《めざ》むるや、脚腫《は》れ痛みて瘡《そう》を生ず。死に至るまで差《い》えず。

語釈　○欒書　春秋時代の晋の将軍（?—前五七三）。晋の景公のもとで将軍として斉・楚を破った。のちに失政をつづける厲公を弑殺して悼公を擁立した。

通釈 欒書の冢は、ひつぎ・明器が朽ち果てていてそれ以外に何もなかった。白い狐が一匹いて、人を見て驚いて逃げた。左右の者が追いかけてこれを撃った。捕えることはできなかったがその左脚を傷つけた。その日の夜に〔広川〕王は夢を見た。〔その夢の中で〕鬚（あごひげ）と眉が真っ白な一人の男が、王のもとにやって来て、「どうして私の左脚を傷つけたのか」といった。そして杖で王の左脚を叩いた。王が目覚めたところ、脚が腫れ痛んでできものができていた。そのできものは死ぬまで癒えることはなかった。

67 太掖池中有鳴鶴舟、容與舟、淸曠舟、採菱舟、越女舟。

太掖池の中に鳴鶴舟《めいかくしゅう》、容与舟《ようよ》、清曠舟《せいこう》、採菱舟《さいりょう》、越女舟《えつじょ》有り。

語釈 ○容与　舟車などのゆったりと進むさま。○清曠　きれいでひろびろしたさま。

通釈 太掖池の中には鳴鶴舟・容与舟・清曠舟・採菱舟・越女舟とよばれる舟があった。

参考 『三輔黄図』巻四池沼

68 太掖池西有一小池、名孤樹池。池中有洲。洲上有黏樹一株、六十餘圍。望之、重重如蓋。故取爲名。

太掖池の西に一小池有り、孤樹池《こじゅち》と名づく。池の中に洲有り。洲上に黏樹《でんじゅ》一株有りて、六十余囲なり。之れを望むに、重重として蓋の如し。故に取りて名と為す。

語釈 ○黏樹　黏樹。杉の樹。

通釈 太掖池の西側に一つの小さな池があり、孤樹池と名づけられていた。池の中に洲があった。洲の上に黏樹が一株あって、〔周囲は〕六十余人でかかえるほどの大きさであった。これを遠くから眺めると、木の葉が幾重にも生い茂ってまるでかさのように見えた。そこで孤樹池と名づけたのである。

69 昆明池中有戈船、樓船各數百艘。樓船上建樓櫓、戈船上建戈矛。四角悉垂幡旄、旍葆、麾蓋、照灼涯涘。余少時猶憶見之。

昆明池の中に戈船《かせん》、楼船《ろうせん》各々数百艘有り。楼船の上に楼櫓《ろうろ》を建て、戈船の上に戈矛《かぼう》を建つ。四角《よすみ》に悉く幡旄《はんし》、旍葆《せいほう》、麾蓋《きがい》を垂らし、涯涘《がいし》に照灼す。余少《わか》かりし時猶《なお》之れを見るを憶《おぼ》ゆ。

語釈 ○戈船　戈で武装した軍船。○楼船　水上戦や遊興に用いるやぐら船。○幡旄・旍葆　旄は旌。ともにはたの羽飾り。○涯涘　岸辺。

通釈　昆明池の中には戈船・楼船が各々数百艘あった。楼船の上にはものみやぐらをたて、戈船の上にはほこをたてていた。船のよすみにははたの羽飾り・さしずばた・きぬがさが垂れていて、それらが岸辺に明るく照り映えていた。私が少年のときにもこれをみたことをおぼえている。

参考　『三輔黄図』巻四池沼、『三輔旧事』

70 韓嫣以玳瑁爲牀。

韓嫣玳瑁《かんえんたいまい》を以て牀を為る。

語釈　○玳瑁　海亀の一種。またはそのこうら。

通釈　〔武帝の寵臣であった〕韓嫣は玳瑁で寝台をつくった。

71 漢承周史官、至武帝置太史公。太史公司馬談世爲太史。子遷年十三、使乘傳行天下、求古諸侯史記。續孔氏古文、序世事、作傳百三十卷五十萬字。談死、子遷以世官復爲太史公。位在丞相下。天下上計先上太史公、副上丞相。太史公序事、如古春秋法。司馬氏本古周佚史後也。作景帝本紀、極言其短、及武帝之過。帝怒而削去之。後坐擧李陵陵降匈奴、下遷蠶室。有怨言下獄死。宣帝以其官爲令、行太史公文書事而已。不復用其子孫。

漢は周の史官を承け、武帝に至りて太史公を置く。太史公司馬談世々太史為《た》り。子の遷年十三、使いして乗伝もて天下を行《めぐ》り、古《いにしえ》の諸侯の史記を求む。孔氏の古文を続《つ》ぎ、世事を序し、百三十巻五十万字を作伝す。談死するや、子の遷官を世々にするを以て復た太史公と為る。位は丞相の下に在り。天下の上計は太史公に上《たてまつ》るを先とし、丞相に上るを副とす。太史公事を序するに、古の春秋の法の如くす。司馬氏本は古の周の佚史の後なり。景帝本紀を作るに、其の短を極言し、武帝の過に及ぶ。帝怒りて之れを削去す。後に李陵を挙げて陵の匈奴に降るに坐し、遷を蠶室に下す。怨言有り獄に下りて死す。宣帝其の官を以て令と為し、太史公をして文書の事を行わしむるのみ。復《ふたた》び其の子孫を用いず。

語釈 ○太史　官名。上古の暦官・史官の長。秦漢以降、太常の属官として天文・星暦や宮廷内の諸記録などをつかさどった。司馬談・遷の父子は太史令に在官し、とくに太史公とよばれた。○司馬談　前漢前期の思想家・歴史家（？—前一一〇）。司馬遷の父。太史令の官にあって修史の志をもち、子の遷に『史記』の完成を託した。○乗伝　駅伝に使用される四頭立ての馬車のうち、速度のもっとも遅い乗物。○史記　ここでは各諸侯に仕える史官の残した記録。○上計　毎歳年末に郡国の守・相が官吏に計簿をもたせ、一年の報告のために上京させる制度。○春秋　書名。儒教の経典で五経の一つ。魯国の年代記。魯の史官が残した歴史をもとに孔子が整理編纂したと伝えられる。少ない記述の中に歴史事実に対する深い洞察と厳正な批判が含まれるとされる。○景帝　前漢第六代皇帝（在位前一五七—前一四一）。劉啓。文帝の太子。呉楚七国の乱（前一五四）の危機をのりこえて諸侯王抑制策をすすめ、中央集権化の基礎をつくった。○李陵　武帝時代の武将（？—前七四）。李広の孫。寡兵を率いて匈奴と戦ったが、敗れて捕虜となり、武帝の怒りにふれて一族は誅滅された。匈奴の地で右校王となり帰国せず病没。○蠶室　宮刑に処せられた者を入れる部屋。温かい無風状態の密室。蚕を飼う部屋に似ることからこのようによばれたとされる。なお司馬遷は出獄後に『史記』を完成したのであって、文中にあるように獄中で死亡したのではない。

通釈 漢は周の史官を継承して、武帝のときに太史公を置いた。太史公の司馬談は代々太史の家柄であった。子の遷は十三歳で、使者として駅伝の馬車に乗って天下をめぐり、昔の諸侯の歴史書を求めた。孔氏（孔子）の古文をついで、それ以降の歴史を順序だてて記述し、百三十巻五十万字を著し伝えた。談の死後、子の遷は世襲の官職であることによって同じく太史公をついだ。その位は丞相の下にあった。しかし郡国が毎歳の会計報告を提出するときには太史公に原本を送り、丞相に副本を送った。太史公は歴史を著述するに当たって、上古の『春秋』の筆法にしたがった。司馬氏はもとは周の史官の佚史の子孫であった。景帝本紀をつくったときに、〔遷は景帝の〕短所を極言し、武帝の過失にまで言及した。武帝は怒ってその部分を削除させた。のちに〔遷は〕李陵を推挙して陵が匈奴に降伏した罪に連坐し、〔武帝は〕遷を蠶室に下した。〔遷は〕怨みごとをのべて獄に下されて死んだ。宣帝はその職をつかさどる官を〔太史〕令となし、太史公には文書の仕事だけを行わせることにした。そして司馬氏の子孫をふたたび用いることはなかった。

72 皇太子官稱家臣。動作稱從。

皇太子の官は家臣と称す。動作は従と称す。

通釈 皇太子付きの官吏は家臣と称する。その〔皇太子の前でとる〕動作は従と称する。

参考 『漢書』巻六十三武五子伝（戾太子伝）臣瓚注、『漢官旧儀』巻下

73 杜陵秋胡者能通尙書、善爲古隷字、爲翟公所禮。欲以兄女妻之、或曰、秋胡已經娶、而失禮妻遂溺死。不可妻也。馳象曰、昔魯人秋胡娶妻、三月而遊宦、三年休還家。其婦採桑於郊。胡至郊而不識其妻也、見而悅之、乃遺黃金一鎰。妻曰、妾有夫。遊宦不返。幽閨獨處、三年于茲、未有被辱於今日也。採桑不顧。胡慙而退、至家。問家人妻何在。曰、行採桑於郊、未返。既還、乃向所挑之婦也。夫妻竝慙、妻赴沂水而死。今之秋胡非昔之秋胡也。昔魯有兩曾參。趙有兩毛遂。南曾參殺人見捕、人以告北曾參母。野人毛遂墜井而死、客以告平原君。平原君曰、嗟乎、天喪予矣。既而知野人毛遂非平原君客也。豈得以昔之秋胡失禮、而絕婚今之秋胡哉。物固亦有似之而非者。玉之未理者爲璞、死鼠未腊者亦爲璞。月之旦爲朔、車之輈亦謂之朔。名齊實異、所宜辯也。

杜陵の秋胡《しゅうこ》なる者は能く尚書に通じ、善く古の隷《れい》字を為《おさ》め、翟《てき》公の礼する所と為る。兄の女《むすめ》を以て之れに妻《めあわ》さんと欲するに、或るひと曰く、秋胡已経《すでに》娶り、而れども礼を失い妻遂に溺死す。妻す可からざるなり、と。馳象《ちしょう》曰く、昔魯《ろ》人《ひと》の秋胡妻を娶り、三月《げつ》にして遊宦し、三年して休《や》めて家に還る。其の婦桑を郊に採る。胡郊に至りて其の妻なるを識らざるや、見て之れを悦び、乃ち黄金一鎰《いつ》を遺《おく》らんとす。妻曰く、妾に夫有り。遊宦して返らず。幽閨《ゆうけい》にして独り処《お》り、茲《ここ》に三年するも、未だ今日より辱《はずかし》めらるること有らざるなり、と。桑を採りて顧みず。胡慙《は》じて退《しりぞ》き、家に至る。家人に妻の何《いず》くに在るやを問う。曰く、行きて桑を郊に採りて、未だ返らず、と。既にして還れば、乃ち向《さき》に挑みし所の婦なり。夫妻並びに慙じ、妻沂《ぎ》水に赴きて死す。今の秋胡は昔の秋胡に非ざるなり。昔魯に両曾参有り。趙に両毛遂《もうすい》有り。南の曾参人を殺して捕えられ、人以て北の曾参の母に告ぐ。野人の毛遂井に墜《お》ちて死し、客以て平原君に告ぐ。平原君曰く、嗟乎《ああ》、天予《われ》を喪《ほろぼ》せり、と。既にして野人の毛遂にして平原君の客に非ざるを知るなり。豈《あに》昔の秋胡の礼を失いしを以て、而して婚を今の秋胡と絶つるを得んや。物には固より亦之れに似て非なるもの有り。玉の未だ理《おさ》めざるものを璞《はく》と為し、死鼠の未だ腊《せき》せざるも亦璞と為す。月の旦を朔と為し、車の輈《ちゅう》も亦之れを朔と謂う。名斉《ひと》しく実異なるは、宜しく弁ずべき所なり、と。

語釈 ○尚書　書名。『書経』。儒教の経典の一つ。古くは単に書と称し、漢代には尚書、宋以後は書経と称した。虞書・夏書・商書からなり、各代の史官の記録と称される。○隷字　書体。隷書。秦の始皇帝のとき、獄吏であった程邈が小篆をさらに省略してつくった書体と伝えられる。秦漢の間に書形が変化したので、もとの隷書を古隷と称し、漢代に進化した書体を今隷と称した。○翟公　前漢の官僚（生没年不詳）。下邽（現陝西省渭西の東北）の人。武帝初年に廷尉となった。○秋胡　春秋時代、魯の人。本文の秋胡の故事は劉向『列女伝』節義に見える。○遊宦　游宦。官吏として他の地へ赴任すること。○鎰　金の貨幣の単位。一鎰は二十両（約三二〇グラム）。○沂水　河川の名。現山東省沂水に源を発し、江蘇省下邳で泗水に合流する。○魯　周代の国名。都は曲阜（現山東省曲阜）。周公旦を始祖とし、頃公（在位前二七二―前二四九）の時代に楚に滅ぼされた。○曾参　曾子。春秋時代の孔子の弟子（前五〇五―？）。『孝経』の作者とされる。曾参と同姓同名の人物が人を殺したとき、曾参の母は息子の曾参が人を殺したと告げられても信じなかったが、三人に告げられるにおよんで母もついに息子を疑ったという故事がある。○毛遂　戦国時代の趙の人（生没年不詳）。平原君の食客。秦に攻められた主君が楚に援軍を求めたさいに、自薦して主君に同行し、楚王を説き伏せて合従を成功させた。○平原君　戦国時代、趙の政治家（?―前二五一）。武霊王の子。趙勝。戦国四君の一人。門下の食客は数千人におよんだといわれる。○璞　磨く前の玉。または鼠の干し肉。○軿　車輿と馬をつなぐ支え棒。

通釈　杜陵の秋胡は『尚書』に精通し、古体の隷書に堪能であり、翟公から敬われていた。翟公が自分の兄の娘を秋胡の妻にしようとすると、ある人が、「秋胡はかつて妻を娶りましたが、礼を守らなかったので、妻はついに溺死してしまったほどです。秋胡の妻にしてはいけません」といった。馳象は、「昔魯の国の秋胡は妻を娶り、三か月後に他郷の役所へ赴任し、三年後に官吏をやめて、家に還ることになりました。その帰途に婦人が桑を郊外で摘んでいました。秋胡は郊外を通りかかったときにそれが妻であることに気づかなかったのか、その婦人を見て悦び、すぐに金一鎰を遺《おく》ろうとしました。妻は、『わたしには夫があります。夫は官吏となってずっと帰ってきません。独り暮らしをつづけて、三年になりますが、いままで今日のような辱めを受けたことはありません』といいました。そして妻は桑を摘みつづけて顧みようとしませんでした。胡は慙じてひきかえし、家につきました。家の者に妻はどこにいるのかたずねました。家の者は、『桑を摘みに郊外へ行って、まだ帰っていないよ』とこたえました。やがて妻が還ってきてみれば、それはさきほど誘おうとした婦人でした。夫妻はともに慙じ、妻は沂水に身を投げて死んでしまいました。今の秋胡は昔の秋胡ではないのです。昔魯の国にふたりの曾参がいました。趙の国にはふたりの毛遂がいました。南の曾参が人を殺して捕えられたときに、人々は北の曾参の母に〔曾参が人を殺したと〕告げました。また庶民の毛遂が井戸に墜ちて死ぬと、賓客たちは〔賓客の毛遂が死んだと〕平原君に告げました。平原君は、『ああ、天はわたしを喪してしまった』となげいたものです。〔ところが〕やがてそれは庶民の毛遂であって平原君の賓客ではないことがわかりました。どうして昔の秋胡が礼を守らなかったからといって、今の秋胡の婚姻をやめさせることができるでしょうか。

ものにはもともと似ていても同じではないということがあります。まだ磨いていない玉を璞といい、まだ干し肉にしていない死んだ鼠も璞といいます。また月の第一日目を朔といい、車軥のことも朔といいます。名が同じでもその実態が異なれば、ただしく弁別すべきものなのです」といった。

独断

例言

一、この訳注は盧文弨校刊『抱経堂叢書』所収『独断』を底本とし、各種の版本を参照して、全文に訳注をほどこしたものである。
二、全体は（一）原文、（二）書き下し文、（三）語釈、（四）通釈の体裁からなる。
三、原文は版本によって字体が一定しないばあいがあるが、原則として正字（旧字）体を使用した。書き下し文は現代仮名表記にしたがい、文字の異同・訂正は〔　〕内に示した。
四、語釈は必要最小限にとどめ、通釈はできるだけ原文に忠実であることに努めた。年代・人名・地名などを付記した部分は（　）、文意の疎通をはかるために補足した部分は〔　〕で囲んだ。
五、本書の史料的性格上、本文と関連する文章は語釈の中で取り扱うことにした。
六、原則として、送り仮名は小川環樹他編『角川新字源』（角川書店、一九九四年改訂版）に準拠した。

解題

福井重雅

『独断』上・下二巻は、後漢の学者・政治家蔡邕（一三二または一三三—一九二）の撰、先秦・秦漢時代の制度・文物・典範・称謂などの意味・区別・来歴を解説した書である。撰者蔡邕は、自ら師事した太傅胡広の『漢制度』を底本として、本書を執筆したものと考えられる。それはほぼ後漢の最末期の霊帝（在位一六八—一八九）時代に撰述され、中国古代の官制・事物などを知る上に、比類のない史料と目されている。

本書巻下（5）「帝嫡妃」の項に、「桓帝崩じ、今上位に即《つ》くや、桓思竇后政を摂る」とあり、また同じく巻下（13）「漢家不言禘祫」の項に、「桓帝崩ずるに子無し。今上位に即くや、父解犢侯を追尊して孝仁皇と曰う」云々とあって、いずれも当時の皇帝を「今上」と称して、死後の謚号を用いていない。また巻下（4）「歴代皇帝」の項を見ると、「高帝従《よ》り桓帝に至るまで、三百八十六年、……、高祖の乙未従り今の壬子の歳に至るまで、四百一十年」とあるが、正確には前者の「三百八十六年」は約「三百七十三年」、後者の「四百一十年」は約「三百五十四年」の誤記である。このような誤記が散見するところに、本書の問題点がある。しかし右の文がまず「高帝従り桓帝に至るまで」とし、その記事を受けて「今の壬子の歳」と記していることから考えると、本書が霊帝の壬子の年時に執筆されていることはほぼまちがいない。この壬子という干支は、霊帝の在位中と蔡邕の生存中にただ一度だけ存在するが、それはちょうど熹平元年（一七二）に相当する。したがってこの記載によるかぎり、本書はおそらくこの年時ごろに完成したものと推定される。

しかし同じくこの「歴代皇帝」の項には、霊帝につぐ後漢最後の皇帝献帝（在位一八九―二二〇）の諡号が記され、また呉の永安七年（二六四）の年号が存在するなど、いくつかの点から推測すると、本書には後世の加筆や竄入と思われる部分も少なくない。一方、『初学記』『北堂書鈔』および『後漢書』李賢注、『文選』李善注など、唐初の類書や注釈に引用されている『独断』には、現行本と相違・脱落した文章も散見される。したがって現行の通行本自体をそのまま蔡邕の自筆になる一書とみなすことはできない。

このように本書には伝写の間に生じた脱誤や錯簡が数多く見出されるが、前代と比較しつつ、文書・礼楽・輿服・祭祀等々について記述するその内容は、古代の諸制度を考察する上に、第一級の史料たる価値を失わない。皇帝の「命令」に策書・制書・詔書・戒書の四種があるとし、その文書形式についてもっともまとまった記録を書き残しているのも、この『独断』にほかならない。

本書は『日本国見在書目録』に採録されているから、古く平安時代に日本に伝来したことが知られ、元禄五年（一六九二）に和刻本が出版されている。それは『百子全書』『百川学海』『説郛』『漢魏叢書』『唐宋叢書』『古今逸史』『抱経堂叢書』『四部叢刊三編』『叢書集成初編』などに収載されている。参考書として、孫詒譲「独断校」（『札迻』巻十所収）があり、『四部叢刊三編』には張元済「校勘記」一巻が付載されている。この訳注は『百川学海』（『百部叢書集成』所収）版を底本とし、盧文弨校刊『抱経堂叢書』所収『独断』を参考にした。

なお本書と撰者については、福井重雅「蔡邕と『独断』」（『史観』一〇七、一九八二年）、その版本については、小林春樹「蔡邕『独断』小考――とくにその版本について」（『史滴』五、一九八四年）などの研究がある。

独断巻上

1 漢天子正號曰皇帝。自稱曰朕。臣民稱之曰陛下。其言曰制詔。史官記事曰上。車馬、衣服、器械、百物曰乘輿。所在曰行在所、所居曰禁中、後曰省中。印曰璽。所至曰幸、所進曰御。其命令、一曰策書、二曰制書、三曰詔書、四曰戒書。

漢の天子の正号は皇帝と曰う。自称は朕と曰う。臣民之《こ》れを称して陛下と曰う。其の言は制詔と曰う。史官の事を記するは上《しょう》と曰う。車馬、衣服、器械、百物は乗輿《じょうよ》と曰う。在る所は行在所《あんざいしょ》と曰い、居る所は禁中と曰い、後に省中と曰う。印は璽と曰う。至る所は幸と曰い、進む所は御と曰う。其の命令は、一に策書と曰い、二に制書と曰い、三に詔書と曰い、四に戒書と曰う。

語釈 ○器械　器は礼楽に使用する道具、械は兵器や武具をいう。○百物　百は衆多の意で、もろもろ・いろいろの品物。なおこの文章は本文のいわば序章ないし総論の部分にあたるもので、以下、各論として個々に皇帝以下の定義を叙述する。

通釈 漢代の天子の正式の称号は皇帝という。その自称は朕という。臣下や人民が皇帝に対して称するばあいは陛下という。皇帝の発言は制詔という。史官が皇帝の事柄を記述するばあいは上という。〔皇帝の使用する〕車馬・衣服や祭器・武具その他もろもろの私物は乗輿という。その滞在する場所は行在所といい、その居住する場所は禁中といい、後に別に省中ともいう。〔皇帝の佩用する〕印は璽という。その巡り至ることは幸といい、進み行くことは御という。その命令は、第一に策書といい、第二に制書といい、第三に詔書といい、第四に戒書という。

2 皇帝、皇王、后帝皆君也。上古天子、庖犧氏、神農氏稱皇、堯、舜稱帝、夏、殷、周稱王。秦承周末、爲漢驅除、自以德兼三皇、功包五帝。故幷以爲號。漢高祖受命、功德宜之。因而不改也。

皇帝、皇王、后帝は皆《みな》君なり。上古の天子、庖犧《ほうぎ》氏、神農氏は皇と称し、堯、舜は帝と称し、夏、殷、周は王と称せり。秦は周の末を承けて、漢の為《ため》に駆除せられしも、自ら以《おも》えらく徳は三皇を兼ね、功は五帝を包む、と。故に并わせて以て号と為せり。漢の高祖命を受け、功徳之れに宜《かな》えり。因りて改めざるなり。

語釈 ○皇帝　上古ならびに秦以後の帝号。上古の帝号としては、『尚書』呂刑に顓頊《せんぎょく》や堯を示した例がある。統一帝国の君主としての称号は、前二二一年に秦王政によりはじめて採用された。すなわち『史記』巻六秦始皇本紀によると、王に代わる新たな帝号の選定を下命された丞相王綰《おうわん》らは、はじめ天皇・地皇・泰皇の三皇のうち泰皇がもっとも尊いと見なしてこれを奉ったが、秦王政は「泰を去り皇を著け、上古の帝位の号を采り」、皇帝と称することにしたといわれる。○皇王　上古の王号。『詩経』大雅や周頌に見え、前者は周の武王を、後者は文王・武王を併わせて称したもの。○后帝　上古の帝号。『詩経』魯頌や『論語』堯曰などに見え、上帝・天帝などの意に用いられる。○庖犧氏・神農氏・堯・舜　上古の伝説上の帝王。庖犧氏は伏羲氏と同じで、はじめて『易』の八卦を画したと伝えられ、神農氏ははじめて民に耕作の利を教えたと伝えられ、ともに三皇の一人に数えられる。堯は舜とともに五帝の一人に数えられ、儒家において堯舜の君、堯舜の道はそれぞれ聖天子・善政の象徴とされる。○三皇・五帝　上古の伝説上の八人の帝王。三皇は庖犧・神農・燧人《すいじん》、または天皇・地皇・人皇などとされ、五帝は黄帝・顓頊・帝嚳《ていこく》・堯・舜などとされるが、一定しない。いずれにせよ三皇・五帝は人類に文明をもたらした聖天子として、とくに儒家に尊崇された。○漢高祖　漢王朝の創設者で、その初代皇帝（在位前二〇六―前一九五）、劉邦。沛（現江蘇省沛）の人。秦を滅ぼし、項羽を破って、天下を統一、漢帝国の基礎を築いた。

通釈 皇帝・皇王・后帝は皆君主の称号である。上古の天子のうち、庖犧氏・神農氏は皇と称し、堯・舜は帝と称し、夏・殷・周の三代は王と称した。秦は周のあとを継承し、のちに漢のために除かれたが、自らはその人徳が三皇のそれを兼備し、功績は五帝のそれを包含すると考えた。そのためこれらを合わせて皇帝の称号とした。漢の高祖は天命を受け、その人徳と功績はともども皇帝を称するにふさわしかった。そのためこの皇帝という称号をあらためることはなかったのである。

3 王者、至尊四號之別名

王畿内之所稱。王有天下。故稱王。天王諸夏之所稱。天下之所歸往。故稱天王。天子夷狄之所稱。父天母地。故稱天子。天家百官小吏之所稱。天子無外、以天下爲家。故稱天家。

王者、至尊の四号の別名

王は畿内の称する所なり。王として天下を有《たも》つ。故に王と称す。

天王は諸夏の称する所なり。天下の帰往する所なり。故に天王と称す。

天子は夷狄の称する所なり。天を父とし地を母とす。故に天子と称す。

天家は百官小吏の称する所なり。天子に外無く、天下を以て家と為す。故に天家と称す。

語釈 ○至尊　このうえなく尊いこと。転じて天子および天子の位をいう。○畿内　王城を中心として四方五百里の地。○天王　上古の称号。『春秋』経文および三伝では周の天子を天王とするばあいが少なくない。顧炎武は『日知録』巻四天王において、『尚書』では周王をただ王とだけ称しているのに、『春秋』で天王としているのは、楚・呉・徐・越が王を僭称していたので、天を冠してこれと区別したのであると解釈している。〇天家　天下をもって家となす者、すなわち天子の意。

通釈　王者・至尊の四種の名称

王とは畿内において用いられる称号である。〔畿内に王として君臨しさらに〕天下を領有する。そのため王と称するのである。

天王とは中国の諸侯の国々によって用いられる称号である。これらが帰服するところのものである。そのため天王と称するのである。

天子とは中国の外の夷狄によって用いられる称号である。それは天を父とし地を母とする。そのため天子と称するのである。

天家とは百官小吏によって用いられる称号である。天子には外というものがなく、天下をすべて家とする。そのため天家と称するのである。

4 天子正號之別名

皇帝至尊之稱。皇者煌也。盛德煌煌無所不照。帝者諦也。能行天道、事天審諦。故稱皇帝。

天子の正号の別名

皇帝は至尊の称なり。皇とは煌なり。盛徳煌煌として照らさざる所無し。帝とは諦なり。能く天道を行い、天に事《つか》うること審諦なり。故に皇帝と称す。

語釈 ○皇・煌　両者は通用の字で、煌煌には盛んなさまと光明の両義がある。したがって「盛徳煌煌として照らさざる所無し」は「盛徳煌煌」において、盛徳（高くすぐれた徳）が盛んであるさまを表すとともに、「煌煌として照らさざる所無し」において、そのような盛徳があまねく天下を照らし出しているさまを表す二重の構文となっている。○帝・諦・審諦　ともに明らかで正しいこと。○天道　天の道理、天理。

通釈 天子の正号のそれぞれの名称

皇帝とはこのうえなく尊貴な者の称号である。皇とは煌のことである。盛んな徳が燦然とかがやき、あますところなく照らすことをいう。帝とは諦のことである。天の道理に沿ったまつりごとを行うことができ、天に仕える姿勢が公明正大なことをいう。そのため皇帝というのである。

5 朕我也。古者尊卑共之、貴賤不嫌。則可同號之義也。堯曰、朕在位七十載。皐陶與帝舜言曰、朕言惠、可底行。屈原曰、朕皇考。此其義也。至秦、天子獨以爲稱。漢因而不改也。

朕は我《われ》なり。古者《いにしえ》は尊卑之れを共にし、貴賤嫌《いと》わざりき。則ち同じく号す可きの義なり。堯曰く、朕《われ》位に在ること七十載、と。皋陶《こうよう》帝舜に言いて曰く、朕《わ》が言恵《したが》う、行いを底《いた》す可し、と。屈原曰く、朕が皇考、と。此れ其の義なり。秦に至りて、天子独り以て称と為せり。漢因りて改めざるなり。

語釈 ○堯曰　以下の堯の言は『尚書』堯典に見える。○載　歳に同じ。○皋陶　皐陶。上古の伝説上の人物。堯のとき大理（刑獄をつかさどる官）となって、五刑（五種の刑罰）をつくったといわれる。ここにある皋陶の言は『尚書』皋陶謨に見える。○屈原　戦国中期の楚の王族・詩人（前三四三？―前二七七？）。しだいに秦に圧迫される楚の将来を憂い王を諫めたが、かえって讒言や追放の憂き目にあい、汨《べき》羅《ら》江に身を投じて楚国に殉じたといわれる。その憂国の詩は『楚辞』に収められ、ここにある屈原の言も『楚辞』離騒に見える。○皇考　亡父の敬称。

通釈 朕とは我のことである。昔は身分の尊貴な者も卑賤な者ももともども朕と称し、上下ともそれにかならずしもこだわることはなかった。つまり貴賤の別なく称することのできる自称の言葉であった。帝堯は、「朕が帝位に即いてから七十年になる」といった。皋陶は帝舜に、「朕の言説は道理にしたがったものですが、これらは実行に移しうるものです」といった。屈原は、「朕の亡き父君」といった。以上は皆その意味である。秦の時代になって、天子だけが朕と自称するようになった。漢においてもそれを踏襲し改めることはなかった。

6 陛下者、陛階也。所由升堂也。天子必有近臣執兵陳於陛側、以戒不虞。謂之陛下者、羣臣與天子言、不敢指斥天子、故呼在陛下者而告之。因卑達尊之意也。上書亦如之。及羣臣士庶相與言曰殿下、閤下、執事之屬、皆此類也。

陛下とは、陛は階なり。由りて堂に升《のぼ》る所なり。天子には必ず近臣の兵を執《と》りて陛の側《かたわ》らに陳《つら》なり、以て不虞を戒むるもの有り。之れを陛下と謂うは、群臣の天子に言《もう》すに、敢えて天子を指斥せず、故に陛下に在る者を呼びて之れに告ぐるなり。卑に因りて尊に達するの意なり。上書も亦之《かく》の如し。群臣士庶に及ぶも相与《あいとも》に言いて殿下、閤下《こうか》、執事と曰うの属は、皆此の類《たぐい》なり。

語釈 ○階　堂に登る階段。○堂　古代の建築様式の一つ。壇（地面より一段高い盛り土）の上に建てられ、中央部に平土間があり、前面が吹き抜けになっている家屋。○兵　兵卒ではなくここでは武器。○不虞　思いがけない災難。○指斥　ゆびさす、名指す。○上書　臣下が天子に書を奉ること。漢代では尚書（宮中で文書などをつかさどる官職）などを介し、その点検をへたのちに天子に奉られた。○殿下　御殿や殿堂の階段の下。転じて貴人の尊称。○閤下　高殿の下。転じて貴人の尊称。閤下に同じ。○執事　大官や貴人の左右にあってその事務をつかさどる者。相手を尊んで直接その姓名をいうのをはばかり、執事に取りつぎを請うことから転じて、貴人の宛名の下に添える語ともなった。○士庶　官僚の一部と一般の人民。

通釈 陛下というばあい、陛とは階のことである。それによって堂に登るための〔階段上の〕ものである。天子には必ず武器をもって階段のかたわらに侍立し、不慮の災いに備えている近臣がいる。天子を陛下というようになったのは、群臣が天子に申し上げるときに敢えて天子を名指さず、わざわざ階段の下に侍立している者を呼び、その者を通じて取りついでもらうからである。それは低い身分の者〔を通じて用件を伝えること〕によって天子の至尊を表すためである。上書のばあいもこれと同じである。さらに群臣や一般の人民におよぶまで殿下・閤下・執事などとよぶのも、皆これと同じたぐいである。

7 上者尊位所在也。太史令司馬遷記事、當言帝則依違但言上。不敢渫瀆言尊號、尊王之義也。

上《しょう》とは尊位の在る所なり。太史令司馬遷事を記すに、当《まさ》に帝と言うべきを則ち依違《いい》して但だ上と言うのみ。敢えて渫《せっ》瀆《とく》して尊号を言わざるは、王を尊ぶの義なり。

語釈 ○太史令　官名。天文暦数をつかさどる太史の長官。○司馬遷　前漢武帝時代の思想家・歴史家（前一四五または前一三五ごろ—前九三または前八六ごろ）。『史記』百三十巻を撰述し、正史の叙述スタイルである紀伝体を創始した。○依違　至尊の称号を口に出していうのをはばかり、あいまいにいうこと。○渫瀆　渫黷。けがす。

通釈 上とは至尊の位にある者がいる場所である。太史令の司馬遷はその（『史記』の）記述において、当然帝と書くべきところをあいまいにただ上というだけである。このようにあえて尊号を口にしてけがすことをはばかるのが、帝王（としての天子）を尊ぶことになるのである。

8 乘輿出於律。律曰、敢盜乘輿服御物。謂天子所服食者也。天子至尊、不敢渫瀆言之。故託之於乘輿。乘猶載也。輿猶車也。天子以天下爲家。不以京師宮室爲常處、則當乘車輿以行天下。故羣臣託乘輿以言之。或謂之車駕。

乗輿は律より出づ。律に曰く、敢えて乗輿の服御物を盗まば、と。謂うこころは天子の服食する所の者なればなり。天子は至尊なれば、敢えて渫瀆して之れを言わず。故に之れを乗輿に託す。乗は猶《なお》載のごときなり。輿は猶車のごときなり。天子は天下を以て家と為す。京師の宮室を以て常処と為さざるは、則ち当に車輿に乗りて以て天下を行《めぐ》るべければなり。故に群臣乗輿に託して以て之れを言う。或いは之れを車駕と謂う。

語釈 ○乗輿　天子の車馬。転じて行幸中の天子をいう。○律　漢律。この律文とよく似た文が、『史記』巻百二張釈之列伝、『漢書』巻五十張釈之伝に見える。それによれば、この律文のあとにさらに刑名を示す字句がつづいているので、この律文でもこのあとに刑名が省略されていると推定される。蔡邕は天子を乗輿と称することが、この漢律にはじまると解釈しているのであろう。○服御物　天子御用の衣服車馬。○京師　天子の都。首都。○車駕　天子の専用車。御車。転じて行幸中の天子をいう。

通釈 天子を乗輿と称するのは律文にはじまる。律文に、「敢えて乗輿の衣服車馬を盗んだばあいは、……」とある。というのはそれが天子の着る衣服と飲食物のことを指すからである。天子は至尊の存在であるから、敢えて口にしてけがすことをしない。そのためこれを乗輿に仮託していうのである。乗輿の乗とは載ると同様の意味である。輿とは車と同様の意味である。天子は天下をもって自分の家とする。首都の宮殿を居住すべき定まった場所とはしないのは、御車に乗って天下を行幸すべきものとされているからである。そのため群臣は天子を乗輿に仮託してその名をよぶのである。あるいは車駕ということもある。

9 天子自謂曰行在所。猶言今雖在京師、行所至耳。巡狩天下、所奏事處皆爲宮。

在京師曰奏長安宮、在泰山則曰奏奉高宮。唯當時所在、或曰朝廷。亦依違尊者所都、連舉朝廷以言之也。親近侍從官稱曰大家、百官小史稱曰天家。

天子は自ら謂いて行在所《あんざいしょ》と曰う。猶《なお》今京師に在ると雖も、行きて至る所と言うがごときのみ。天下を巡狩し、事を奏する所の処を皆宮と為す。京師に在れば長安宮に奏すと曰い、泰山に在れば則ち奉高宮に奏すと曰う。唯だ時に当たりて在る所を、或いは朝廷と曰うのみ。亦尊者の都《お》る所を依違し、朝廷と連挙して以て之れを言うなり。親近侍従の官は称して大家と曰い、百官小史〔吏〕は称して天家と曰う。

語釈 ○行在所　天子が巡幸しているあいだの仮御所。行所ともいう。なおこの行在所を含む一文には脱文があるらしい。しかし諸書に引用されている本文にも異同が多い。そのうち『漢書』巻六武帝紀元狩六年六月条の如淳注に「天子は天下を以て家と為し、自ら居る所を謂いて行在所と為す」とあるが、『後漢書』巻一上光武帝紀上更始二年条の李賢注に「天子は四海を以て家と為す。故に居る所を謂いて行在所と為す」とある文がもっとも『独断』の原文に近いと推定される。通釈ではこの両文を参考にして訳した。○巡狩　天子が天下を巡幸し、天地山川をまつり、あわせて諸国の政情民意を視察すること。○長安宮・奉高宮　長安は前漢の首都（現陝西省西安の西北）。奉高は県名で泰山郡の郡治（現山東省泰安の東）。ただし奉高宮は正式な宮名としては史籍に見えない。したがってこれは天子が京師長安にあるときの上奏を「長安宮に奏す」と称し、泰山に巡幸しているときの上奏を「奉高宮に奏す」と称する慣例的表現について述べたものか。○朝廷　朝も廷も天子が万機を聴き、公卿百官が天子に謁見する広間。○大家　側近の者が天子をよぶさいの呼称。○小史　諸版本は小吏につくる。吏・史・事は通用の字であるが、小吏とするのが一般的。

通釈 天子は〔天下をもって自分の家とみなすので〕どこにいても自分のいる場所を行在所という。今もし京師にいるばあいでも、「行きて至る所」という言い方をするようなものである。天下を巡狩しているとき、臣下の奏事を受ける場所をすべて宮という。そのときもし京師にあれば「長安宮に奏す」と称し、泰山郡にあれば「奉高宮に奏す」と称する。このようにただそのときに天子がいます場所をあるいは朝廷というにすぎない。また尊者〔天子〕のいます場所を口にするのをはばかってあいまいにいい、朝と廷を併称して朝廷ともいう。近臣侍従の官吏は天子を大家と称し、百官小吏は天家と称する。

10 禁中者門戸有禁、非侍御者不得入。故曰禁中。孝元皇后父大司馬陽平侯、名禁、當時避之、故曰省中。今宜改、後遂無言之者。

禁中とは門戸に禁有りて、侍御に非ざる者は入るを得ず。故に禁中と曰う。孝元皇后の父大司馬陽平侯、名は禁なれば、当時之れを避け、故に省中と曰えり。今宜しく改むべきも、後遂に之れを言う者無し。

語釈 ○禁中　天子の御所の中。禁裏・禁内。○侍御　天子に近従する者。侍は左右に給仕する官、御は車御の官を指す。○孝元皇后　前漢元帝の皇后（前七一—後一三）。名は政君。黄竜元年（前四九）にその父王禁は陽平侯に封じられた。王禁の死後、元皇后の同母弟の王鳳が侯位をつぎ、元帝の死後、元皇后が皇太后となると、同母弟の王鳳・王崇は漢朝の国政を壟断。外戚王氏の専権がここにはじまり、やがて王莽の台頭を招いた。○大司馬　官名。前漢後半の軍事の最高官職。後漢以降は名誉職と化した。○陽平侯　王禁。前漢末期の政治家・外戚（?—前四二）。字は雅君。次女政君が元帝の皇后となったために陽平侯に封じられた。○省中　禁中の別称。一説に省中とは禁中に入ったさいは挙措動作に気を配らなければならないという規定から命名されたとし、また一説に漢制においては王のいるところを禁中、諸公のいる所を省中といったとされる。

通釈 禁中とは〔天子の居所の〕入り口に差し止めがあり、天子に近従する者でなければ中へ入ることができない。そのため禁中というのである。元帝の皇后の父の大司馬陽平侯の名が禁であったので、当時この禁の字の使用をはばかり避けたことから、省中と称されるようになった。今では〔もとの禁中に〕改めなければならないが、のちにこのことを指摘する者もいなくなってしまった。

11璽者印也。印者信也。天子璽以玉、螭虎紐。古卑尊者共之。月令曰、固封璽。春秋左氏傳曰、魯襄公在楚、季武子使公冶問、璽書追而與之。此諸侯、大夫印稱璽者也。衛宏曰、秦以前、民皆以金玉爲印龍虎紐。唯其所好。然則秦以來、天子獨以印稱璽、又獨以玉。羣臣莫敢用也。

璽とは印なり。印とは信なり。天子の璽は玉を以てし、螭《ち》虎紐《こちゅう》なり。古《いにしえ》は卑尊之れを共にす。月令《がつりょう》に曰く、封璽を固くす、と。春秋左氏伝に曰く、魯の襄公楚に在りしとき、季武子公冶をして問わしめ、璽書して追いて之れに与う、と。此れ諸侯、大夫の印を璽と称する者なり。衛宏曰く、秦より以前、民は皆金玉を以て印と竜虎紐を為る。唯だ其の好む所なり。然るに則ち秦より以来、天子のみ独り印を以て璽と称し、又独り玉を以てす。群臣敢えて用うる莫きなり、と。

語釈 ○信　しるし、あかし。○螭虎紐　螭はみずち。みずちと虎をかたどった印のつまみ。紐は印のひも、またはつまみ。○月令　前漢宣帝時代に戴聖が集録したとされる『礼記』の一篇。十二か月の時節に応じた政令。ただし「月令」の孟冬では「固封疆」につくり、『呂氏春秋』孟冬紀、『淮南子』時則訓は「固封璽」につくる。○春秋左氏伝　書名。儒教経典の一つ。左丘明が『春秋』の経文に注をほどこしたとされる書。『春秋』は周代魯国の隠公元年（前七二二）から哀公十六年（前四七九）までを記録した歴史書・編年史。孔子が魯の史官の遺した記録を纂定した古典とされ、五経の一つに数えられる。公羊・穀梁・左氏の三伝がある。襄公二十九年（前五四四）条にはこれに対応する文が見られる。○魯襄公　春秋時代の魯の君侯（在位前五七二―前五四二）。成公の子。姫午。晋・楚の二大国に圧迫されたが、両者に貢納することによって魯を保全した。しかし卿の季孫氏に国政を握られ、政治の実権を失っていた。○季武子　春秋時代の魯の大夫・政治家（?―前五三五）。季孫宿。季文子の子。魯の襄公・昭公の宰相となり、国政を専断した。○公冶　季武子の家臣（生没年不詳）。魯の襄公二十九年（前五四四）、魯の公領を無断で占拠した季武子は、楚の康王の葬儀に参列中の襄公に、自らの横領を隠す書状を届けるために使者として公冶を派遣した。魯に帰国した後、公冶は季武子の門を二度とくぐることはなかった。○諸侯・大夫　ここでは封建された者と官位のある者。○衛宏　後漢初期の学者（生没年不詳）。光武帝のとき議郎に任じられ、『漢旧儀』を撰述した。『続漢書』輿服志下劉昭注所引『漢旧儀』に「衛宏曰」以下の文に対応する記事が見られる。

通釈　璽とは印のことである。印とはあかしのことである。天子の璽は玉で作り、つまみは螭虎をかたどっている。昔は身分の低い者も高い者も同じような璽をもっていた。〔『礼記』〕月令には、「封ずる璽印を確認する」とある。『春秋左氏伝』には、「魯の襄公が楚に在ったとき、季武子が公冶を遣わして〔襄公の安否を〕問わせたが、公冶を後から追いかけて璽書を〔使用して封印した書状を〕渡した」とある。これらは諸侯・大夫が印章を璽と称している例である。衛宏は、「秦代以前は、民は皆金や玉で印章をつくり、そのつまみは竜虎をかたどっていた。それらはただ各自の好みにしたがっていた。しかし秦代以後は、ただ天子だけが印をもって璽と称し、また天子のみが玉を使用した。群臣は敢えてそれを用いることをしなかったのである」と述べている。

12 幸者宜幸也。世俗謂幸爲僥倖。車駕所至、民臣被其徳澤。以僥倖故曰幸也。

先帝故事、所至、見長吏、三老官屬、親臨軒作樂、賜食、皁、帛、越巾、刀、珮帶。民爵有級數。或賜田租之半。是故謂之幸。皆非其所當必而得之。王仲任曰、君子無幸而有不幸、小人有幸而無不幸。春秋傳曰、民之多幸、國之不幸也。言民之得所不當得。故謂之幸。然則人主必愼所幸也。

幸とは宜幸なり。世俗に幸を謂いて僥倖と為す。車駕の至る所、民臣其の徳沢を被ればなり。僥倖〔を為す〕を以ての故に幸と曰うなり。先帝の故事に、至る所、長吏、三老の官属に見《まみ》え、親しく臨軒して楽を作《な》し、食、皁、帛、越巾、刀、珮帯を賜う。民爵に級数有り。或いは田租の半ばを賜う。是の故に之れを幸と謂う。皆其の当《まさ》に必ず而《もっ》て之れを得べき所に非ざるなり。王仲任曰く、君子は幸無くして不幸有り、小人は幸有りて不幸無し、と。春秋の伝に曰く、民の多幸は、国の不幸なり、と。民の当に得べからざる所を得るを言う。故に之れを幸と謂う。然らば則ち人主は必ず幸する所を慎しむなり。

語釈　〇以僥倖　上にある宜幸（よろしきさいわい）を受けて、ここでは思いもかけぬしあわせ、もっけの幸いの意。原文は「以僥倖」につくるが、『史記』巻十孝文本紀三年条注所引集解、『漢書』巻四文帝紀三年条の如淳注によって、「為」を補って「以為僥倖」と改めた。〇長吏　郡の守・丞・尉や県の令・長・丞・尉など。皇帝の任命による勅任官で中央から派遣された。郡県の長官が現地で採用する下級官吏の少吏と区別される。〇三老　官名。郷官の一つ。郷（県の下の行政単位）の有徳者が選任され、民の教化をつかさどった。さらに選ばれて県三老になる者もあった。〇臨軒　天子が玉座に御せずに平台に御すること。〇民爵　秦・漢の爵位の制度である二十等爵のうち、一級の公士から八級の公乗までの爵位。庶民の男子にあたえられ、秩六百石以上の官吏になると九級の五大夫以上の爵位があたえられた。〇田租　田地に課する租税。農耕地の収穫物に対して土地所有者が課税されるもので、その税率は三十分の一とされた。〇王仲任　王充。後漢の思想家（二七？―九六？）。字は仲任。会稽上虞（現浙江省上虞）の人。班彪に師事。郡功曹に就任したが、官を去って著述に専念した。著書に『論衡』三十巻がある。「王仲任曰」以下の文は、『論衡』幸偶篇に、孔子の言葉として「君子には不幸有れども幸有る無し」と引かれているが、その出典は不明。〇民之多幸　『春秋左氏伝』宣公十六年（前五九三）条に見え、諺として引用されている。

通釈　御幸とは宜しき幸いのことである。世俗には御幸を思いもかけぬ幸いという。〔というのは〕天子の御車が至った地方では、その人民や臣下は天子の恩徳を被るからである。それが思いもかけぬ幸いとなることから〔御幸を〕幸というのである。先代の皇帝の故事によると、天子の行幸したところでは、上は長吏から下は三老にいたるまで〔すべての地方の〕役人たちを召し寄せて引見し、玉座でなく平台に御して楽をかなでさせ、彼らに食物・くろぎぬ・しろぎぬ・越地方の布・刀・身につける帯などを賜ったとされている。また何級かの民爵をあたえることがあった。あるいは田租の半額が免除になることもあった。そのため天子の行幸を幸というのである。しかしそもそもそれは皆当然のことのように受け入れるべきものではない。王仲任（王充）は〔『論衡』の中で〕「君子には幸いがなく不幸があるばかりで、小人には幸いがあって不幸はない」と述べている。『春秋』の伝には、「人民にとって幸いが多いというのは、国にとって不幸なことである」とある。これらは人民が得るべきでないものを不当に得ていることを指摘したものである。そのため行幸を幸（もっけのさいわい）というのである。このような理由から天子たる者はぜひとも行幸を慎しむものなのである。

13御者進也。凡衣服加於身、飲食入於口、妃妾接寝、皆曰御。親愛者皆曰幸。幸説従上章。

御とは進なり。凡そ衣服の身に加え、飲食の口に入れ、妃妾《ひしょう》の寝に接するは、皆御と曰う。親愛するは皆幸と曰う。

幸の説は上章に従う。

語釈 ○寝　寝室、とぎ。○妃妾　側室。

通釈 御とは進めることである。およそ〔天子が〕衣服を身につけること、飲食物を口に入れること、また側室を寝室にはべらせることなど、これらを皆御というのである。このように天子が親しみいつくしむことを皆幸という。幸の説明は上の文章（幸の項）にしたがう。

14 策書。策者簡也。禮曰、不満百文、不書於策。其制、長二尺、短者半之。其次一長一短、兩編、下附篆書。起年月日、稱皇帝曰、以命諸侯王、三公。其諸侯王、三公之薨于位者、亦以策書。誄謚其行而賜之、如諸侯之策。三公以罪免亦賜策。文體如上策而隷書、以尺一木兩行。唯此爲異者也。

策書。策とは簡なり。礼に曰く、百文に満たざれば、策に書せず、と。其の制、長さ二尺、短き者は之れに半ばす。其の次《じ》は一長一短、両編し、下に篆書を付す。年月日を起て、皇帝曰くと称し、以て諸侯王、三公に命ず。其れ諸侯王、三公の位に薨ぜし者も、亦策書を以てす。其の行いを誄謚《るいし》して之れを賜うこと、諸侯の策の如し。三公の罪を以て免ぜらるるも亦策を賜う。文体は上策の如くにして隷書し、尺一の木を以て両行す。唯だ此れのみを異と為すなり。

語釈 ○簡　木や竹のふだ。木簡や竹簡の総称。○礼曰　礼はここでは『儀礼』を指す。儒教経典の一つ。周の礼の実際的な施行細則を記した書。『周礼』『礼記』とともに三礼と称される。『儀礼』聘礼には「百名以上は策に書し、百名に及ばざれば方に書す」とある。○其次一長一短　「其次」はその次序、次第、順序。「一長一短」は、長さ二尺と一尺の長短二種の簡を順次交互に配列する策書の形態。○両編　長短を交互に配列した簡札を上下の二個所で横に連ねて編む形式。○篆書　漢字の書体の一つ。大篆と小篆がある。大篆は周の太史の史籀がつくり、小篆は秦の李斯がつくったとされる。○諸侯王　漢の封建諸侯のうち、皇帝の近親および特別の功臣で王位をあたえられた者。前漢初期には数郡にもおよぶ封地（王国）をもち、国内の統治権も掌握してなかば独立国化していた。前漢中期の諸侯王抑制策によって国政権を失い、また封地も分割縮小されて実質的には郡と変わらなくなった。○三公　天子を補佐する三つの最高官位。おおむね周代では太師・太傅・太保、秦漢では丞相・太尉・御史大夫または大司馬・大司徒・大司空、後漢以降は太尉・司徒・司空とされた。ただし本来、三公は官名、公は爵名。○誄謚　死者の生前の功績・徳行を誉め称える言葉とおくり名。○隷書　漢字の書体の一つ。篆書から変化した字体。秦の始皇帝のとき、程邈が小篆を簡略化してつくったとされる。○唯此為異　「異と為す」のは、隷書という書体、一尺一寸という簡札の長短、両行（二行）という形式の三つの解釈が可能であるが、ここでは通常の策書が一行で書かれていたのに対して、両行で書かれることを指すか。

通釈 策書。策とは簡（ふだ）のことである。『儀礼』に、「百字以下のばあいには、策という形式を用いない」とある。その策の体裁は長さ二尺とその半分〔の一尺の長短二簡〕を使用するが、その編連の順序としてまず最初に二尺の簡を配し、つぎに一尺の簡を配し、以下それらを交互に配列する。それらの簡札を上下の二個所で横に連ねて編み、下に篆書を記す。〔その書式は〕まず年月日を起てて明記し、つぎに「皇帝曰く」と記述して諸侯王・三公を任命する。諸侯王・三公がその在位中に死去したばあいにもまた策書を用いる。その事績をとむらい諡《おくりな》を定めてこれを下賜するが、それは諸侯を封建するときの策書の体裁と同様である。三公が罪科によって罷免されるばあいもまた策が下賜される。その文が記される体裁は上で述べた策と同じで、字体は隷書によって、一尺一寸の木簡を用いて二行にわたって記される。このように〔三公の罷免のばあいは〕通常の策の体裁と異なっている。

15 制書帝者制度之命也。其文曰、制詔三公。赦令、贖令之屬是也。刺史、太守相劾奏、申下土、遷書文亦如之。其徵爲九卿、若遷京師近官、則言官、具言姓名。其免若得罪、無姓。凡制書有印、使符。下遠近皆璽封、尚書令印重封。唯赦令、贖令召三公、詣朝堂受制書。司徒印封、露布下州郡。

制書は帝者の度を制するの命なり。其の文に曰く、三公に制詔す、と。赦令、贖令の属是れなり。刺史、太守相劾奏し、下土〔士〕に申し、書文を遷すも亦之《かく》の如し。其れ徴せられて九卿と為り、若《も》しくは京師近官に遷せらるれば、則ち官を言い、具《とも》に姓名を言う。其れ免ぜらるるか若《も》しくは罪を得るは、姓無し。凡そ制書には印、使符有り。遠近に下すに皆璽封し、尚書令の印もて重封す。唯だ赦令、贖令のみ三公を召し、朝堂に詣《いた》りて制書を受けしむ。司徒の印もて封じ、露布して州郡に下す。

語釈 ○刺史　官名。州刺史、部刺史、州牧。中央から郡国に派遣される常設の地方監察官。武帝の元封五年（前一〇六）、全国を十三州に分けて州ごとに一人設置された。地方豪族と郡守を対象とする監察が職務であったが、諸侯王を弾劾することも少なくなかった。後漢以後は郡の行政にも関わった。○太守　官名。郡守。郡の行政をつかさどる長官。○劾奏　官吏の罪を天子に上奏すること。ここでは刺史や太守が管轄する地方の直任官の罪を天子に奏上する意。○下土　下士の誤記か。下臣、下級官吏。○九卿　中央政府における九つの役所の長。漢では秩中二千石にあたり、太常・光禄勲・衛尉・太僕・廷尉・大鴻臚・宗正・大司農・少府を指すとされる。○京師近官　京師の官と近侍の官。唐の内官に相当する。○使符　使者の持参する割符。○璽封　文書に印を押して厳封すること。木簡・竹牘に書かれた文書を発送するばあいには、それらを紐で縛りその上に粘土（封泥）を塗り固め、そこに発信者の印を押して封緘とした。○尚書令　官名。少府の属官。前漢では皇帝の側近官として皇帝への上奏文をつかさどったが、後漢では政治の中枢となって三公をしのぐ権力をもった。○司徒　官名。ここでは前漢の丞相を指す。もとは周代の中央政府の行政機関の一つ。皇帝を助けて国政をつかさどった。○露布　封緘をせずに州郡に書を下すこと。

通釈 制書とは皇帝が法度を制定する命令の一つである。その書式は「三公に制詔す」という〔書き出しを用いる〕。恩赦や贖罪の命令のたぐいもこれに含まれる。刺史・太守が直任官の有罪を皇帝に上奏し、それを下臣に申し述べ、その文書を当該官に送り返すばあいもこれと同様である。皇帝に徵《め》されて九卿に命じられるばあい、もしくは京師の官、近侍の官に引き立てられるばあいには官名を言い、つぶさに姓名を記す。しかし罷免されるばあいもしくは罪を得るばあいには姓は記さない。およそ制書には〔下達にさいして〕印や割符が用いられる。地方の遠近に命令を下すときには皆皇帝の玉璽をもって封泥に緘をし、尚書令の印をもって重ねて封緘する。ただ恩赦や、贖罪の命令だけは三公を召し出し、朝堂に招いて、制書をさずける。そのばあいは司徒の印のみで、これを〔公布するときには〕封緘せずに州郡に下すのである。

16 詔書者詔誥也。有三品。其文曰、告某官官、如故事。是爲詔書。羣臣有所奏請、尙書令奏之、下有制曰、天子荅之曰可、若下某官云云。亦曰詔書。羣臣有所奏請、無尙書令奏、制之字、則荅曰、已奏、如書本官下所當至。亦曰詔。

詔書とは詔は誥《こう》なり。三品有り。其の文に曰く、某官官〔某〕に告ぐ、故事の如くせよ、と。是れを詔書と為す。群臣奏請する所有らば、尚書令之れを奏し、下して制して曰くと有り、天子之れに答うるに、可、若《も》しくは某官に下す云云と曰う。亦詔書と曰う。群臣奏請する所有るも、尚書令の奏、制の字無ければ、則ち答えて曰く、已に奏あり、書の如く本官より当に至すべき所に下す、と。亦詔と曰う。

語釈 ○詔　ふれ・おおせ。『太平御覧』巻五百九十三文部九詔には、「蔡邕独断に曰く、詔誥とは王者の言にして、必ず法制と為るなり。詔は猶告のごときなり。告は教なり」とあって、詔が告（ふれ）であり、教（おおせ）であることがわかる。○某官官　抱経堂校定本にしたがい、官字を某に改めて「某官某」とする。○下有制曰　皇帝が新たな法を制定するばあいは、制書を下して制定する形式のほかに、群臣が作成した法案を記す上奏文に対して、皇帝がその法案を認可したことを示す「制曰可」の文言を末尾に記し、これを併わせて詔書とする形式がある。○如書本官下所当至　「居延漢簡」に「元康五年二月癸丑朔癸亥、御史大夫吉丞相に下すらく、書を承けて事に従い、当に用うべき者に下すに詔書の如くせよ」（一〇・三三）とあるように、当該官吏に下して詔書にしたがうことが命令されている。したがって本条の「書」とは詔書を指し、「所当至」とは詔書にしたがって行政処理をする担当官であると思われる。本項の「已に奏あり」とは、以前に同内容の奏上があり、その回答の詔書がすでに公布済みであることを述べたものであろう。

通釈 詔書とは詔（ふれ）のことである。その形式には三種類ある。〔その第一は、皇帝の方から下すばあいで〕書式は、〔まず書き出しに〕「某官の某に告ぐ」という文言を置き、〔結びの句に〕「故事の如くせよ」という文言を配する。これを詔書というのである。〔その第二は〕群臣の方から奏請し、尚書令がこれを上奏するばあいで、〔その書式は〕下された書に「制して曰く」とあり、つづいて皇帝がこれに対して「可」と答えるばあいと、「某官に下す云云」と指示するばあいがある。これもまた詔書である。〔その第三は〕群臣の奏請があるにも係わらず、尚書令の上奏がなく、「制」の文言もないばあいには、「すでに奏があったので、〔詔〕書のごとく本の官から担当官へ通達せよ」という回答が行われることがある。これもまた詔である。

17 戒書戒敕刺史、太守及三邊營官。被敕文曰、有詔敕某官。是爲戒敕也。世皆名此爲策書、失之遠矣。

戒書は刺史、太守及び三辺の営官を戒勅す。勅を被る文に曰く、詔有りて某官を勅《いまし》む、と。是れを戒勅と為すなり。世に皆此れを名づけて策書と為すは、之れを失すること遠し。

語釈 ○三辺営官　漢代において匈奴・南越・朝鮮の三辺地に屯衛する軍官。

通釈 戒書は、刺史・太守および三辺の営官たちをいましめ注意する文書である。その文書の形式は、〔冒頭に〕「〔皇帝より〕詔があって某官をいましめる」とある。これが〔戒書の形式による〕いましめである。世俗にこれらを皆策書と名づけるのは正確ではなく、その本義を失ってから久しい。

18 凡羣臣上書於天子者有四名。一曰章、二曰奏、三曰表、四曰駁議。

凡そ群臣の天子に上書する者に四名有り。一に章《しょう》と曰い、二に奏《そう》と曰い、三に表《ひょう》と曰い、四に駁議《ばくぎ》と曰う。

通釈 およそ群臣が天子に上書するばあいには四種類の書式がある。第一は章、第二は奏、第三は表、第四は駁議という。

19章者需頭、稱稽首。上書謝恩、陳事。詣闕通者也。

章は需頭《じゆとう》し、稽首《けいしゆ》と称す。上書して恩を謝し、事を陳ぶ。闕《けつ》に詣《いた》りて通ずる者なり。

語釈 ○章　謝恩の辞を述べたり、進言するときなどに用いられる上書形式。○需頭　簡の冒頭に一字または二字分の余白を設けること。「皇帝」の二字や、「制して曰く可なり」という文言の「制」の字などが上方に突出するように配慮された書式。○稽首　拝礼の一種。跪《ひざまず》いて頭を地につける重い礼。「頓首」「再拝」などと同様に皇帝に対する敬意を表す語として用いられ、文書の種類によって使い分けられた。古くは一般に用いられたが、相手に対する強い敬意を表す性格のために、次第に皇帝に対してのみ行われる拝礼となった。

通釈 章では需頭をほどこし、〔文末に〕稽首と記す。上書して皇帝の恩恵に感謝したり、意見を述べたりする〔ばあいに用いられる書式である〕。天子の宮殿に参内して奉るものである。

20奏者亦需頭。其京師官但言稽首、下言稽首以聞。其中者所請、若罪法劾案、公府送御史臺、公卿、校尉送謁者臺也。

奏も亦需頭す。其の京師の官は但だ稽首と言い、下に稽首して以て聞《ぶん》すと言う。其の中の者の請う所、罪法劾案の若《ごと》きは、公府は御史台《ぎよしだい》に送り、公卿、校尉は謁者台《えつしやだい》に送るなり。

語釈 ○奏　弾劾を行うときなどに用いられる上書形式。○校尉　官名。前漢武帝によって置かれたのにはじまり、城門・屯騎・越騎・歩兵・

長水・射声・司隷・護烏桓・護羌などの諸校尉が屯兵を掌握した。秩禄は比二千石。○謁者台　謁者僕射《ぼくや》を長とする官署。皇帝への謁見や上章の取りつぎなどをつかさどった。

通釈 奏においてもまた需頭する。首都にいる官僚は文頭にただ稽首と記し、文末に「稽首して以て聞す」と記す。奏のうちその内容が、犯罪や弾劾に関するものは、それが公府に関わるものであれば御史台に送り、九卿や諸校尉に関わるものであれば謁者台に送〔って審議させ〕る。

21 表者不需頭。上言臣某言、下言臣某誠惶誠恐頓首頓首死罪死罪。左方下附曰某官臣甲上。文多用編兩行、文少以五行。詣尚書通者也。公卿、校尉、諸将不言姓。大夫以下有同姓官別者言姓。

表は需頭せず。上には臣某《しんぼう》言うと言い、下には臣某誠惶誠恐頓首《せいこうせいきょうとんしゅ》頓首死罪死罪と言う。左方下には付して某官臣甲上《たてまつ》ると曰う。文多ければ用《もっ》て編みて両行《りょうぎょう》し、文少なければ五行《ごぎょう》を以てす。尚書に詣《いた》して通ずる者なり。公卿、校尉、諸将は姓を言わず。大夫以下は同姓〔名〕にして官別なる者有らば姓を言う。

語釈 ○表　申請を行うときなどに用いられる上書形式。○誠惶誠恐　まことにおそれ、かしこまる。尊貴な者に対して自己の意見を述べるときに用いる常套語句。○頓首　拝礼の一種。跪いて手を地につける、または頭を地に打ちつける。ここでは前出の「稽首」と同じく、文書の種類を区別する語として用いられている。○諸将　諸々の武将。五官中郎将・左中郎将・右中郎将・虎賁中郎将・羽林中郎将などの諸郎将を指すか。○有同姓官別者言姓　このままでは意味が通じない。同姓で官が別な人物がいれば姓を言う。というのは、第一に、官が別であれば両者の区別が可能である点、第二に、同姓同士があらためて姓を名乗っても無意味である点などから考えて矛盾する。この文は尾形勇「自称形式より見たる君臣関係」（同氏『中国古代の「家」と国家』第二章所収、岩波書店、一九七九年）にしたがって「有同名官同者言姓」と改めるべきであろう。

通釈　表は〔皇帝の裁可を必要としない内容を記す書式なので〕需頭しない。文頭に「臣某言う」と記し、文末に「臣某誠惶誠恐頓首頓首死罪死罪」と記す。また左下には「某官臣甲上る」と付記する。文章が長ければ簡を編んで各簡ごとに二行に分けて書き、短ければ一枚の簡に五行に分けて書く。尚書に提出する文書である。三公・九卿・諸校尉・諸郎将は姓を記さない。大夫以下に相当する官吏の中に同名で官職も同じ者がいるばあいには姓を記す。

22 章曰報聞。公卿使謁者、将、大夫以下至吏民尚書左丞、奏聞、報可。表文報已奏如書。凡章、表皆啓封。其言密事得皁嚢盛。

章は報聞すと曰う。公卿は謁者をして、将、大夫以下吏民に至るは尚書左丞をして、奏聞《そうぶん》し、報可《ほうか》せしむ。表は已に奏すること書の如しと文報す。凡そ章、表は皆封《ふう》を啓《ひら》く。其の密事を言うものは皁嚢《そうのう》もて盛るを得《う》。

語釈　○尚書左丞　官名。尚書の属官。吏民の章報をつかさどった。

通釈　章〔を奉った者に〕は「報聞す（報告し上聞した）」と伝える。公卿の章は謁者に、諸郎将や、大夫に相当する官吏以下一般吏民の章は尚書左丞に、それぞれ取りつがせ、裁可されたばあいにはその旨を上章者に報告させる。〔皇帝の裁可が必要ないので〕表〔を奉った者に〕は、「已に奏すること書の如し（すでに表をそのまま皇帝に上奏した）」と文書で伝えるだけである。一般に章や、表はいずれも皆開封して提出する。ただしその内容が機密を要するばあいには黒い布袋に密封して提出することができる。

23 其有疑事公卿百官會議。若臺閣有所正處、而獨執異意者曰駁議。駁議、曰某官某甲議以爲如是、下言臣愚戇議異。其非駁議、不言議異。其合於上意者、文報曰某官某甲議可。

其れ疑事《ぎじ》有れば公卿百官会議す。若《も》し臺閣の正しく処する所有りて、而れども独り異意を執《と》る者は駁議と曰う。駁議は、某官某甲議して以為《おも》えらく是《か》くの如しと曰い、下には臣愚戇《ぐとう》にして議異《こと》なると言う。其れ駁議に非ざれば、議異なるとは言わず。其の上意に合う者には、文報《ぶんぽう》して某官某甲の議可なりと曰う。

語釈 ○会議　とくに集議とよばれる会議は重要な議案を論じることが多かった。ちなみに永田英正「漢代の集議について」（『東方学報』四三、一九七二年）によると、集議は皇帝が臨席する朝議と、議案を示すのみで皇帝が臨席しない廷議とに大別される。○駁議　集議の結果について反対意見を上奏するばあいに用いられる書式。

通釈 疑義があれば公卿や百官が会議を開く。いったん尚書が正しく処置すると決裁したのに、それに対して独り異議を唱えるばあい（に採用される書式）は駁議とよばれる。駁議では、「某官某甲議して以為えらく是くの如し（某官の某甲が議論して思いますことは以下のとおりです）」といい、文末に「臣愚戇にして議異なる（臣はまことに愚か者であり群臣と意見が異なります）」という。駁議でなければ、「議異なる」とは記さない。駁議のうち上意に合ったものに対しては、文書によって報告して「某官某甲の議可なり（某官の某甲の議論を制可した）」という。

24 漢承秦法、羣臣上書皆言昧死言。王莽盗位慕古法、去昧死曰稽首。光武因而不改。朝臣曰稽首頓首、非朝臣、曰稽首再拜。公卿、侍中、尚書衣帛而朝曰朝臣。諸營校尉、將、大夫以下亦爲朝臣。

漢は秦の法を承け、群臣の上書は皆昧死《まいし》して言うと言う。王莽は位を盗むや古法を慕い、昧死を去りて稽首と曰う。光武因りて改めず。朝臣は稽首頓首と曰い、朝臣に非ざれば、稽首再拝と曰う。公卿、侍中、尚書の帛（皁）を衣《き》て朝するものは朝臣と曰う。諸営の校尉、将、大夫以下も亦朝臣為《た》り。

語釈 ○昧死　上書するばあいの常套語句。無知蒙昧ゆえに、死罪に相当するようなことを上言するという意味。○朝臣　朝廷に出仕する官吏。○再拝　二度おじぎをすること。ここでは前出の稽首・頓首と同様に敬意を表す語として使われている。○帛　『漢書』巻七十八蕭望之伝に「〔張〕敞皁衣に備わること二十余年」とあり、その如淳注に「五時の服有りと雖も、朝するに至りては皆皁衣を著《き》る」とあることから、帛は皁に改めるべきであろう。なお皁とはくろぎぬ、もしくはくろぎぬで織られた衣服。○諸営校尉　官名。諸校尉に同じ。

通釈 漢は秦の法制を継承し、群臣の上書は皆「昧死して言う」と記す。王莽は帝位を簒奪したとき古代の法制を慕い、昧死を廃止して稽首という文言を採用した。光武帝はその制度を継承して改めなかった。朝廷に出仕する官僚は「稽首頓首」と記し、朝廷に出仕しない官僚のばあいは、「稽首再拝」と記した。公卿・侍中・尚書のように帛を着て天子に仕える者を朝臣という。諸営の校尉、諸郎将や、大夫に相当する官吏もまた〔朝廷に出仕するために〕朝臣とされる。

25 王者臨撫之別名

天子曰兆民、諸侯曰萬民――今之令長古之諸侯――、百乘之家曰百姓――百乘之家子男之國也――。

王者臨撫の別名
天子は兆民《ちょうみん》と曰い、諸侯は万民と曰い――今の令長は古《いにしえ》の諸侯なり――、百乗の家は百姓《ひゃくせい》と曰う――百乗の家は子男の国なり――。

語釈 ○百乗之家　封地から兵車百輌を出すほどの家。卿大夫の家。

通釈 王者が慰撫して統治する人民をよぶそれぞれの名称
天子のばあいは兆民といい、諸侯は万民といい――今の県令・県長は昔の諸侯に相当する――、卿大夫は百姓という

――百台の〔兵車を供出しうる〕家は〔公・侯・伯・子・男の五等爵のうちの〕子・男の国である――。

26天子所都曰京師。京水也。地下之衆者莫過於水。地上之衆者莫過於人。京大、師衆也。故曰京師也。京師天子之畿内千里。象日月。日月躔次千里。

天子の都とする所は京師と曰う。京は水なり。地下の衆《おお》き者は水に過ぐるは莫し。地上の衆き者は人に過ぐるは莫し。京は大、師は衆なり。故に京師と曰うなり。京師は天子の畿内の千里。日月を象《かたど》る。日月は千里に躔次《てんじ》すればなり。

語釈 ○躔次　日・月・星が軌道上を運行する順序。

通釈 天子が都とするところを京師という。京とは水のことである。地下では水ほど多量に存在するものはない。また地上では人ほど多数存在するものはない。京にはまた大きいという意味があり、師には多数という意味がある。そのため〔大規模で人口も多い天子の都を〕京師とよぶのである。京師は天子の居城を中心とした千里四方の地を指す。また太陽や月になぞらえている。というのは太陽や月は千里にわたって運行するからである。

27 天子命令之別名

命――出君下臣名曰命――。

令――奉而行之名曰令――。

政――著之竹帛名曰政――。

天子の命令の別名

命――君より出でて臣に下るものは名づけて命と曰う――。

令――奉じて之れを行うものは名づけて令と曰う――。

政――之れを竹帛に著すものは名づけて政と曰う――。

語釈 ○命 『史記』巻六秦始皇本紀始皇二十六年の条に「命を制と為す」とあり、命とは前出（15）の制書に当たることが知られる。○令 右の条に「令を詔と為す」とあり、令とは前出（16）の詔書に当たることが知られる。○政 本文割注の「之れ」が前二者を指すとすれば、政とは命（制）や令（詔）を竹簡や帛書に書いたものを指すことになる。

通釈 天子が下す命令のそれぞれの名称

命――君主が直接臣下にくだす命令をいう――。

令――君主の意向をうけて臣下が作成する命令をいう――。

政――それらを竹簡や帛書に書き記したものをいう――。

28 天子父事天、母事地、兄事日、姊事月。常以春分朝日於東門之外、示有所尊、訓人民事君之道也。秋分夕月於西門之外、別陰陽之義也。

天子は天に父事《ふうじ》し、地に母事《ぼじ》し、日に兄事《けいじ》し、月に姉事《しじ》す。常に春分を以て日を東門の外に朝《ちょう》するは、尊ぶ所有るを示し、人民に君に事うるの道を訓《おし》うるなり。秋分に月を西門の外に夕《せき》するは、陰陽を別にするの義なり。

語釈 ○朝　太陽を拝すること。『礼記』玉藻に「玄冕（黒い上衣を着て礼式用の冠をかぶる）して日を東門の外に朝す」とある。○夕　月を拝すること。『国語』巻五魯語下に「小采（玄・黄・朱・白・蒼の五色から玄・黄を除いた三色の衣）して月を夕す」とある。

通釈 天子は天を父として事《つか》え、地を母として事え、太陽を兄として事え、月を姉として事える。毎年春分の日に太陽を宮殿の東門の外において拝するのは、〔天子でさえも〕尊敬するものがあることを示して、人民に君主に事えることの重要さを教えるためである。毎年秋分の日に月を宮殿の西門の外において拝するのは、〔春分の朝礼と秋分の夕礼を一対にすることによって〕陰陽の区別を明確にするためである。

29 天子父事三老者適成於天地人也。兄事五更者訓於五品也。更者長也。更相代至五也。能以善道改更己也。又三老老謂久也。舊也、壽也。皆取首妻男女完具者。古者天子親袒割牲、執醬而饋、三公設几、九卿正履、使者安車輭輪送迎而至其家。天子獨拜于屏。其明旦、三老詣闕、謝以其禮過厚也。又五更或爲叟。叟老稱、與三老同義也。

天子の三老に父事するは天地人に適成《てきせい》すればなり。五更に兄事するは五品に訓《したが》えばなり。更とは長なり。更々相《こもごもあい》代わりて五に至るなり。能く善道を以て己を改更《かいこう》するなり。又三老の老とは久を謂うなり。旧《きゅう》なり、寿なり。皆首妻《しゅさい》男女の完具《かんぐ》する者を取る。古《いにしえ》は天子は親《みずか》ら袒《はだぬ》ぎして牲を割《さ》き、醬を執りて饋《おく》り、三公は几を設け、九卿は履を正し、使者は安車の輭輪《なんりん》なるもて送迎して其の家に至る。天子は独り屏に拝す。其の明旦、三老は闕に詣り、謝するに其の礼の過厚《かこう》なるを以てするなり。又五更は或いは叟《そう》為り。叟は老の称、三老と同義なり。

語釈　〇三老・五更　三老とは天子から養老儀礼を受ける国三老をいう。養老儀礼は王莽の居摂元年（六）にはじめて行われ、のちに廃止されたが、後漢明帝の永平二年（五九）に復活した。五更とは三老につぐ有徳者をいう。〇五品　五常、五典、五倫。人の行うべき五つの道。父子・君臣・夫婦・長幼・朋友の道徳。〇首妻　最初から定まった正妻。嫁いでともに老いた妻。髪妻。〇醬　ししびしお。乾肉を切り、麴と塩を混ぜ、酒を注いで密封してつくる。〇几　犠牲を載せて進める台。〇安車　老人や女性用の一頭立ての馬車。座って乗る車。〇輭輪　蒲輪。振動を防ぐために蒲の穂を巻いた車輪。〇叟　老人に対する尊称。

通釈　天子が三老を父として事えるのはかれらが天地人の道理に通暁し熟成しているからである。〔また天子が〕五更を兄として事えるのはかれらが五品にしたがっているからである。更は長ずるという意味である。それぞれ五品に通じているからである。かれらは道徳的な規範にしたがって自分を向上させることができる人物たちである。また三老の老は久しいという意味である。旧いという意味であり、長生きという意味でもある。三老や五更には皆最初に娶った妻と息子と娘がすべて健在である人物を選ぶ。昔は天子は自ら上半身をあらわにして犠牲を割き、醬を取って贈り、三公は几を準備し、九卿は履物をそろえ、使者は車輪を蒲の穂でつつんだ老人や女性用の馬車を用いてかれらを家まで送迎した。〔到着すると〕天子は門塀に出むいてかれらに拝礼を行った。養老の礼の翌朝、三老は宮殿に参内し、過分の礼遇に感謝した。また五更は叟の意味でもある。叟とは老人に対する敬称であり、三老と同じ語義をもっている。

30 三代建正之別名

夏以十三月爲正、十寸爲尺。律中大簇、言萬物始簇而生。故以爲正也。

殷以十二月爲正、九寸爲尺。律中大呂、言陰氣大勝、助黄鍾宣氣而萬物生。故以爲正也。

周以十一月爲正、八寸爲尺。律中黄鍾、言陽氣踵黄泉而出。故以爲正也。

三代建正の別名
夏は十三月を以て正と為し、十寸もて尺と為す。律は大簇《たいそう》に中《あ》たり、万物始めて簇《むら》がりて生ずるを言う。故に以て正と為すなり。
殷は十二月を以て正と為し、九寸もて尺と為す。律は大呂に中たり、陰気大いに勝《まさ》り、黄鍾を助け気を宣《の》べて万物生ずるを言う。故に以て正と為すなり。
周は十一月を以て正と為し、八寸もて尺と為す。律は黄鍾に中たり、陽気黄泉に踵《しょう》して出《い》づるを言う。故に以て正と為すなり。

語釈 ○三代　夏・殷・周の三王朝。○建正　正は年始を意味し、建正とは歳首（年始）を定めることをいう。○律　笛の音で定めた音階。古代中国では八度音程を十二の音に分け、これを十二律と称した。さらに陰陽に大別して、陽に属する六律と陰に属する六呂に分けた。律は気の現れとされ、暦と密接な関係があると考えられた。そのため歳首を改めることによって音律も当然変化するとされた。○大簇　大蔟、太族、泰蔟。六律の一つ。黄鍾から三番目の音。十二支の寅や夏暦の正月に配される。○大呂　六呂の一つ。黄鍾から二番目の音。十二支の丑や十二月に配される。○黄鍾　六律の一つ。六律六呂の基準となる音。十二支の子や十一月に配される。黄鐘も同じ。○宣気　気を宣べる、気を盛んにすること。○八寸為尺　周代には十寸を一尺とする大尺と八寸を一尺とする小尺とがあったとされる。ここでは後者を指すか。

通釈 三代の建正のそれぞれの名称

夏は十三月を歳首とし、十寸を一尺とした。音律は大簇に当たり、万物がはじめて群がり生じることを意味する。そのため歳首としたのである。

殷は十二月を歳首とし、九寸を一尺とした。音律は大呂に当たり、陰気が大いに勝って、黄鍾を助け気を盛んにして万物が生じることを意味する。そのため歳首としたのである。

周は十一月を歳首とし、八寸を一尺とした。音律は黄鍾に当たり、陽気が黄泉に集まることを意味する。そのため歳首としたのである。

31 三代年歳之別名

唐虞曰載。載歳也。言一歳莫不覆載。故曰載也。夏曰歳、一曰稔也。商曰祀。

周曰年。

三代年歳の別名

唐虞は載と曰う。載は歳なり。一歳として覆載せざる莫きを言う。故に載と曰うなり。夏は歳と曰い、一に稔《じん》と曰うなり。商は祀《し》と曰う。周は年と曰う。

語釈 ○唐虞　唐は陶唐氏で堯、虞は有虞氏で舜。堯・舜の二代をいう。○覆載　天が万物をおおい、地が万物をのせること。転じて天地の意。

通釈 三代の年歳のそれぞれの名称

堯舜二代においては年歳を載といった。載は歳のことである。一歳（一年）として〔万物を〕覆《おお》い載《の》せないことがないことをいう。そのため載というのである。夏においては歳といい、一に稔ともいった。商（殷）においては祀といった。周においては年といった。

32 閏月者所以補小月之減日、以正歳數。故三年一閏、五年再閏。

閏月は小月の減日を補い、以て歳数を正す所以《ゆえん》なり。故に三年に一閏し、五年に再閏す。

語釈 ○閏月　うるう月。○小月　太陰暦では一か月を二十九日と三十日に数え、二十九日の月を小月という。○減日　秦漢時代にはすでに一年が三百六十五日あまりであることが知られていたが、一年を三百六十日とする考え方もあった。いずれにしろ太陰暦では一年の日数が実際の三百六十五日より足りなくなる。減日とはその不足分の日数を指すものとされる。○歳数　年数。ここでは一年の日数。○三年一閏・五年再閏　太陰暦では一年は三百五十余日しかないため、一年で十余日のずれが生じる。これを補うために三年に一度、五年に二度、閏月が置かれた。これは太陰太陽暦とよばれ、中国では春秋時代に十九年七閏の法が確立したといわれる。

通釈 閏月は小月の減日を補って、一年の日数を正すためのものである。そのため三年目に最初の閏月を置き、五年目に再び閏月を置く。

33 天子、諸侯后妃、夫人之別名

天子之妃曰后。后之言後也。諸侯之妃曰夫人。夫人之言扶也。大夫曰孺人。孺之言屬也。士曰婦人。婦之言服也。庶人曰妻。妻之言齊也。公侯有夫人、有世婦、有妻、有妾。皇后赤綬玉璽、貴人緺綟金印。緺綟色似綠。

天子、諸侯の后妃、夫人の別名

天子の妃は后と曰う。后の言は後なり。諸侯の妃は夫人と曰う。夫〔人〕の言は扶なり。大夫は孺人と曰う。孺の言は属なり。士は婦人と曰う。婦の言は服なり。庶人は妻と曰う。妻の言は斉なり。公侯に夫人有り、世婦有り、妻有り、妾有り。皇后は赤綬玉璽、貴人は緺綟《かれい》金印なり。緺綟の色は緑の似《ごと》し。

語釈 ○后　天子の妃の総称。○夫人　皇后につぐ後宮の女官の位。ここでは諸侯の妃の名称。なお『白虎通』嫁娶に「夫者扶也」とあることや本文のほかの部分の書式を勘案すると、「夫人之言扶也」の「人」は衍字とすべきであろう。○孺人　夫にしたがって事を行う者。○世婦　一般に夫人につぐ後宮の女官の位。ここでは公侯の側室の名称。○赤綬玉璽　赤い組みひもをつけた玉製の璽。○緺綟金印　もえぎ色の組みひもをつけた金製の印。

通釈 天子の后妃や諸侯の夫人のそれぞれの名称

天子の妃は后という。后とは後（その後方にあること）をいう。諸侯の妃は夫人という。夫とは扶（扶助すること）をいう。大夫のばあいは孺人という。孺とは属（従属すること）をいう。士のばあいは婦人という。婦とは服（服従すること）をいう。庶人のばあいは妻という。妻とは斉（夫と斉一であること）をいう。また公侯の位にある者には夫人（とよばれる正妻）と、世婦や妻や妾など（の側室）がいる。皇后は赤綬を組みひもとした玉璽を佩《お》び、貴人は緺綬を組みひもとした金印を佩びる。緺の色は緑色に似ている。

34 天子后立六宮之別名

三夫人。帝嚳有四妃、以象后妃四星。其一明者爲正妃、三者爲次妃也。九嬪。夏后氏増以三三而九。合十二人。春秋、天子取十二夏制也。二十七世婦。殷人又増三九二十七。合三十九人。八十一御女。周人上法帝嚳正妃、又九九爲八十一増之。合百二十人也。天子一取十二女象十二月。三夫人九嬪。諸侯一取九女象九州。一妻八妾。卿大夫一妻二妾、士一妻一妾。

天子の后に六宮を立つるの別名

三夫人。帝嚳に四妃有り、以て后妃を四星に象《かたど》る。其の一に明るき者は正妃と為し、三者は次妃と為すなり。九嬪。夏后氏は増すに三三にして九を以てす。合わせて十二人なり。春秋に、天子十二を取《めと》るとは夏制なり。二十七世婦。殷人又三九二十七を増す。合わせて三十九人なり。八十一御女。周人は上は帝嚳の正妃に法り、又九九して八十一と為して之れを増す。合わせて百二十人なり。天子一たびに十二女を取るは十二月に象る。三夫人九嬪。諸侯一たびに九女を取るは九州に象る。一妻八妾なり。卿大夫は一妻二妾、士は一妻一妾なり。

語釈 ○六宮　上古の後宮に置かれたとされる六つの宮殿。前殿である一つの正寝と、後殿である五つの燕寝からなる。ここではそこに起居する正妃・三夫人・九嬪・二十七世婦・八十一御女の五種類を指す。○帝嚳　伝説上の聖天子。三皇五帝の一人。○四星　軒轅の四星を指し、北極星の付近にある山猫座のα星を中心とした四つの星に相当する。○九嬪　夫人につぐ後宮の女官の位。○夏后氏　夏王朝。禹の国号・姓氏。禹ははじめ夏伯に封じられ、のちに帝舜の禅譲を受けて天子となったために、その国号を夏と定めた。またその国号によって、夏を姓氏としたとされる。○御女　世婦につぐ後宮の女官の位。○百二十人　三夫人・九嬪・二十七世婦・八十一御女を合計した人数。○九州　中国全土。古代には天下を九つの州に区分したといわれる。

通釈 天子の后として六宮を立てるばあいのそれぞれの名称

六宮にはまず三夫人がいる。その理由は帝嚳に四人の妃がいて、彼女らを〔軒轅の〕四星になぞらえたからである。そしてそのうち一番明るい星になぞらえられた者を正妃とし、残る三人を次妃と定めた。つぎに九嬪がいる。これは夏后氏が増した女性で三を二乗して九人とした。〔そこで三夫人と九嬪を〕合計して十二人を定数としたのである。『春秋』に、「天子は十二人の女性を娶る」と記されるのは夏の制度である。つぎに二十七世婦である。殷人もまた三を三乗して二十七人を増員した。〔三夫人と九嬪と二十七世婦を〕合計して三十九人を定数としたのである。つぎに八十一御女がいる。周人は上代については帝嚳の正妃の制度にしたがい、また三を四乗して八十一人を増員した。〔三夫人と九嬪と二十七世婦と八十一御女を〕合計して百二十人を定数としたのである。天子は一度に十二人の女性を娶るがそれは十二月になぞらえたものである。十二人の女性とは三夫人と九嬪のことである。諸侯は一度に九人の女性を娶ることができるが、それは九州になぞらえたものである。九人の女性とは一妻と八妾のことである。卿大夫は妻一人妾二人、士は妻一人妾一人。

35 王者子女封邑之差

帝之女曰公主。儀比諸侯。帝之姉妹曰長公主。儀比諸侯王。異姓婦女以恩澤封者曰君、比長公主。

王者の子女の封邑の差

帝の女は公主と曰う。儀は諸〔列〕侯に比す。帝の姉妹は長公主と曰う。儀は諸侯王に比す。異姓の婦女の恩沢を以て封ぜらるる者は君と曰い、〔長〕公主に比す。

語釈 ○封邑　王者からあたえられた土地。○諸侯　この『独断』の本文では公主と長公主の儀が等しいことになる。しかし『続漢書』百官志五輿服志下によると、公主の儀は列侯に等しく、長公主の儀は諸侯に等しいとされている。これにしたがって、諸侯を列侯に読み換える。列侯とは二十等爵制のうちで諸侯王の子息や外戚・功臣などにあたえられた最高の爵位で、県に相当する封邑があたえられた。○君　女性であって君号に封じられた者。封君。右の輿服志下によれば、封君の儀は公主と等しく、長公主よりも一段階低い。したがって「比長公主」を「比公主」と読み換える。

通釈 王者の子女の封邑による待遇の差
帝のむすめは公主とよばれる。儀礼・服飾などの待遇は列侯のそれに等しい。帝の姉妹は長公主とよばれる。儀礼〔や服飾などの待遇〕は諸侯王のそれに等しい。皇帝とは姓を異にする婦女で、恩沢による特別のはからいによって封じられた者は君とよばれ、〔待遇は〕公主に等しい。

36 天子諸侯宗廟之別名

左宗廟。東曰左。帝牲牢三月。在外牢一月、在中牢一月、在明牢一月。謂近明堂也。三月一時、已足肥矣。徙之三月、示其潔也。

天子諸侯の宗廟の別名
宗廟を左にす。東は左と曰う。帝の牲は牢すること三月。外牢に在ること一月、中牢に在ること一月、明牢に在ること一月。明堂に近きを謂うなり。三月は一時、已に肥ゆるに足れり。之れを徙すこと三月なるは、其の潔きを示すなり。

語釈 ○宗廟　祖先のみたまや。○左　天子の寝殿は南面するから、その左側は東、右側は西に当たる。『周礼』春官小宗伯に「社稷を右にし、宗廟を左にす」とあり、『礼記』祭義にも「国の神位を建つるには、社稷を右にして宗廟を左にす」とある。〇帝牲　天帝・五帝などに供える犠牲。〇牢　犠牲に供される動物を一定期間養う場所。〇明堂　王者が国家の重要な政教を執り行う建物。〇三月一時　三か月で一時とされ、一時は一つの季節に相当する。

通釈　天子や諸侯の宗廟のそれぞれの名称

天子や諸侯の宗廟は〔寝殿からみて〕左側に建てる。東は左という。帝のささげる犠牲は三か月のあいだ囲いの中で養われる。そのうち一か月は外牢で、つぎの一か月は中牢で、最後の一か月は明牢で養われる。〔明牢とは〕明堂に近いことにちなんだ名称である。三か月は一つの〔季節に相当する〕時間であり、〔犠牲を〕肥らせるに十分な期間である。犠牲を三月のあいだ囲い込んでおくのは、その犠牲がけがれのないものであることを示すためである。

37 右社稷。西曰右。宗廟社稷皆在庫門之内、雉門之外。天子三昭三穆、與太祖之廟七。七廟、一壇一墠、曰考廟、王考廟、皇考廟、顯考廟、祖考廟。皆月祭之。諸侯二昭二穆、與太祖之廟五。五廟、一壇一墠、曰考廟、王考廟、皇考廟。皆月祭之。

社稷を右にす。西は右と曰う。宗廟社稷は皆庫門の内、雉門の外に在り。天子は三昭三穆、太祖の廟と与《とも》に七。七廟は、一壇一墠《せん》あり、考廟、王考廟、皇考廟、顕考廟、祖考廟を曰う。皆月ごとに之れを祭る。諸侯は二昭二穆、太祖の廟と与に五。五廟は、一壇一墠あり、考廟、王考廟、皇考廟を曰う。皆月ごとに之れを祭る。

語釈 ○社稷　土地の神である社と、五穀の神である稷の祭殿。のちに転じて国家を指す。○庫門　天子の寝殿の門の一つ。ちなみに天子の寝殿には、手前から順に、路門・応門・雉門・庫門・皋門の五つの門があったとされる。○三昭三穆　昭とは父の尊称。穆とはつつしむこと。転じて子のそれぞれの名称。礼制では、太祖の廟を別格として、二世・四世・六世の廟を三昭、三世・五世・七世の廟を三穆とよぶ。○太祖　初代の皇帝およびその廟号。○一壇一墠　壇は土を盛り上げて築いた祭壇、墠は地を掃い清めた祭場。『礼記』祭法では、太祖よりも遠い先祖をまつるのに壇を用い、それよりさらに遠い先祖をまつるには墠を用いるとしている。○考廟　現在の当主の父の廟。○王考廟　同祖父の廟。○皇考廟　同曾祖父の廟。○顕考廟　同高祖父の廟。○祖考廟　太祖の廟に同じ。○二昭二穆　礼制では、太祖の廟を別格として、二世・四世の廟を二昭、三世・五世の廟を二穆とよぶ。

通釈 天子や諸侯の社稷は〔寝殿からみて〕右側に建てる。西は右という。宗廟と社稷はともに庫門の内側、雉門の外側にある。天子の宗廟は三昭・三穆の廟と、太祖の廟の七廟である。七廟は一つの壇と一つの墠からなり、考廟・王考廟・皇考廟・顕考廟・祖考廟をいう。それらは皆月ごとに祭祀を行う。諸侯の宗廟は二昭・二穆の廟と、太祖の廟の五廟である。五廟は一つの壇と一つの墠からなり、考廟・王考廟・皇考廟をいう。それらも皆月ごとに祭祀を行う。

38 大夫以下廟之別名

大夫一昭一穆、與太祖之廟三。三廟一壇、考廟、王廟、四時祭之也。士一廟、降大夫二也。上士二廟、一壇。考廟、王考廟、亦四時祭之而已。自立二祀、曰門曰行。下士一廟、曰考廟。王考無廟而祭之。所謂祖稱曰廟者也。亦立二祀與上士同。府史以下未有爵命號爲庶人及庶人、皆無廟四時祭於寢也。

大夫以下の廟の別名
大夫は一昭一穆、太祖の廟と与《とも》に三。三廟は一壇、考廟、王廟にして、四時に之れを祭るなり。士は一廟、大夫を降ること二なり。上士は二廟、一壇。考廟、王考廟にして、亦四時に之れを祭るのみ。自ら二祀を立て、門と曰い行と曰う。下士は一廟、考廟と曰う。王考は廟無くして之れを祭る。所謂《いわゆる》祖と称するは廟を曰う者なり。亦二祀を立つること上士と同じ。府史以下の未だ爵命有らずして号して庶人と為《せら》るるもの及び庶人は、皆廟無くして四時に寝に祭るなり。

語釈 ○大夫　周代の身分・官職。天子・諸侯の臣で、卿の下、士の上に位し、上大夫・中大夫・下大夫に分かれていたとされる。○王廟　王考廟。○士　周代の身分・官職。卿・大夫の下に位し、また事務にたずさわる者。上士・中士・下士があった。○祖　一族や一家の初代。ここでは太祖・高祖などの廟号（天子の霊を宗廟にまつるさいにつける尊号）。○府史　私的に雇われた役所の書記。属吏・胥徒。○爵命　封爵を授与され、官職に任命されること。正規の役人。○庶人　一般人民。平民・百姓。○祭於寝　とくに廟を建てず、居住する家の一室に父祖の霊をまつること。寝は寝起きする部屋・居門。

通釈 大夫以下の廟のそれぞれの名称
大夫の廟は昭一つと穆一つで、太祖の廟とともに合計して三廟がある。三廟とは壇一つと考廟・王廟をいい、〔春・夏・秋・冬の〕四季にこれらをまつる。士の廟は一つで、大夫より二つ少ない。上士の廟は二つで、ほかに壇一つもある。それらは考廟・王考廟からなり、これらもまた四季にまつるだけである。また上士は二祀を立て、それらは門と行とよばれる。下士の廟は一つで、考廟とよばれる。王考については廟をもたずに祭祀を行う。なお〔太祖・高祖などの〕

祖という名称は廟号をいう。また〔下士も門・行の〕二祀を立てることは上士のばあいと同じである。府史以下のいまだ爵命のない者で庶人と号される者と庶人には、皆廟はなく四季に室内でまつるだけである。

39 周祧文武爲祧、四時祭之而已。去祧爲壇、去壇爲墠。有禱焉祭之、無禱乃止。去墠曰鬼。壇謂築土起堂、墠謂築土而無屋者也。

周の祧《ちょう》は文武を祧と為し、四時に之れを祭るのみ。祧を去るを壇と為し、壇を去るを墠《せん》と為す。禱有るは焉《すなわ》ち之れを祭り、禱無きは乃ち止む。墠を去るを鬼と曰う。壇とは土を築きて堂を起つるを謂い、墠とは土を築きて屋無き者を謂うなり。

語釈 ○祧　みたまや。寝・室などの建造物のない区画された聖所。○禱　祈禱。神明・祖先などに事を告げ福助を求めること。その儀式・法要。○鬼　死者の霊魂。ここではその神位を安置するための特定の場所をもたないもの。

通釈 周の祧には文王・武王の墓所があり、〔春・夏・秋・冬の〕四季にまつるだけである。祧〔にまつる文武二王〕よりも遠い先祖をまつるばあいには壇を用い、それよりさらに遠い先祖をまつるばあいには墠を用いる。それらは祈禱する必要があるときにだけまつり、必要がないときにはまつらない。この墠にまつる先祖よりも遠い先祖は鬼とよばれる。なお壇は土を盛って起てた堂、また墠は土を盛りその上に屋のないものをいうのである。

40 薦考妣於適寢之所祭
春薦韭卵、夏薦麥魚、秋薦黍豚、冬薦稻鴈。制無常牲、取與新物相宜而已。

考妣を適寢の祭る所に薦む
春には韭卵《きゆう》を薦め、夏には麦魚を薦め、秋には黍豚を薦め、冬には稲雁を薦む。制として常牲無く、新物と相宜《あい》しきを取るのみ。

語釈 ○考妣　亡き父母。考は亡父、妣は亡母。○適寢　卿・大夫・士の住居の正室。東西に副室のない建物で、表座敷に当たる。○黍　もちきび。粘り気の多いきび。

通釈 亡き父母を適寝にまつり供物を供える
春には韭《にら》と鳥の卵を供え、夏には麦と魚を供え、秋には黍と豚を供え、冬には稲と雁を供える。制度として常設のいけにえはなく、その季節の新しい穀物にふさわしい犠牲を供えるだけである。

41 天子之宗社曰泰社。天子所爲羣姓立社也。天子之社曰王社、一曰帝社。古者有命將行師、必於此社授以政。尚書曰、用命賞于祖、不用命戮于社。諸侯爲百姓立社曰國社。諸侯之社曰侯社。

天子の宗社は泰社と曰う。天子の群姓の為に立つる所の社なり。天子の社は王社と曰い、一に帝社と曰う。古は命有りて将《まさ》に師を行わんとするや、必ず此の社に於いて授くるに政を以てす。尚書に曰く、命を用うれば祖に賞し、命を用いざれば社に戮す、と。

諸侯の百姓の為に社を立つるは国社と曰う。諸侯の社は侯社と曰う。

語釈 ○宗社　祭祀や礼儀を執行する重要なやしろ。○群姓　多くの有姓の民。文武百官以下一般庶民までを指す。○政　おきて・約束。○尚書　書名。『書』『書経』。儒教の経典で、五経の一つ。堯舜以下上古の帝王の政令や言行を集めた書。同甘誓にほぼ同文が見える。

通釈 天子の最も重要な社は泰社という。それは天子が群衆のために立てた社である。天子自身の社は王社といい、また一に帝社ともいう。昔は命令を下して軍事行動を起こすときには、かならずこの社において約束を伝えたものである。『尚書』〈甘誓〉に、「命令にしたがえば祖廟で賞をあたえ、命令にしたがわなければ社で殺すであろう」とある。

諸侯は百姓のために社を立てそれを国社という。諸侯自身の社は侯社という。

42 亡國之社。古者天子亦取亡國之社、以分諸侯使爲社、以自儆戒。屋之奄其上使不通天、柴其下使不通地、自與天地絶也。面北向陰示滅亡也。

亡国の社。古は天子亦亡国の社を取りて、以て諸侯に分かちて社と為し、以て自《みずか》ら儆《けい》戒せしむ。之れに屋して其の上を奄《おお》い天に通ぜざらしめ、其の下を柴《さい》し地に通ぜざらしめ、自《おの》ずから天地と絶するなり。北に面して陰に向かうは滅亡せしことを示すなり。

語釈 ○柴　塞ぐ。○面北　三面を塞ぎ、北窓だけを開け放つこと。

通釈 亡国の社。昔は天子はまた滅んだ国の社を接収して、諸侯に分けあたえその国の社とし、それによって自らをいましめさせた。この社には屋根をのせてその上をおおい天に通じないようにさせ、その下を塞いで地に通じないようにさせ、自ずから天地と隔絶するようにしたのである。またそれを北窓にして陰に向けているのは滅亡したことを示しているのである。

43 大夫以下成羣立社曰置社。大夫不得特立社、與民族居百姓已上則共一社。今之里社是也。

大夫以下の群を成して社を立つるは置社と曰う。大夫は特《ひと》り社を立つるを得ず、民と族居して百姓已上なれば則ち一社を共にす。今の里社是れなり。

語釈 ○置社　大夫以下が立てた社の名。○族居　集まり居住する。

通釈 大夫から庶人までが〔一家でなく〕集まって立てた社は置社という。大夫は一家だけで社を立てることはできないので、民と集合して百家以上になったばあいにはともに一社を立てる。現在の里社がこれに当たる。

44 天子社稷土壇、方、廣五丈。諸侯半之。

天子の社稷は土壇、方、広さ五丈。諸侯は之れに半ばす。

通釈 天子の社稷は土をもってつくった壇で、方形であり、広さは五丈〔約一二メートル〕四方ある。諸侯の社稷はその半分の大きさである。

45 天子社稷皆太牢。諸侯社稷皆少牢。

天子の社稷は皆太牢。諸侯の社稷は皆少牢。

語釈 ○太牢　牛・羊・豚の三種類の犠牲。○少牢　羊・豚の二種類の犠牲。

通釈 天子の社稷には皆〔牛・羊・豚の〕太牢を供える。諸侯の社稷には皆〔羊・豚の〕少牢を供える。

46 天子爲羣姓立七祀之別名

曰司命、曰中霤、曰國行、曰國門、曰泰厲、曰戸、曰竈。
諸侯爲國立五祀之別名
曰司命、曰中霤、曰國門、曰國行、曰公厲。
大夫以下自立三祀之別名
曰族厲、曰門、曰行。

天子の群姓の為に七祀を立つるの別名
司命と曰い、中霤《ちゅうりゅう》と曰い、国行と曰い、国門と曰い、泰厲《たいれい》と曰い、戸と曰い、竈《そう》と曰う。
諸侯の国の為に五祀を立つるの別名
司命と曰い、中霤と曰い、国門と曰い、国行と曰い、公厲《こうれい》と曰う。
大夫以下の自ら三祀を立つるの別名
族厲《ぞくれい》と曰い、門と曰い、行と曰う。

語釈 ○司命　人の命運や寿命をつかさどる神。○中霤　住宅の神。堂室や住居をつかさどる。○行　人の往来する道路の神。また水を廟門外の道路にまつること。天子・諸侯は国行、大夫以下は行と称する。国門も同様。○門　城門の神。人の出入をつかさどる。○泰厲　厲は悪鬼の一種で、誅罰をつかさどる。諸侯は公厲、大夫以下は族厲と名称を異にする。○戸　戸の神。人の出入をつかさどる。○竈　竈《かまど》の神。飲食をつかさどる。また家族の行動を監視し、その功罪を天に報告する。天はこの報告にもとづいて各人の吉凶禍福を決定するとされた。

通釈 天子が多くの民のために七祀を立てるさいのそれぞれの名称

司命・中霤・国行・国門・泰厲・戸・竈という。
諸侯が国を治めるために五祀を立てるさいのそれぞれの名称
司命・中霤・国門・国行・公厲という。
大夫以下の人々が自分のために三祀を立てるさいのそれぞれの名称
族厲・門・行という。

47
五祀之別名

門。秋爲少陰。其氣收成、祀之於門。祀門之禮、北面設主于門左樞。
戸。春爲少陽。其氣始出生養、祀之於戸。祀戸之禮、南面設主於門内之西。
行。冬爲太陰。盛寒、爲水祀之於行。在廟門外之西、拔壤。厚二尺、廣五尺、
輪四尺。北面設主於拔上。一作軷壤。
竈。夏爲太陽。其氣長養、祀之於竈。祀竈之禮、在廟門外之東、先席于門奥、
西東設主于竈陘也。
中霤。季夏之月、土氣始盛、其祀中霤。霤神在室、祀中霤、設主于牖下也。

五祀の別名

門。秋は少陰たり。其の気収成するや、之れを門に祀る。門を祀るの礼は、北面して主を門の左枢に設く。

戸。春は少陽たり。其の気始めて出でて生養するや、之れを戸に祀る。戸を祀るの礼は、南面して主を門内の西に設く。

行。冬は太陰たり。盛寒なるや、水の為に之れを行に祀る。廟門外の西に在りて、抜壌《はつじょう》す。厚さ二尺、広さ五尺、輪《たて》四尺なり。北面して主を抜上に設く。一に軷壌に作る。

竈。夏は太陽たり。其の気長養するに、之れを竈に祀る。竈を祀るの礼は、廟門外の東に在り、先ず門の奥に席し、東に〔面して〕主を竈陘《そうけい》に設くるなり。

中霤。季夏の月に、土気始めて盛んなるに、其れ中霤を祀る。霤神は室に在り、中霤を祀るに、主を牖下《ゆうか》に設くるなり。

語釈 ○枢　戸の回転軸、とぼそ。○抜壌　土を盛り上げてつくった祭壇。○広　横、東西。○輪　縦、南北。○竈陘　かまどのわきの置き台。○西東　一本に面東につくる。これにしたがう。

通釈 五祀のそれぞれの名称

門。秋は少陰の気である。その気が熟成すると、これを門にまつる。門をまつる礼は、北に向かって位牌を門の左側のとぼそに置くのである。

戸。春は少陽の気である。その気がはじめて生まれ成長すると、これを戸にまつる。戸をまつる礼は、南に向かって位牌を門の内部の西側に置くのである。

行。冬は太陰の気である。寒さの盛りになると、水のためにその気を道路にまつる。道路は廟門の外部の西側にあり、そこに〔土を盛り上げて〕抜壌をつくる。〔その大きさは〕厚さ二尺（約四六センチメートル）、横五尺（約一一五センチメートル）、縦四尺（約九二センチメートル）である。〔そのまつり方は〕北に向かって位牌を抜壌の上に置くのである。

なお一説によると軷壌につくる。
竈。夏は太陽の気である。その気が成長すると、これを竈にまつる。竈をまつる礼は、廟門の外部の東側にあって、先ず門の奥に位置を設け、それから東に向かって位牌を竈のわきの置き台に置くのである。
中霤。季夏の月に、土気がはじめて盛んになると、中霤をまつる。その霤神は室内にあるので、それをまつるには、位牌を窓の下に置くのである。

48 五方正神之別名

東方之神、其帝太昊、其神勾芒。南方之神、其帝神農、其神祝融。西方之神、其帝少昊、其神蓐收。北方之神、其帝顓頊、其神玄冥。中央之神、其帝黄帝、其神后土。

五方正神の別名
東方の神、其の帝は太昊《たいこう》、其の神は勾芒《こうぼう》。南方の神、其の帝は神農、其の神は祝融《しゆくゆう》。西方の神、其の帝は少昊、其の神は蓐收《じよくしゆう》。北方の神、其の帝は顓頊《せんぎよく》、其の神は玄冥《げんめい》。中央の神、其の帝は黄帝、其の神は后土。

語釈 ○太昊　太皞庖犠氏。木徳をもって天下を治め、死後東方にまつられて木徳の帝とされた。以下、いずれも伝説上の帝王。○勾芒　少昊氏の子孫で、死後木をつかさどる神として木徳の帝を助けた。○神農　炎帝神農氏。火徳をもって天下を治め、死後南方にまつられて火徳の帝とされた。〇祝融　顓頊氏の子孫で、死後火をつかさどる神として火徳の帝を助けた。〇少昊　少皞金天氏。金徳をもって天下を治め、死後西方にまつられて金徳の帝とされた。その即位のときに鳳鳥が出現したので、官名に鳥の名をつけたとされる。〇蓐収　少昊氏の子孫で、死後は金をつかさどる神として金徳の帝を助けた。〇顓頊　顓頊高陽氏。水徳をもって天下を治め、死後北方にまつられて水徳の帝とされた。〇玄冥　少昊氏の子で、死後水をつかさどる神として水徳の帝を助けた。〇黄帝　黄帝軒轅氏。土徳をもって天下を治め、死後中央にまつられて土徳の帝とされた。〇后土　共工氏の子で、死後土をつかさどる神として土徳の帝を助けた。

通釈　五方正神のそれぞれの名称

東方の神は、その上帝を太昊といい、それを補佐する神を勾芒という。南方の神は、その上帝を神農といい、それを補佐する神を祝融という。西方の神は、その上帝を少昊といい、それを補佐する神を蓐収という。北方の神は、その上帝を顓頊といい、それを補佐する神を玄冥という。中央の神は、その上帝を黄帝といい、それを補佐する神を后土という。

49　六神之別名

風伯神箕星也。其象在天能興風。雨師神畢星也。其象在天能興雨。明星神一曰靈星。其象在天。舊說曰、靈星火星也。一曰龍星、火爲天田。厲山氏之子柱及后稷能殖百穀、以利天下。捴祠此三神、以報其功也。漢書稱、高帝五年、初置靈星祠。后土祠位在壬地。

社神蓋共工氏之子勾龍也。能平水土、帝顓頊之世、擧以爲土正、天下賴其功。堯祠以爲社。凡樹社者、欲令萬民加肅敬也。各以其野所宜之木、以名其社及其野。位在未地。

稷神蓋厲山氏之子柱也。柱能殖百穀、帝顓頊之世、擧以爲田正、天下賴其功。周棄亦播殖百穀。以稷五穀之長也、因以稷名其神也。社稷二神功同。故同堂別壇。俱在未位。土地廣博不可偏覆、故封。社稷露之者、必受霜露、以達天地之氣。樹之者、尊而表之、使人望見則加畏敬也。

先農神。先農者、蓋神農之神。神農作耒耜、教民耕農。至少昊之世、置九農之官如左。

春扈氏――扈、止也――農正。趣民耕種――鴳鶮――。夏扈氏農正。趣民芸除――切玄――。秋扈氏農正。趣民收斂――切藍――。冬扈氏農正。趣民蓋藏――切黃――。棘扈氏農正。常謂茅氏。一曰掌人百果――切丹――。行扈氏農正。晝爲民驅鳥――唶唶――。宵扈氏農正。夜爲民驅獸――嘖嘖――。桑扈氏農正。趣民養蠶――切脂――。老扈氏農正。趣民收麥――鷃鷃――。

六神の別名

風伯神は箕星なり。其の象は天に在りて能く風を興す。雨師神は畢《ひつ》星なり。其の象は天に在りて能く雨を興す。明星神は一に霊星と曰う。其の象は天に在り。旧説に曰く、霊星は火星なり、と。一に竜星と曰うは、火にして天田為《た》ればなり。厲山氏の子柱及び后稷は能く百穀を殖《ふや》し、以て天下に利す。惣《すべ》て此の三神を祠るは、以て其の功に報ずればなり。漢書に称す、高帝五年、初めて霊星祠を置く、と。〔后土祠〕位は壬の地に在り。

社神は蓋し共工氏の子勾竜なり。能く水土を平らかにし、帝顓頊の世に、挙げられて以て土正と為り、天下其の功に頼《よ》る。堯祠りて以て社を為る。凡そ社に樹《う》うるは、万民をして粛敬を加えしめんと欲すればなり。各々其の野の宜しき所の木を以て、以て其の社及び其の野に名づく。位は未の地に在り。

稷神は蓋し厲山氏の子柱なり。柱能く百穀を殖し、帝顓頊の世に、挙げられて以て田正と為り、天下其の功に頼る。周棄も亦百穀を播殖す。稷は五穀の長なるを以て、因りて稷を以て其の神に名づくるなり。社稷の二神功は同じ。故に堂を同じくして壇を別《わか》つ。倶《とも》に未の位に在り。土地は広博にして偏く覆う可からず、故に封ず。社稷の之れを露《あら》わにするは、必ず霜露を受けて、以て天地の気を達せんとすればなり。之れに樹うるは、尊んで之れを表し、人をして望見せしめて則ち畏敬を加えしむればなり。

先農神。先農とは、蓋し神農の神なり。神農耒耜《らいし》を作りて、民に耕農を教う。少昊の世に至りて、九農の官を置くこと左の如し。

春扈《しゅんこ》氏は――扈は、止なり――農正なり。民に耕種を趣《うなが》す――鳻鶞《ふんちゅん》なり――。夏扈氏は農正なり。民に芸除《うんじょ》を趣す――切玄なり――。秋扈氏は農正なり。民に収斂《れん》を趣す――切藍なり――。冬扈氏は農正なり。民に蓋蔵を趣す――切黄なり――。棘《きょく》扈氏は農正なり。常《かつ》て茅氏と謂う。一に人の百果を掌ると曰う――切丹なり――。行扈氏は農正なり。昼に民の為に鳥を駆《お》う――唶唶《さくさく》たり――。宵扈《しょうこ》氏は農正なり。夜に民の為に獣を駆う――嘖嘖《さくさく》たり――。桑扈氏は農正なり。民に養蚕を趣す――切脂なり――。老扈氏は農正なり。民に収麦を趣す――鷃鷃《あんあん》なり――。

語釈 ○六神　六つの祭祀すべき神。ここでは風伯・雨師・明星（霊星）・先農・社・稷をもって六神とする。○箕星　星の名。二十八宿の一つの「みぼし」をいうとされる。○畢星　星の名。二十八宿の一つの「あめふり」をいうとされる。○霊星　星の名。二十八宿の角亢に当たる。火星・竜星・天田星ともいう。稼穡をつかさどり、民に農耕の時節を教えるとされる。○厲山氏　烈山氏。炎帝神農氏をいう。○后稷　后稷。周の始祖棄。堯の時代に農師となり、舜の時代に農事をつかさどる后稷（稷）の官に就き、以後后稷（稷）と号したとされる。○漢書称、高帝五年、初置霊星祠。后土祠位壬地　『漢書』巻二十五上郊祀志上によると、この高帝五年は八年とされているが、『風俗通』祀典所引の『漢書』はこの項と同じく五年と記す。今はこれにしたがう。また抱経堂校定本は「后土祠」の三字を衍字とする。したがうべきであろう。○社神　土地の神。ここでは治水神としての勾竜を配する。○共工氏　伝説上の覇者。治水に功があったとされる。○土正　伝説上の官名。水土をつかさどる長官。○稷神　五穀の神。夏以前は柱を配し、殷以後は棄を配している。○田正　伝説上の官名。田畑をつかさどる長官。○先農神　炎帝神農氏。はじめて民に農耕を教えた神とされる。○九農之官　農業を督励する九扈の官。扈とは鳥名（ふなしうずら）。毛色や鳴声の変化によって名前を変え、時節を告げるとされた。これにちなんで農桑にたずさわる九つの官名（九農正）に命名。

通釈　六神のそれぞれの名称

風伯神とは箕星のことである。その形象は天空にあってよく風を吹き起こす。雨師神とは畢星のことである。その形象は天空にあってよく雨を降らす。明星神とは一説に霊星ともいう。その形象は天空にある。旧説では、霊星は火星であるという。また一説にこれを竜星というのは、大火や天田星に由来するからである。厲山氏の子柱と后稷は百穀を播き殖し、それによって天下に利益をもたらした。とくにこの三神を祭祀するのは、その功績に報いるためである。『漢書』には、高帝五年（前二〇二）に初めて霊星祠を設置したと記されている。位置は壬（北）の方角にある。社神とは共工氏の子勾竜のことであろう。よく水土を平穏無事に治めたので、帝顓頊の世に、推挙されて土正の官に就き、天下はその功績によるところ大であった。堯はこれを祭祀して社をつくった。そもそも社に樹木を植えるのは、万民に粛敬の念を加えさせようと欲するからである。それぞれの土地に適する樹木を植え、その社とその田野の名称とする。その位置は未（南西）の方角の地にある。

稷神とは厲山氏の子柱のことであろう。柱は百穀を殖したので、帝顓頊の世に、推挙されて田正の官に就き、天下はその功績によるところ大であった。周棄もまた百穀を播き殖した。稷は五穀の筆頭であるので、稷をもって五穀の神に名づけるのである。社稷の二神はその功績は同等である。そのため堂を同じにして壇を別にする。その位置はともに未の方角にある。土地は広博でそのすべてを覆ってまつることはできないので、そのため土盛りをして壇を築くのである。社稷に〔屋根を設けずに〕露出しておくのは、かならず霜や露を受けて、天と地との気がよく通じ合うようにするためである。そこに樹木を植えるのは、それを尊い場所として表し、遠くから人に仰ぎ見させることによって、畏敬の念を加えさせようとするからである。

先農神。先農とは、神農神のことであろう。神農は耒耜（鋤）を創作して、民に農耕の方法を教えた。ついで少昊の世になって、左のような九農の官を設置することになった。

春扈氏は――扈とは、止である――農正である。民に耕し種まくことを促す――鳻鶞（春のふなしうずら）をいう――。夏扈氏は農正である。民に除草を促す――切玄（夏のふなしうずら）をいう――。秋扈氏は農正である。民に収穫を促す――切藍（秋のふなしうずら）をいう――。冬扈氏は農正である。民に貯蔵を促す――切黄（冬のふなしうずら）をいう――。棘扈氏は農正である。以前は茅氏といった。一説に人の食する果物の栽培をつかさどるとされる――切丹（羽色が薄赤いふなしうずら）をいう――。行扈氏は農正である。昼間民のために鳥を追い払う――〔そのさいの声の音は〕唶唶《さくさく》である――。宵扈氏は農正である。夜間民のために獣を追い払う――〔そのさいの声の音は〕嘖嘖《さくさく》である――。桑扈氏は農正である。民に養蚕を促す――切脂（羽色が薄白いふなしうずら）である――。老扈氏は農正である。民に麦の取り入れを促す――鷃鷃《あんあん》（ふなしうずら）である――。

50 疫神

帝顓頊有三子、生而亡去爲鬼。其一者居江水是爲瘟鬼。其一者居若水是爲魍魎。其一者居人宮室樞隅處、善驚小兒。

於是命方相氏、黄金四目、蒙以熊皮、玄衣朱裳、執戈揚楯。常以歳竟十二月、從百隷及童兒而時儺、以索宮中、毆疫鬼也。桃弧棘矢、土鼓鼓且射之。以赤丸五穀播洒之、以除疾殃。

已而立桃人葦索、儋牙虎神荼鬱壘以執之。儋牙虎神荼鬱壘二神。海中有度朔之山、上有桃木、蟠屈三千里。

卑枝東北有鬼門。萬鬼所出入也。神荼與鬱壘二神居其門、主閲領諸鬼。其惡害之鬼、執以葦索、食虎。故十二月歳竟、常以先臘之夜、逐除之也。乃畫荼壘、并懸葦索於門戸、以禦凶也。

疫神

帝顓頊に三子有るも、生まれて亡《し》に去りて鬼と為る。其の一は江水に居りて是れを瘟《おん》鬼と為す。其の一は若水に居りて是れを魍魎《もうりょう》と為す。其の一は人の宮室の枢隅の処に居りて、善く小児を驚かす。

是こに於いて方相氏に命じて、黄金四目、蒙《おお》うに熊皮を以てし、玄衣朱裳、戈を執り楯を揚げしむ。常に歳の竟《おわ》りの十二月を以て、百隷及び童児を従えて時儺《おにやらい》し、以て宮中に索《もと》めて、疫鬼を殴《う》たしむるなり。桃《とう》弧棘矢《こきょくし》もて、土鼓をば鼓ち且つ之れを射る。赤丸の五穀を以て之れを播洒《はせい》し、以て疾殃《しつおう》を除かんとす。已にして桃人と葦索を立て、儋《たん》〔倨《きょ》〕牙の虎と神荼鬱塁《しんじょうつりつ》もて以て之れを執《と》えしむ。儋〔倨〕牙の虎と神荼鬱塁との二神あり。海中に度朔の山有り、上に桃木有りて、蟠屈すること三千里。卑《ひく》き枝の東北に鬼門有り。万鬼の出入する所なり。神荼と鬱塁との二神は其の門に居りて、諸鬼を閲領するを主《つかさど》る。其れ悪害の鬼あらば、執《と》うるに葦索を以てし、虎に食らわしむ。故に十二月の歳の竟り、常に臘に先だつの夜を以て、之れを逐除せんとするなり。乃ち荼塁を画き、并びに葦索を門戸に懸け、以て凶を禦《ふせ》がんとするなり。

語釈 ○疫神　伝染病を引き起こすもののけ、疫病神。○江水　長江（揚子江）。○瘟鬼　疫病神と同じ。伝染病などを引き起こす鬼とされた。○若水　現在の雅礱江の古名とされる。四川省を東流して金沙江に入り、長江に注ぐ。○魍魎　山川・木石などの精霊。また水中にすむもののけ。○方相氏　宮中に仕える礼官の名。天子の葬送や追儺をつかさどる。方相の字義は放想。畏怖すべき容貌をいう。その異様な風体は悪鬼を威圧すると信じられていた。○童児　子供・わらべ。悪鬼に狙われる彼らが、方相氏の庇護のもとに逆に鬼を追いたてることになる。○時儺　疫病の神を追い払うこと。追儺《ついな》、おにやらい。○桃弧棘矢　桃の木の弓と棘《いばら》の木の矢。ともに魔除けの道具。○土鼓　素焼きの胴の両面に皮を張った太鼓。○赤丸五穀　赤は追う、払うの意か。悪鬼を追い払う五穀。○桃人　桃の木を削ってつくった人形。これに神荼・鬱塁という二体の善神と虎の絵を描く。虎は門に描くばあいもある。○葦索　葦を束ねてつくった縄。○儋牙虎　儋は倨の誤り。鋭い牙をもつ虎。虎は悪鬼を喰うと信じられていた。○神荼鬱塁　鬼門をつかさどり、悪鬼を捕らえる善神。○臘　臘祭。冬至を過ぎて行われる祭祀。先祖・百神をまつる。

通釈　疫神

帝顓頊には三人の男子があったが、生まれ落ちるとすぐに死んで鬼となった。その一人は江水にいてこれを瘟鬼という。その一人は若水にいてこれを魍魎という。その一人は宮室のあちこちにいて、しばしば子供を驚かす。そこで方相氏に命じて、黄金の目の四つある仮面をつけ、熊の毛皮をかぶり、黒い衣に赤い裳《もすそ》の装束をつけ、戈を執り楯を揚げさせる。そして常に歳のおわりの十二月、多くの郎党や童児をしたがえて追儺を行い、宮中くまなく捜し求めて、悪害の鬼を駆り立てるのである。桃の弓に棘の矢をもち、土の鼓を叩いて矢を放つ。さらに赤丸の五穀を撒いて、疾病と厄禍を除こうとするのである。

〔追儺の儀式で方相氏に追われた悪鬼のために〕あらかじめ門戸に桃人を立てかけ葦縄を用意しておき、〔その桃人に描いた〕鋭い牙の虎と神荼・鬱壘にこれを捕らえさせる。そこには鋭い牙の虎と神荼・鬱壘の二神が登場する。〔その由来は〕海上はるかに度朔山という山があり、その頂上には桃の木が生え、曲がりくねって伸び広がること三千里ばかりである。

その低く垂れ下がった枝の東北に鬼門がある。そこはすべての鬼の出入りする所である。神荼・鬱壘の二神はその門にいて、もろもろの鬼の吟味をつかさどる。もし禍害をなす悪鬼がいれば、葦縄で捕縛し、虎に喰らわせるという。そのため十二月の歳のおわり、常に臘祭に先だつ一夜になると、悪鬼を逐い除こうとする。このようにして神荼・鬱壘を描き、葦縄を門戸に懸けて、凶事を禦ごうとするのである。

51 四代臘之別名

夏曰嘉平、殷曰清祀、周曰大蜡、漢曰臘。

四代の臘の別名

夏は嘉平と曰い、殷は清祀と曰い、周は大蜡《さ》と曰い、漢は臘と曰う。

語釈 ○四代　夏・殷・周・漢の四つの王朝。

通釈　四代の臘のそれぞれの名称
夏では〔臘を〕嘉平といい、殷では清祀といい、周では大蜡といい、漢では臘という。

52 五帝臘祖之別名

青帝以未臘、卯祖――青帝太昊、木行――。赤帝以戌臘、午祖――赤帝炎帝、火行――。白帝以丑臘、酉祖――白帝少昊、金行――。黒帝以辰臘、子祖――黒帝顓頊、水行――。黄帝以辰臘、未祖――黄帝軒轅、后土土行――。

五帝臘祖の別名
青帝は未《び》臘、卯《ぼう》祖を以てす――青帝は太昊、木行なり――。赤帝は戌《じゅつ》臘、午《ご》祖を以てす――赤帝は炎帝、火行なり――。白帝は丑《ちゅう》臘、酉《ゆう》祖を以てす――白帝は少昊、金行なり――。黒帝は辰《しん》臘、子《し》祖を以てす――黒帝は顓頊、水行なり――。黄帝は辰《しん》臘、未《び》祖を以てす――黄帝は軒轅、后土土行なり――。

語釈　○五帝　青帝・赤帝・白帝・黒帝・黄帝。○祖　祖祭。臘祭のさいに行われる祖先祭祀。

通釈　五帝の臘祖のそれぞれの名称
青帝は臘は未、祖は卯のときに行う――青帝は太昊氏、木行である――。赤帝は臘は戌、祖は午のときに行う――赤帝は炎帝氏、火行である――。白帝は臘は丑、祖は酉のときに行う――白帝は少昊氏、金行である――。黒帝は臘は辰、祖は子のときに行う――黒帝は顓頊氏、水行である――。黄帝は臘は辰、祖は未のときに行う――黄帝は軒轅氏、后土土行である――。

53 天子大蜡八神之別名

蜡之言索也。祭日、索此八神而祭之也。大同小異、爲位相對向。祝曰、土反其宅、水歸其壑。昆蟲毋作。豐年若土、歳取千百。

先嗇　司嗇　農　郵表綴　猫虎――猶食田鼠、虎食田豕。迎其神而祭之――坊　水庸　昆蟲

天子八神を大蜡《さ》するの別名

蜡の言は索なり。祭日、此の八神を索《もと》めて之れを祭るなり。大同小異、位を為して相《あい》対して向かう。祝に曰く、土は其の宅に反《かえ》り、水は其の壑《がく》に帰れ。昆虫は作《おこ》る毋かれ。豊年若土〔若〕、歳ごとに千百を取らん、と。

先嗇　司嗇　農　郵表綴《ゆうびょうてい》　猫虎――猶〔猫〕は田鼠《そ》を食らい、虎は田豕《し》を食らう。其の神を迎えて之れを祭る――　坊

水庸　昆虫

語釈 ○大蜡　十二月に行う天子の祭祀。上掲（51）に見える大蜡とは別の儀式か。○八神　大蜡にさいしてまつる八つの神。○豊年若土　抱経堂校定本により「若土」を「若若」（さかんなさま）に改める。○先嗇　神農を指すか。○司嗇　后稷。○農　上古の農業指導の役人。

田畯（たおさ）の神。〇郵表綴　田畯が見張りをする場所。〇猶食田鼠　抱経堂校定本にしたがって、「猶」を「猫」に改める。〇坊　つつみ、堤防。〇水庸　溝。農業用水路。〇昆虫　虫類の総称。ここでは害虫の意。

通釈　天子の八神を大蜡するさいのそれぞれの名称
蜡の言は索（求める）である。祭祀の日に、この八神を索《もと》めてまつるのである。大同小異であるが、位置に就き〔八神と〕向かい合う。そして祝を読んでいうには、「土はその所在に返り、水はその低所に帰れ。害虫は発生することのないように。豊年万作で、年ごとに多くの収穫があるように」と。
〔八神とは〕先嗇・司嗇・農・郵表綴・猫虎――猫は田畑の鼠を食い、虎は田畑の豕《ぶた》を食ってくれる。そこで神として迎えまつるのである――・坊・水庸・昆虫である。

54　五祀之別名――祀臣五義――

法施於民則祀。以死勤事則祀。以労定國則祀。能禦大災則祀。能扞大患則祀。

五祀の別名――臣を祀るの五義――
法を民に施せば則ち祀る。死を以て事に勤むれば則ち祀る。労を以て国を定むれば則ち祀る。能く大災を禦《ふせ》げば則ち祀る。能く大患を扞《ふせ》げば則ち祀る。

通釈　五祀のそれぞれの名称――臣下をまつる五種の例――

法を人民に施行した者があればそれをまつる。命をかけて事業につとめた者があればそれをまつる。労苦を尽くして国を治めた者があればそれをまつる。大きな災いを防ぐことができた者があればそれをまつる。大きな患いを防ぐことができた者があればそれをまつる。

55　六號之別名

神號、尊其名更爲美稱。若曰皇天上帝也。鬼號、若曰皇祖伯某。祇號、若曰后土地祇也。牲號、牛曰一元大武、羊曰柔毛之屬也。齊號、黍曰薌合、粱曰香萁之屬也。幣號、玉曰嘉玉、幣曰量幣之屬也。

六号の別名

神号、其の名を尊び更《あらた》めて美称と為す。皇天上帝と曰うが若《ごと》きなり。鬼号、皇祖伯某と曰うが若し。祇《き》号、后土地祇《ちぎ》と曰うが若きなり。牲号、牛を一元大武と曰い、羊を柔毛と曰うの属《たぐい》なり。斉号、黍を薌《きょう》合と曰い、粱〔粱〕を香萁《き》と曰うの属なり。幣号、玉を嘉玉と曰い、幣を量幣と曰うの属なり。

語釈　○六号　六種の呼称。神号・鬼号・祇号・牲号・斉号・幣号を指す。○皇天　天に対する敬称。○上帝　天帝。天上にある万物の主宰者で最高神。○皇祖　亡祖父に対する敬称。○一元大武　元は頭、武はあしあと。肥えて頭もあしあとも大きい牛。○薌合　香気のある黍。○香萁　香気のある粱。○粱　粱の通仮字。○量幣　神にささげる絹。

通釈 六号のそれぞれの名称

神号は、その名を尊んであらためて美称にいいかえたものである。皇天や上帝というようなものである。鬼号は、皇祖や伯某というようなものである。祇号は、后土や地祇というようなものである。牲号は、牛を一元大武といい、羊を柔毛というたぐいである。斉号は、黍を薌合といい、粱を香萁というたぐいである。幣号は、玉を嘉玉といい、幣を量幣というたぐいである。

56 凡祭宗廟禮牲之別名

牛曰一元大武、豕曰剛鬣、豚曰腯肥、羊曰柔毛、雞曰翰音、犬曰羹獻、雉曰疏趾、兎曰明視。凡祭號牲物異於人者、所以尊鬼神也。脯曰尹祭、槀魚曰商祭、鮮魚曰脡祭、水曰清滌、酒曰清酌、黍曰薌合、粱曰香萁、稲曰嘉疏、鹽曰鹹鹺、玉曰嘉玉、幣曰量幣。

凡そ宗廟を祭る礼牲の別名

牛は一元大武と曰い、豕は剛鬣《ごうりょう》と曰い、豚は腯肥《とっぴ》と曰い、羊は柔毛と曰い、鶏は翰音《かんおん》と曰い、犬は羹献《こうけん》と曰い、雉は疏趾《そし》と曰い、兎は明視と曰う。凡そ祭るに牲物を号《なづ》けて人に異なるは、鬼神を尊ぶ所以なり。脯《ほ》は尹祭《いんさい》と曰い、槀魚《こうぎょ》は商祭と曰い、鮮魚は脡祭《ていさい》と曰い、水は清滌《せいでき》と曰い、酒は清酌と曰い、黍は薌合《きょうごう》と曰い、粱〔粱〕は香萁《こうき》と曰い、稲は嘉疏と曰い、塩は鹹鹺《かんさ》と曰い、玉は嘉玉と曰い、幣は量幣と曰う。

語釈 ○剛鬣　肥えて剛毛に覆われたおおぶた。以下、明視まで、宗廟に供える家畜の異名。○腯肥　肥え太ったぶた。○翰音　肥えて鳴き声が長くなった鶏。○羹献　羹《あつもの》（肉のスープ）にして供えられる肥えた犬。○疏趾　肥えて両脚の間隔が広がった雉。○明視　肥えて目を大きく見開いた兎。○尹祭　尹は正。正方形に切った乾し肉。以下、量幣まで、宗廟に捧げる供物の佳名。○商祭　商は量。乾しぐあいを塩梅したひものの魚。○脡祭　脡は直。まっすぐに形を整えて煮た魚。○清滌　あらい清める。または清水。○清酌　清めた酒。○嘉疏　嘉蔬。新鮮な野菜。ここではたわわに実った稲。○鹹鹺　祭祀用の特別の塩。

通釈 宗廟をまつる礼牲のそれぞれの名称

牛は一元大武、豕（おおぶた）は剛鬣、豚は腯肥、羊は柔毛、鶏は翰音、犬は羹献、雉は疏趾、兎は明視という。およそ祭祀に供える犠牲に一般と異なるよび名をつけるのは、鬼神を尊ぶからである。脯（ほしにく）は尹祭、槀魚（ひもの魚）は商祭、鮮魚は脡祭、水は清滌、酒は清酌、黍は薌合、粱は香萁、稲は嘉疏、塩は鹹鹺、玉は嘉玉、幣は量幣という。

57 太祝掌六祝之辭

順祝、順豐年也。年祝、求永貞也。告祝、祈福祥也。化祝、弭災兵也。瑞祝、逆時雨寧風旱也。策祝、遠罪病也。

太祝《たいしゅく》は六祝《りくしゅう》の辞を掌《つかさど》る

順祝、豊年を順〔願〕うなり。年祝、永貞を求むるなり。告祝、福祥を祈るなり。化祝、災兵を弭《や》めんとするなり。瑞祝、時雨を逆《むか》え風旱を寧《やす》んぜんとするなり。策祝、罪病を遠ざけんとするなり。

語釈 ○太祝　官名。大祝に同じ。神を奉祀する。○六祝　神に告げる六つの祝辞。祝は祈るの意。○順豊年　諸版本にしたがい、順を願に改める。○永貞　長く正しいさま。○告祝　『周礼』春官大祝所引鄭玄注および抱経堂校定本は、告を吉につくる。吉は吉祥。○災兵　兵乱のもたらす災禍。○時雨　ほどよい時節に降る雨。○風旱　風の害と日照りの害。○策祝　策は簡策（木簡・竹牘）。簡策に祝辞を記して祈ること。

通釈 太祝は六祝の辞をつかさどる

順祝は、豊年を願う辞である。年祝は、長く正しい状態を求める辞である。告祝は、幸福や吉祥を祈る辞である。化祝は兵乱の災禍を阻止しようとする辞である。瑞祝は、時雨を求めて風害や旱害を和らげようとする辞である。策祝は、罪悪や疾病を遠ざけようとする辞である。

58 宗廟所歌詩之別名

清廟、一章八句。洛邑既成、諸侯朝見、宗祀文王、之所歌也。維天之命、一章八句。告太平於文王、之所歌也。維清、一章五句。奏象武、之歌也。烈文、一章十三句。成王即政諸侯助祭、之所歌也。天作、一章七句。祝先王公、之所歌也。昊天有成命、一章七句。郊祀天地、之所歌也。我將、一章十句。祀文王於明堂、之所歌也。時邁、一章十五句。巡守告祭柴望、之所歌也。執競、一章十四句。祀文王、之所歌也。思文、一章八句。祀后稷配天、之所歌也。臣工、一章十五句。諸侯助祭、遣之於廟、之所歌也。噫嘻、一章八句。春秋祈穀于上帝、之所歌也。振鷺、一章八句。二王之後來助祭、之所歌也。豐年、一章七句。蒸嘗秋冬、之所歌也。有瞽、一章十三句。始作樂、合諸樂而奏、之所歌也。潛、一章六句。季冬薦魚、春獻鮪、之所歌也。雝、一章十六句。禘大祖、之所歌也。載見、一章十四句。諸侯始見于武王廟、之所歌也。有客、一章十二句。微子來見廟、之所歌也。武、一章七句。奏大武、周武所定一代之樂、所歌也。閔予小子、一章十一句。成王除武王之喪、將始卽政朝於廟、之所歌也。訪落、一章十二句。成王謀政於廟、之所歌也。敬之、一章十二句。羣臣進戒嗣王、之所歌也。小毖、一章八句。嗣王求忠臣助已、之所歌也。載芟、一章三十一句。春耤田、祈社稷、之所歌也。良耜、一章二十三句。秋報社稷、之所歌也。絲衣、一章九句。繹賓尸、之所歌也。酌、一章九句。告大武、言能酌先祖之道、以養天下、之所歌也。桓、一章九句。師祭講武類禡、之所歌也。賚、一章六句。大封於廟賜有德、之所歌也。般、一章七句。巡狩祀四嶽河海、之所歌也。

右詩三十一章、皆天子之禮樂也。

宗廟にて歌う所の詩の別名

清廟、一章八句。洛邑《らくゆう》既に成り、諸侯朝見して、文王を宗祀す、之《こ》れ歌う所なり。維天之命《いてんしめい》、一章八句。太平を文王に告ぐ、之《こ》れ歌う所なり。維清、一章五句。象《しょう》武を奏す、之《こ》れ歌〔う所〕なり。烈文、一章十三句。成王政に即きて諸侯助祭す、之れ歌う所なり。天作、一章七句。先の王公を祝す、之れ歌う所なり。昊《こう》天有成命、一章七句。天地を郊祀す、之れ歌う所なり。我将、一章十句。文王を明堂に祀る、之れ歌う所なり。時邁《まい》、一章十五句。巡守して告祭柴望す、之れ歌う所なり。執競、一章十四句。文王を祀る、之れ歌う所なり。思文、一章八句。后稷を祀りて天に配す、之れ歌う所なり。臣工、一章十五句。諸侯助祭し、之れを廟に遣《おく》る、之れ歌う所なり。噫嘻《いき》、一章八句。春秋に穀を上帝に祈る、之れ歌う所なり。振鷺《しんろ》、一章八句。二王の後来りて助祭す、之れ歌う所なり。豊年、一章七句。秋冬に蒸嘗す、之れ歌う所なり。有瞽《こ》、一章十三句。始めて楽を作り、諸楽に合して奏す、之れ歌う所なり。潜、一章六句。季冬に魚を薦《すす》め、春に鮪《い》を献ず、之れ歌う所なり。雍《よう》、一章十六句。大〔太〕祖を禘《てい》す、之れ歌う所なり。載見、一章十四句。諸侯始めて武王の廟に見《まみ》ゆ、之れ歌う所なり。有客、一章十二句。微子《びし》来りて廟に見ゆ、之れ歌う所なり。武、一章七句。大武――周武の定むる所の一代の楽――を奏す、〔之れ〕歌う所なり。閔《びん》予小子、一章十一句。成王武王の喪を除き、将に始めて政に即かんとして廟に朝す、之れ歌う所なり。訪落、一章十二句。成王政を廟に謀る、之れ歌う所なり。敬之、一章十二句。群臣戒を嗣王に進む、之れ歌う所なり。小毖《ひ》、一章八句。嗣王忠臣の己を助くるを求む、之れ歌う所なり。載芟《さん》、一章三十一句。春耤田《せきでん》し、社稷に祈る、之れ歌う所なり。良耜《し》、一章二十三句。秋社稷に報ず、之れ歌う所なり。糸衣、一章九句。繹《えき》して尸《かたしろ》を賓す、之れ歌う所なり。酌《しゃく》、一章九句。大武を告成し、能く先祖の道を酌し、以て天下を養うを言う、之れ歌う所なり。桓《かん》、一章九句。師祭《いくさまつり》して武を講じ類禡《るいば》す、之れ歌う所なり。賚《らい》、一章六句。廟に大封して有徳に賜う、之れ歌う所なり。般、一章七句。巡狩して四嶽河海を祀る、之れ歌う所なり。

右の詩三十一章、皆天子の礼楽なり。

語釈 ○清廟　『詩経』周頌に収められる詩。なおこの項に挙げられた三十一の詩は、すべて周頌の詩である。○洛邑　洛陽の古名。現河南省西部。○文王　周王朝の始祖（前十一世紀ごろ）。姫昌。殷末に西方に覇を唱え西伯と号した。武王の父。○象武　象舞。楽舞の一種で、文王の武徳を称えるものとされる。○成王　周王朝の第二代の王（前十一世紀）。姫誦。武王の死後、周公旦の補佐を得て王位に即いた。○柴望　柴を焼いて、天と山川をまつる儀式。○二王之後　前二代の王朝の末裔。ここでは夏の末裔である杞と殷の末裔である宋を指す。○蒸嘗　蒸は冬の祭祀、嘗は秋の祭祀。○鮪　しび・まぐろなどの大魚。○禘　宗廟の祭祀の一つ。主として太祖をまつる。○武王　周の開祖で、初代の王（前十一世紀）。姫発。父文王のあとを受けて周の国力拡充に努力、殷王紂を敗死させて建国した。○微子　殷の紂王の庶兄。周の武王によって宋に封じられた。○大武　周の武王の世に演奏されたといわれる宮廷音楽の名。武王が殷を滅ぼし、武功によって徳を広めたことから命名されたとされる。○周武所定一代之楽　この八字は本来割注と考えられる。○耤田　藉田・籍田。祖廟に供え、祭祀に用いるための穀物を、天子自《みずか》らが耕してつくるための田畑。一説に耤は借りるの意。天子自身は三推するのみで、そのあとは民の力を借りて耕すことからそのようによばれたとされる。○繹　繹祭。祭祀の翌日に再びまつること。○賓尸　かたしろを賓客としてもてなすこと。○類禡　類は天子が出征時に行ういくさまつり。禡は出征地で行われる馬の祖神の祭祀。○大封　大いに功臣を封ずること。○四嶽　四方の名山。泰山・華山・衡山・恒山をいう。

通釈 宗廟において歌う詩のそれぞれの名称

清廟、一章八句。洛邑が完成したとき、諸侯が朝見して、文王を宗祀する、これがその歌である。維天之命、一章八句。太平を文王に告げる、これがその歌である。維清、一章五句。象武を奏す、これがその歌である。烈文、一章十三句。成王が即位して諸侯が助祭する、これがその歌である。天作、一章七句。先の王公を祝す、これがその歌である。昊天有成命、一章七句。天地を郊祀する、これがその歌である。我将、一章十句。文王を明堂にまつる、これがその歌である。時邁、一章十五句。巡守（狩）して告祭し柴望する、これがその歌である。執競、一章十四句。文王をまつる、これがその歌である。思文、一章八句。后稷をまつって天に配する、これがその歌である。臣工、一章十五句。諸侯が助祭して、これを廟に遣る、これがその歌である。噫嘻、一章八句。春と秋に穀物の豊作を上帝に祈る、これがその歌である。振鷺、一章八句。二王の後裔が来て助祭する、これがその歌である。豊年、一章七句。秋と冬にそれぞれ蒸嘗の祭祀を行う、これがその歌である。有瞽、一章十三句。はじめて楽曲をつくり、諸々の楽器で合奏する、これがその歌である。潜、一章六句。冬の終わりに魚を薦め、春に鮪を献ずる、これがその歌である。雍、一章十六句。太祖を禘する、これがその歌である。載見、一章十四句。諸侯がはじめて武王の廟に謁見する、これがその歌である。有客、一章十二句。微子が来て祖廟に謁見する、これがその歌である。武、一章七句。大武――周の武王の定めた一代の楽曲――を奏する、これがその歌である。閔予小子、一章十一句。成王が武王の喪を除いて、即位しようとするとき廟に朝する、これがその歌である。訪落、一章十二句。成王が廟で政治を謀る、これがその歌である。敬之、一章十二句。群臣が後嗣の王（成王）に自戒を進言する、これがその歌である。小毖、一章八句。後嗣の王が忠臣の補助を求める、これがその歌である。載芟、一章三十一句。春に耤田して、社稷に祈る、これがその歌である。良耜、一章二十三句。秋に社稷に報じる、これがその歌である。糸衣、一章九句。繹して尸を賓す、これがその歌である。酌、一章九句。大武の完成を告げて、先祖の道を酌み取り、これにより天下を養うことができたと述べる、これがその歌である。桓、一章九句。師祭して武を講じ類禡を行う、これがその歌である。賚、一章六句。廟に大封して有徳者に賜う、これがその歌である。般、一章七句。巡狩して四嶽河海をまつる、これがその歌である。

以上の詩三十一章は、すべて天子の礼楽である。

59 五等爵之別名――一本云、周制也――

三公者天子之相。相助也。助理天下。其地封百里。侯者候也。候逆順也。其地方百里。伯者白也。明白於德。其地方七十里。子者滋也。奉天王之恩德。其地方五十里。男者任也。立功業以化民。其地方五十里。

五等爵の別名――一本に云う、周制なり、と――

三公とは天子の相。相は助なり。天下を理《おさ》むるを助く。其の地は封〔方〕百里。侯とは候なり。逆順を候《うかが》うなり。其の地は方百里。伯とは白なり。徳を明白にす。其の地は方七十里。子とは滋なり。天王の恩徳を奉ず。其の地は方五十里。男とは任なり。功業を立てて以て民を化す。其の地は方五十里。

語釈 ○封　諸侯に任命して土地をあたえること。ただし各種の版本は方につくるので、ここではそれにしたがう。○逆順　さからうこととしたがうこと。天下の動静をさぐることをいう。

通釈 五等爵のそれぞれの名称――ある版本には、周の制度とある――

三公とは天子の相をいう。相とは助けるの意である。天子が天下を治めるのを助けるのである。その領地は百里（約四二キロメートル）四方である。侯とは候《うかが》うの意である。天子に対して反逆したりつきしたがったりする動静をうかがうのである。その領地は百里四方である。伯とは白《あき》らかの意である。〔天子の〕徳を明白にするのである。その領地は七十里（約二九キロメートル）四方である。子は滋《しげ》るの意である。天王の恩徳を奉じ〔て繁栄す〕るのである。その領地は五十里（約二一キロメートル）四方である。男とは任《にな》うの意である。功業を立てることによって人民を教化するのである。その領地は五十里四方である。

60 守者秦置也。秦兼天下、置三川守伊河洛也。漢改曰河南守。武帝曾曰太守。世祖都洛陽、改曰正。

守とは秦置くなり。秦天下を兼ぬるや、三川守を伊河洛に置くなり。漢改めて河南守と曰う。武帝曾〔増〕して太守と曰う。世祖洛陽に都するや、改めて正と曰う。

語釈 ○守　官名。郡守。郡の長官で主に民政をつかさどった。秩二千石。○三川　郡名。秦の三川郡（現河南省開封・新郷・洛陽にまたがる地域）。郡治は榮陽。秦の荘襄王元年（前二四九）に、秦が東周を滅ぼして得た地に設置。三川とは、伊河・黄河・洛河を指す。この三つの川が郡内を流れることから名づけられた。○武帝　前漢第七代皇帝（在位前一四一―前八七）。劉徹。郡県制を推進して中央集権による専制君主体制を確立する一方、張騫を派遣して西域路をひらき、対匈奴戦など積極的対外政策を推し進めた。○世祖　後漢初代皇帝光武帝（在位二五―五七）。劉秀。前漢高祖劉邦九世の孫。南陽豪族の出身で、王莽の末年に挙兵し、群雄を平定して漢を再興した。○曾　抱経堂校定本などは命につくり、さらにその下に曾は誤りという割注を入れている。『漢官儀』巻上にしたがって、増と同義とする。景帝の中二年（前一四八）に、郡守は太守と改名された。○洛陽　地名。周初以来の王都で、後漢の首都（現河南省洛陽の東北）。○正　『後漢書』郡国志注などによると、後漢のはじめに河南郡を特別行政区画として河南尹とし、その太守も河南尹と改めたとされる。

通釈 守は秦が創置した官職である。秦が天下を兼ね合わせる過程で、三川守を伊河・黄河・洛河〔の三河川にまたがった三川郡〕に置いた。漢はこれを改めて河南守といった。武帝のときに〔一字を〕増して太守といった。世祖〔光武帝〕は洛陽を首都としたとき、〔河南太守を〕改めて〔河南〕正といった。

61 諸侯大小差

諸侯王。皇子封爲王者、稱曰諸侯王。徹侯。羣臣異姓有功封者、稱曰徹侯。武帝諱改曰通侯、或曰列侯也。朝侯。諸侯有功德者、天子特命爲朝侯。位次諸卿。

諸侯大小の差

諸侯王。皇子の封ぜられて王と為る者は、称して諸侯王と曰う。徹侯。群臣異姓の功有りて封ぜらるる者は、称して徹侯と曰う。武帝の諱なれば改めて通侯と曰い、或いは列侯と曰うなり。朝侯。諸侯の功徳有る者は、天子特に命じて朝侯と為す。位は諸卿に次ぐ。

語釈 ○異姓　皇帝と姓が異なる者。すなわち漢代では劉姓でない者をいう。当時、漢室の劉氏一族でなければ、諸侯王になれないという不文律があった。○武帝諱改　武帝の諱（本名）徹を避忌して字を改めること。○朝侯　列侯についで功徳ある諸侯。朝会の席次は九卿の下に位置したとされる。○諸卿　九卿。太常・光禄勲・衛尉・太僕・廷尉・大鴻臚・宗正・大司農・少府。

通釈 諸侯の大小の差

諸侯王。皇子の封ぜられて国王となる者は諸侯王と称される。徹侯。異姓の群臣の中でとくに功績によって封ぜられる者は徹侯と称される。武帝の諱が徹であるので、これを改めて通侯といい、あるいは列侯というようになった。朝侯。諸侯の中で功徳がある者は、天子がとくに命じて朝侯とした。その位は諸卿の次である。

62 王者耕耤田之別名

天子三推。三公五推。卿、諸侯九推。

王者の耤田を耕すの別名

天子は三推。三公は五推。卿、諸侯は九推。

語釈 ○王者　王道をもって天下を治める者。○三推　鋤を用いて三度田を推すこと。

通釈 王者が耤田を耕すときのそれぞれの名称

天子は〔鋤を三度推すので〕三推という。三公は〔五度推すので〕五推という。九卿・諸侯は〔九度推すので〕九推という。

63 三代學校之別名

夏曰校、殷曰庠、周曰序。天子曰辟雍。謂流水四面、如璧、以節觀者。諸侯曰頖宮。頖言半也。義亦如上。

三代学校の別名

夏は校と曰い、殷は庠《しょう》と曰い、周は序と曰う。天子は辟雍《へきよう》と曰う。水を四面に流し、璧の如くして、以て観る者を節するを謂うなり。諸侯は頖宮《はん》と曰う。頖《はん》の言は半なり。義は亦上の如し。

語釈 ○学校　一般に地方に置かれた郷学と中央に置かれた国学の総称。○校・庠・序　『孟子』滕文公上などによれば、郷学、すなわち各地に置かれた学校を指す。一般には庠序。『白虎通』辟雍のように郷に庠、里に序が置かれたとする説もある。なお『礼記』王制は庠・序を中央の学校、すなわち国学とする。○辟雍　天子の居住する場所に置かれた国学。その形状は、まるい池の中心に円形もしくは方形の丘があり、その上に学舎が建てられたとされる。○璧　瑞玉〔印に使う玉〕の一つ。薄く平らな円形で中央に孔がある玉。○頖宮　泮宮。諸侯王の居住する場所に置かれた国学。その形状は辟雍の南側半分だけ残した半円形とされる。

通釈 三代の学校のそれぞれの名称

〔郷学については〕夏では校といい、殷では庠といい、周では序という。〔国学については、三代を通じて〕天子のそれは辟雍という。〔それを辟雍という理由は〕水を四面に流して、〔その形を〕璧のようにつくり、それを観る者に対して礼節をわきまえさせるようにするためである。諸侯におけるそれは頖宮という。頖の意味は半である。〔頖宮が〕意味するところもまた辟雍と同じである。

64 五帝三代樂之別名

黃帝曰雲門、顓頊曰六莖、帝嚳曰五英、堯曰咸池、舜曰大韶、一曰大招、夏曰大夏、殷曰大濩、周曰大武。

五帝三代の楽の別名

黄帝は雲門と曰い、顓頊は六茎と曰い、帝嚳は五英と曰い、堯は咸池と曰い、舜は大韶と曰い、一に大招と曰い、夏は大夏と曰い、殷は大濩《ご》と曰い、周は大武と曰う。

語釈 ○雲門　黄帝の世に演奏されたといわれる宮廷音楽の名。ほかに大巻がある。黄帝の徳が雲が門から湧き出るかのようであったことから名づけられたとされる。○六茎　顓頊の世に演奏されたといわれる宮廷音楽の名。顓頊が律（陽に属する六つの音階）呂（陰に属する六つの音階）を調和させ、陰陽を整えたことによって名づけられたとされる。○五英　帝嚳の世に演奏されたといわれる宮廷音楽の名。帝嚳が五声（宮・商・角・徴・羽の五音）を調和させ、英華を整えたことによって名づけられたとされる。○咸池　堯の世に演奏されたといわれる宮廷音楽の名。黄帝のつくった音楽で、堯はさらにそれを増修して用いたとされる。咸は大、池はほどこすの意。黄帝の徳が世にひろくほどこされたことを示すとされる。一説に大咸・大章。○大韶・大招　舜の世に演奏されたといわれる宮廷音楽の名。韶は継の意。舜が堯の徳を継承したことから名づけられたとされる。一説に簫韶。○大夏　夏の禹王の世に演奏されたといわれる宮廷音楽の名。禹が水土を治め、中華・堯舜の徳をひろめたことによって名づけられたとされる。○大濩　殷の湯王の世に演奏されたといわれる宮廷音楽の名。湯王が民をよく保護したことによって名づけられたとされる。

通釈 五帝三代の音楽のそれぞれの名称

黄帝〔の音楽〕は雲門といい、顓頊〔のそれ〕は六茎といい、帝嚳〔のそれ〕は五英といい、堯〔のそれ〕は咸池といい、舜〔のそれ〕は大韶といい、また一に大招ともいい、夏〔のそれ〕は大夏といい、殷〔のそれ〕は大濩といい、周〔のそれ〕は大武という。

65天子八佾、八八六十四人。八者象八風、所以風化天下也。公之樂六佾、象六律也。侯之樂四佾、象四時也。

天子は八佾《いつ》にして、八八六十四人。八とは八風に象《かたど》り、天下を風化する所以なり。公の楽は六佾にして、六律に象るなり。侯の楽は四佾にして、四時に象るなり。

語釈 ○佾　舞の列。たとえば八佾は一列ごとに八人で八列、合計六十四人による舞。○八風　東・東南・南・西南・西・西北・北・東北の八方向から吹く風。○六律　一オクターヴをほぼ十二に均分してそれを陽と陰に二分し、その陽に配分された黄鍾・太簇・姑洗・蕤賓・夷則・無射の六音。

通釈 天子〔の舞楽〕は八列で、八人八列で合計六十四人が並ぶ。八は八風を象徴し、これによって天下をあまねく教化するためである。公の舞楽は六列で、六律を象徴する。侯の舞楽は四列で、四季を象徴する。

66朝士卿朝之法

左九棘孤卿、大夫位也。羣臣在其後。右九棘公、侯、伯、子、男位也。羣吏在其後。／三槐三公之位也。州長衆庶在其後。

朝士卿〔外〕朝の法

左九棘は孤卿、大夫の位なり。群臣は其の後ろに在り。右九棘は公、侯、伯、子、男の位なり。群吏は其の後ろに在り。三槐は三公の位なり。州長衆庶は其の後ろに在り。

語釈 ○朝士　周代の官名。『周礼』によると、天子と諸侯以下が国政に関する朝議を行うさいに、秩序を乱す者を取り締まる官。周制の四朝（外朝・中朝・内朝・詢事之朝）のうちの外朝をつかさどる。○卿朝　抱経堂校定本などは外朝につくる。外朝とは天子が国政を執り行う場所。○左九棘・右九棘　朝会のさいの群臣の席次の位置。朝会では、天子が南面し、東西に対面してそれぞれ九つの座席が設置された。西側が右九棘、東側が左九棘に当たる。○棘　とげの多い草木（いばら・からたち）の総称。座席に当たる位置に植えられた。○孤卿　少師・少傅・少保など、三公らを補佐して国政にあずかる官吏。○群臣・群吏　ここでは群臣は天子の臣下、群吏は諸侯の臣下。○三槐　槐はえんじゅ。三公の座席の前に植えられた。

通釈 朝士がつかさどる外朝における席次の秩序

左の九本の棘のそばは孤卿・大夫が整列する場所である。群臣がその後ろにならぶ。右の九本の棘のそばは公爵・侯爵・伯爵・子爵・男爵が整列する場所である。群吏がその後ろにならぶ。〔九棘に相対《あい》するかたちで植えられた〕三本の槐のそばは三公が整列する場所である。州の長官や庶民がその後ろにならぶ。

67 四代獄之別名

唐虞曰士官。史記曰、皋陶爲理。尙書曰、皋陶作士。夏曰均臺、周曰囹圄、漢曰獄。

四代の獄の別名
唐虞は士官と曰う。史記に曰く、皋陶《こうよう》は理と為る、と。尚書に曰く、皋陶は士と作《な》る、と。夏は均台と曰い、周は囹《れい》圄《ぎょ》と曰い、漢は獄と曰う。

語釈 ○士官　一般に裁判官・司法官。ここでは牢獄の名称。○史記　書名。黄帝から前漢武帝にいたる歴史書。全百三十巻。司馬遷撰。二十四史の筆頭に置かれ、紀伝体正史の祖。○均台　牢獄の一名。鈞台・夏台。○囹圄　牢獄の一名。囹圉。

通釈 四代の獄のそれぞれの名称
〔牢獄のことを〕唐虞では士官といった。『史記』〔五帝本紀〕には、皋陶が理〔裁判官〕となったと記されている。また『尚書』〔虞書舜典・大禹謨《ぼ》〕には、皋陶が士〔裁判をつかさどる官〕となったと記されている。夏では均台とよび、周では囹圄とよび、漢では獄とよぶ。

68 四夷樂之別名

王者必作四夷之樂、以定天下之歡心。祭神明、和而歌之、以管樂爲之聲。東方曰靺、南方曰任、西方曰株離——一作禁——、北方曰禁——一作昧——。

四夷の楽の別名
王者は必ず四夷の楽を作《な》し、以て天下の歓心を定む。神明を祭るに、和して之れを歌い、管楽を以て之れが声と為す。

東方は韎《ばい》と曰い、南方は任と曰い、西方は株離と曰い――一に禁に作る――、北方は禁と曰う――一に味に作る――。

語釈 ○韎　古代における東夷（東方異民族）の音楽の名。韎味。味。○任　古代における南蛮（南方異民族）の音楽の名。○株離　古代における西戎（西方異民族）の音楽の名。一説に朱離・離。○禁　古代における北狄（北方異民族）の音楽の名。一説に味。

通釈 四夷の舞楽のそれぞれの名称

王者はかならず四方の蛮夷の舞楽を催し、天下の人心を太平の歓びで充たす。神明をまつるときにも、唱和してこれを歌い、管楽器をもちいて伴奏とする。東方の舞楽は韎といい、南方の舞楽は任といい、西方の舞楽は株離といい――一説に禁につくる――、北方の舞楽は禁という――一説に味につくる――。

独断巻下

1 易曰、帝出于震。震者木也。言宓犧氏始以木徳王天下也。木生火。故宓犧氏没、神農氏以火徳繼之。火生土。故神農氏没、黄帝以土徳繼之。土生金。故黄帝没、少昊氏以金徳繼之。金生水。故少昊氏没、顓頊氏以水徳繼之。水生木。故顓頊氏没、帝嚳氏以木徳繼之。木生火。故帝嚳氏没、帝堯氏以火徳繼之。火生土。故帝舜氏以土徳繼之。土生金。故夏禹氏以金徳繼之。金生水。故殷湯氏以水徳繼之。水生木。故周武以木徳繼之。木生火。故高祖以火徳繼之。

易に曰く、帝は震より出《い》づ、と。震とは木なり。宓犧《ふくぎ》氏の始めて木徳を以て天下に王たるを言うなり。木は火を生ず。故に宓犧氏の没するや、神農氏火徳を以て之れを継ぐ。火は土を生ず。故に神農氏の没するや、黄帝土徳を以て之れを継ぐ。土は金を生ず。故に黄帝の没するや、少昊氏金徳を以て之れを継ぐ。金は水を生ず。故に少昊氏の没するや、顓頊氏水徳を以て之れを継ぐ。水は木を生ず。故に顓頊氏の没するや、帝嚳氏木徳を以て之れを継ぐ。木は火を生ず。故に帝嚳氏の没するや、帝堯氏火徳を以て之れを継ぐ。火は土を生ず。故に帝舜氏土徳を以て之れを継ぐ。土は金を生ず。故に夏禹氏金徳を以て之れを継ぐ。金は水を生ず。故に殷湯氏水徳を以て之れを継ぐ。水は木を生ず。故に周武木徳を以て之れを継ぐ。木は火を生ず。故に高祖火徳を以て之れを継ぐ。

語釈 ○震　易（儒家の五経の一つ。陰陽の組み合わせによって、自然や人間の生成・変化の原理を説く書）の八卦の一つ。卦象は☳。東方・木徳・長男などを指す。○始以木徳王天下也　以下、五行思想（木・火・土・金・水の五つの元素の交代・配当によって、万物の生成を説明する思想）による帝王・王朝の交替を略述する。五行説には相勝（克）説と相生説があるが、ここでは後者を規準としている。その配当と順番は木↓火↓土↓金↓水。〇夏禹氏　殷にさきだつ王国とされる夏の始祖。姓は姒、名は文命。はじめ堯・舜二帝に臣事したが、洪水を治めた功労によって、のちに舜の禅譲（帝王が位を有徳者に譲ること）を受けて天子になったといわれる。〇殷湯氏　夏殷周三代の一つ、殷王朝の始祖。湯。姓は子、名は天乙。夏の桀王を滅ぼして武王と号した。成湯・太乙ともよばれる。

通釈　『易経』〔説卦〕に、「皇帝は震より出現する」という一節がある。震とは木を意味する。〔最古の帝王とされる〕宓犠氏（太昊庖犠氏）がはじめて木徳をもって天下の王者となったことをいうのである。〔五行の相生によって〕木は火を生み出す。そのため宓犠氏が死去したのちは、神農氏が火徳をもってそのあとをついだ。火は土を生み出す。そのため神農氏が死去したのちは、黄帝が土徳をもってそのあとをついだ。土は金を生み出す。そのため黄帝が死去したのちは、少昊氏が金徳をもってそのあとをついだ。金は水を生み出す。そのため少昊氏が死去したのちは、顓頊氏が水徳をもってそのあとをついだ。水は木を生み出す。そのため顓頊氏が死去したのちは、帝嚳氏が木徳をもってそのあとをついだ。〔このように五行は相生して循環しながら再び〕木は火を生み出す。そのため帝嚳氏が死去したのちは、帝堯氏が火徳をもってそのあとをついだ。火は土を生み出す。そのため帝舜氏が土徳をもってそのあとをついだ。土は金を生み出す。そのため夏の禹王は金徳をもってそのあとをついだ。金は水を生み出す。そのため殷の湯王は水徳をもってそのあとをついだ。水は木を生み出す。そのため周の武王は木徳をもってそのあとをついだ。木は火を生み出す。そのため漢の高祖は火徳をもってそのあとをついだのである。

2 伏犧爲太昊氏、炎帝爲神農氏、黄帝爲軒轅氏、少昊爲金天氏、顓頊爲高陽氏、帝嚳爲高辛氏、帝堯爲陶唐氏、帝舜爲有虞氏、夏禹爲夏后氏、湯爲殷商氏。
武王爲周。
高祖爲漢。

伏犧は太昊氏と為し、炎帝は神農氏と為し、黄帝は軒轅氏と為し、少昊は金天氏と為し、顓頊は高陽氏と為し、帝嚳は高辛氏と為し、帝堯は陶唐氏と為し、帝舜は有虞氏と為し、夏禹は夏后氏と為し、湯は殷商氏と為す。武王は周を為《つく》る。高祖は漢を為る。

語釈 ○軒轅氏　軒轅は丘の名。黄帝は軒轅の丘に居住したので、この名でよばれる。一説に軒冕の服をつくったという伝説に由来。○金天氏　黄帝の子。金徳をもって王となったので、この名でよばれる。○高陽氏　黄帝の孫。高陽の地から興起したので、この名でよばれる。○高辛氏　黄帝の曾孫。高辛の地から興起したので、この名でよばれる。○陶唐氏　帝堯の氏。堯ははじめ唐侯に封ぜられ、のちに天子となって陶に都したので、この名でよばれる。○有虞氏　帝舜の氏。帝堯の禅譲を受けて即位。これよりさきに虞に封ぜられたので、この名でよばれる。○殷商氏　殷代の汎称。湯が天下を統一すると、始祖の契の封地の名をとって商と号したが、のちに盤庚のときに現在の殷墟に移り、国号を殷と改めた。殷商は両者の併称。

通釈 伏犧（庖犧）は〔その聖徳が日月の明をかたどることから〕太昊氏と名づけられ、炎帝は〔はじめて民に耕具の製作を教え、農業を振興したので〕神農氏と名づけられ、黄帝は〔その居住した地名によって〕軒轅氏と名づけられ、少昊は〔金徳の王に当たるので〕金天氏と名づけられ、〔以下それぞれの出身の地名によって〕顓頊は高陽氏と名づけられ、帝嚳は高辛氏と名づけられ、〔また以下それぞれ封地の地名によって〕帝堯は陶唐氏と名づけられ、帝舜は有虞氏と名づけられ、夏の禹王は夏后氏と名づけられ、殷の湯王は殷商氏〔の一部を国号〕としたのである。

〔周の〕武王は周を建国した。
〔漢の〕高祖は漢を建国した。

3高帝――在位十二年。生惠帝――
惠帝――七年。無後――
呂后攝政――八年。立惠帝弟代王、爲文帝――
文帝――二十三年。生景帝――
景帝――十六年。生武帝――
武帝――五十四年。生昭帝――
昭帝――十三年。無後。立元衞太子孫、爲宣帝――
宣帝――二十五年。生元帝――
元帝――十六年。生成帝――
成帝――二十六年。無後。立弟定陶王子、爲哀帝――
哀帝――五年。無後。立弟中山王子、爲平帝――

平帝——五年。王莽簒——
王莽——十六年。劉聖公殺之——
聖公——二年。光武殺之——
光武——三十三年。生明帝——
明帝——十八年。生章帝——
章帝——十三年。生和帝——
和帝——十七年。生殤帝——
殤帝——一年。無後。取清河王子、爲安帝——
安帝——十九年。生順帝——
順帝——十九年。生沖帝——
沖帝——一年。無後。取和帝孫、安樂王子、是爲質帝——
質帝——一年。無後。取河間敬王孫、蠡吾侯子、爲桓帝——
桓帝——二十一年。無後。取解犢侯子、立爲靈帝——
靈帝——二十二年。生史侯。董卓殺之。立史侯弟、陳留王、爲帝——
高帝——位に在ること十二年。恵帝を生む——
恵帝——七年。後無し——

呂后政を摂る――八年。恵帝の弟の代王を立てて、文帝と為す――
文帝――二十三年。景帝を生む――
景帝――十六年。武帝を生む――
武帝――五十四年。昭帝を生む――
昭帝――十三年。後無し。元の衛太子の孫を立てて、宣帝と為す――
宣帝――二十五年。元帝を生む――
元帝――十六年。成帝を生む――
成帝――二十六年。後無し。弟の定陶王の子を立てて、哀帝と為す――
哀帝――五〔六〕年。後無し。弟の中山王の子を立てて、平帝と為す――
平帝――五年。王莽簒《うば》う――
王莽――十六〔十五〕年。劉聖公、之れを殺す――
聖公――二年。光武〔赤眉〕、之れを殺す――
光武――三十三年。明帝を生む――
明帝――十八年。章帝を生む――
章帝――十三年。和帝を生む――
和帝――十七年。殤帝を生む――
殤帝――一年。後無し。清河王の子を取りて、安帝と為す――
安帝――十九年。順帝を生む――
順帝――十九年。沖帝を生む――
沖帝――一年。後無し。和帝の孫、安楽王〔楽安王〕の子を取りて、是れを質帝と為す――

質帝――一年。後無し。河間敬王〔孝王〕の孫、蠡吾侯の子を取りて、桓帝と為す――
桓帝――二十一年。後無し。解犢侯〔解瀆侯〕の子を取りて、立てて霊帝と為す――
霊帝――二十二年。史侯を生む。董卓之れを殺す。史侯の弟、陳留王を立てて、帝と為す――

語釈 ○恵帝　高祖の太子。前漢第二代皇帝（在位前一九五―前一八八）。劉盈。○呂后　呂太后（？―前一八〇）。高祖の皇后で恵帝の生母。第三代少帝恭（在位前一八八―前一八四）と第四代少帝弘（在位前一八四―前一八〇）を擁立して、政治を代行、のちに呂氏の乱を招いた。○摂政　摂は代と通用。「政を摂《と》る」、すなわち君主に代わって政治を行うこと。○文帝　高祖の太子。第五代皇帝（在位前一八〇―前一五七）。劉恒。○景帝　文帝の太子。第六代皇帝（在位前一五七―前一四一）。劉啓。○昭帝　武帝の末子。第八代皇帝（在位前八七―前七四）。劉弗陵。○衛太子　武帝の嫡長子（前一二八―前九一）。元狩元年（前一二二）、皇太子に即位したが、巫蠱《ふこ》の乱（武帝を呪咀して暗殺しようとした事件）に連坐したという嫌疑を受け、無実の罪によって自殺。諡号は戻太子。○宣帝　武帝の曾孫、衛太子の遺子史皇孫の子。廃帝賀（在位前七四）を第九代に数えて、第十代皇帝（在位前七四―前四九）。劉詢。○元帝　宣帝の太子。第十一代皇帝（在位前四九―前三三）。劉奭《せき》。○成帝　元帝の太子。第十二代皇帝（在位前三三―前七）。劉驁《ごう》。○定陶王　諡号は定陶恭王。元帝の第二子で哀帝の父。劉康。○哀帝　元帝の孫で定陶王の子。第十三代皇帝（在位前七―前一）。劉欣。なお原注に「五年」とあるのは、抱経堂校定本にしたがって「六年」と改めるべきであろう。○中山王　諡号は中山孝王。元帝の第三子。劉興。○平帝　元帝の孫で中山王の子。第十四代皇帝（在位前一―後五）。劉衎《かん》。なお抱経堂校定本はこの注について、王莽は平帝から簒奪したのではなく、つぎの孺子嬰から簒奪したので、平帝の注を「王莽、政を摂る」に改め、次行に「孺子嬰」の項目を立て、その注に「王莽、居摂三年、簒う」とすべきであると指摘している。したがうべきであろう。○王莽　前漢末期の政治家。漢の簒奪者で、新の建国者（在位八―二三）。字は巨君。前漢元帝の王皇后の庶母弟王曼の次子。五行説・讖緯説（経書に仮託して、吉凶などを予言・解釈する説）を利用して政治の実権を握り、新を建国。しかし復古的な政策などによって社会の混乱を招き、反乱軍に殺された。なお原注に「十六年」とあるのは、「十五年」に改めるべきであろう。○聖公　劉聖公。劉玄の字。光武帝の一族で、新末の動乱中に自立。帝号を自称し、更始の年号を立てて、更始帝（在位二三―二四）とよばれた。なお抱経堂校定本は、この注の「光武」を「赤眉」につくる。『後漢書』などの記述によれば、劉玄（更始帝）を殺したのは赤眉の反乱集団とされている。したがうべきであろう。○光武　光武帝。漢の再興者で、後漢の初代皇帝（在位二五―五七）。劉秀。○明帝　光武帝の第四子。第二代皇帝（在位五七―七五）。劉荘。○章帝　明帝の第五子。第三代皇帝（在位七五―八八）。劉炟《たつ》。○和帝　章帝の第四子。第四代皇帝（在位八八―一〇五）。劉肇。○殤帝　和帝の少子。第五代皇帝（在位一〇五―一〇六）。劉隆。○清河王　諡号は清河孝王。章帝の長子。劉慶。○安帝　章帝の孫で清河王の子。第六代皇帝（在位一〇六―一二五）。劉祜。○順帝　安帝の子。少帝懿（在位一二五）を第七代に数えて、第八代皇帝（在位一二五―一四四）。劉保。○沖帝　沖帝とも表記。順帝の子。第九代皇帝（在位一四四―一四五）。劉炳。なお抱経堂校定本はこの注について、「章（帝）の曾孫、勃海王の子を取りて、質帝と為す」に改めている。『後漢書』巻六質帝紀を見ると、「粛宗（章帝）の玄孫にして、祖父は楽安夷王寵、……父は勃海孝王鴻」とあるので、質帝は章帝の曾孫である勃海王の子に当たる。改めるべきであろう。○安楽王　後漢には安楽という侯国はあるが、王国は存在しない。また『後漢書』巻六質帝紀に「祖父は楽安夷王寵」とあるので、楽安王が正しい。千乗貞王の子。劉寵。諡号は楽安夷王。○質帝　章帝の玄孫で勃海孝王の子。第十代皇帝（在位一四五―一四六）。劉纘。○河間敬王　一本は敬を孝につくる。『後漢書』巻七桓帝紀を見ると、「祖父は河間孝王開」とあるので、河間孝王が正しい。章帝の子で桓帝の祖父。劉開。○蠡吾侯　河間孝王の子で桓帝の父。劉翼。諡号は孝崇皇。○桓帝　章帝の曾孫、河間孝王の孫、蠡吾侯の子。第十一代皇帝（在位一四六―一六七）。劉志。○解犢侯　解瀆侯・解瀆亭侯。霊帝の父。劉萇。○霊帝　章帝の玄孫、解瀆亭侯の子。第十二代皇帝（在位一六七―一八九）。劉宏。なお抱経堂校定本は、前の桓帝の注の「霊帝」の「霊」字と、この「霊帝」の条全体を、後人が補ったものと指摘する。『独断』は霊帝の熹平元年（一七二）ごろに完成したと推定されるから、霊帝という諡号やつぎの献帝の即位がここに記述されるはずがない。したがうべきであろう。○史侯　霊帝の子。廃帝。第十三代皇帝（在位一八九）。劉弁。幼少時代、道術者史子助の家で養育されたので、この名でよばれる。○董卓　後漢末期の群雄の一人（?―一九二）。隴西臨洮の出身。霊帝時代の前将軍。帝の死後、廃帝を殺して献帝を擁立、一時権勢を振ったが、呂布らに斬殺された。○陳留王　霊帝の中子。のちの第十四代にして後漢最後の皇帝献帝（在位一八九―二二〇）。劉協。

通釈　省略

4 従高帝至桓帝、三百八十六年。除王莽、劉聖公、三百六十六年。従高祖乙未至今壬子歳、四百一十年。呂后、王莽不入數。高帝以甲午歳卽位、以乙未爲元。

高帝従《よ》り桓帝に至るまで、三百八〔七〕十六〔三〕年。王莽、劉聖公を除けば、三百六〔五〕十六〔五〕年。高祖の乙未従《よ》り今の壬子の歳に至るまで、四〔三〕百一〔五〕十〔四〕年。呂后、王莽は数に入れず。高帝は甲午の歳を以て位に即き、乙未を以て元と為す。

語釈 ○三百八十六年　上記(3)の歴代皇帝の下に示される原注によると、高祖から桓帝にいたるまでの在位年数は、合計して三百七十一年になる。これに対して、抱経堂校定本は「三百六十九年」の誤りとするが、孺子嬰を含めて、実際の在位年数を合計すると、三百七十三年に訂正しなければならない。○三百六十六年　上記の原注によると、「王莽と劉聖公を除く」各皇帝の在位年数は、合計して三百五十三年になる。これに対して、抱経堂校定本は「三百五十一年」の誤りとするが、実際の在位年数を合計すると、三百五十五年に訂正しなければならない。○高祖乙未　漢の高祖の元年（前二〇六）を指す。乙未は「きのとひつじ」。この干支をもって、漢の建国の年とする。○今壬子歳　今とは霊帝を指す。その壬子の年は熹平元年（一七二）にあたる。壬子は「みずのえね」。おそらく『独断』はこの年時ごろに完成されたものと推定される。○四百一十年　抱経堂校定本は「三百一十年」の誤りとするが、呂后の摂政八年と王莽の十六年間を「数に入れず」に計算すると、三百五十四年に訂正すべきであろう。○高帝以甲午歳即位「甲午歳」は秦王子嬰の元年（前二〇七）にあたる。しかし『史記』巻八高祖本紀・同巻十六秦楚之際月表、『漢書』巻一高帝紀などによると、劉邦が漢王に即位したのは、漢高帝元年（前二〇六）乙未正月（二月）のこととされ、また皇帝に即位したのは、漢高帝五年（前二〇二）己亥二月（正月）のこととされているから、ここに明記されるような「甲午の歳を以て即位」した事実は存在しないはずである。

通釈 〔前漢の初代皇帝〕高祖から〔後漢第十一代の〕桓帝にいたるまで、〔その治世年数は〕合計して三百八十六〔三百七十三〕年にわたる。〔この年数から〕王莽と劉聖公の在位年数を差し引くと、それは三百六十六〔三百五十五〕年にわたる。また高祖〔が王位に即いた年〕の乙未（前二〇六）から現在の〔霊帝の〕壬午（一七二）〔の熹平元年〕までを合計すると、四百十〔三百五十四〕年を数えることができる。〔このばあいこの年数の中には〕呂后と王莽の在位年数は含まれない。高祖は〔秦王子嬰の元年〕甲午の歳（前二〇七）に位に即き、〔その翌年の漢高祖元年〕乙未の歳（前二〇六）に元号を立て〔て漢を建国し〕たのである。

帝嫡妃曰皇后。帝母曰皇太后。帝祖母曰太皇太后。其衆號皆如帝之稱。秦漢巳來、少帝卽位、后代攝政、稱皇太后。詔不言制。漢興、惠帝崩、少帝弘立、太后攝政。哀帝崩、平帝幼。孝元王皇后以太皇太后攝政。和帝崩、殤帝崩、安帝幼。和憙鄧皇后攝政。孝順崩、沖帝、質帝、桓帝皆幼。順烈梁后攝政。桓帝崩、今上卽位、桓思竇后攝政。后攝政、則后臨前殿、朝羣臣。后東面、少帝西面。羣臣奏事、上書皆爲兩通。一詣太后、一詣少帝。

帝の嫡妃は皇后と曰う。帝の母は皇太后と曰う。帝の祖母は太皇太后と曰う。その衆号は皆帝の称の如し。秦漢巳〔已〕来、少帝の位に即くや、后代わりて政を摂り、皇太后と称す。詔には制と言わず。漢興り、恵帝崩じて、少帝弘立つや、太后政を摂る。哀帝崩ぜしとき、平帝幼し。孝元王皇后太皇太后を以て政を摂る。和帝崩じ、殤帝崩ぜしとき、安帝幼し。和憙鄧皇后政を摂る。孝順崩ぜしとき、沖帝、質帝、桓帝皆幼し。順烈梁后政を摂る。桓帝崩じ、今上位に即くや、桓思竇后政を摂る。后の政を摂るときは、則ち后は前殿《ぜんでん》に臨みて、群臣を朝す。后は東面し、少帝は西面す。群臣事を奏するに、上書は皆両通を為《つく》る。一は太后に詣《いた》し、一は少帝に詣す。

語釈 ○嫡妃　正夫人。嫡は敵・適に通じ、正室・正妻をいう。妃は配偶者。のちにきさき・皇后を意味するようになった。○少帝弘　前漢第四代皇帝（在位前一八四—前一八〇）。劉弘。恵帝の後宮の子。第三代皇帝少帝（在位前一八八—前一八四）劉恭が呂太后により廃されたのちに、呂太后に擁立された。呂太后の没後、恵帝の子ではないとして大臣に誅せられた。少帝とは年少の皇帝をいう。○太后　皇太后。ここでは呂太后・呂后を指す。○孝元王皇后　元帝の皇后で成帝の生母（前七一—後一三）。名は政君。王莽の伯母に当たり、王氏一族専横の基礎をつくった。なお哀帝と平帝とは従兄弟の間柄で、孝元王皇后は哀帝にとっても太皇太后に当たる。○后東面、少帝西面　中国古来の席次では、皇帝は南面し、臣は北面するのが一般であるが、皇太后が摂政するばあいは、年長者である皇太后は東面し、年少の皇帝は西面する。

通釈 皇帝の正妃は皇后という。皇帝の母は皇太后という。皇帝の祖母は太皇太后という。それらの称号は皆皇帝の称号と同じである。秦漢以来、年少の皇帝が位に即くと、〔母である先帝の〕皇后が代わって摂政し、これを皇太后という。詔を下すときには「制して曰く」という文書を用いない。漢王朝が興り、恵帝が崩御して、少帝弘が帝位に即くと、〔恵帝の母の呂〕太后が摂政した。哀帝が崩じたとき、即位した平帝は幼少であった。そこで〔祖父元帝の皇后であった〕孝元王皇后が太皇太后として摂政した。和帝が崩じ、つづいて殤帝が崩じたとき、その後を継いだ安帝は幼少であった。そこで和憙鄧皇后が摂政した。孝順帝が崩御したとき、つぎつぎに即位した沖帝・質帝・桓帝は皆幼少であった。そこで順烈梁后が摂政した。桓帝が崩御し、今上（霊帝）が即位すると、桓思竇后が摂政した。皇太后が摂政するばあいには、皇太后は前殿に臨み、群臣を召す。そのとき皇太后は東を向いて着座し、幼い皇帝は西を向いて着座する。群臣が政事について上奏するとき、上書は皆二通つくる。一通は皇太后に、一通は幼い皇帝に奉るのである。

6

世									
一世				高祖					
二世				惠帝 文帝					
三世				景帝					
四世				武帝	長沙定王				
五世			戾太子	昭帝	舂陵節侯				
六世			史皇孫		鬱林太守				
七世			宣帝		鉅鹿都尉				
八世			元帝		南頓令				
九世	中山孝王	定陶共王	成帝		光武〔帝〕				
十世	平帝	哀帝			明帝				
十一世					章帝				
十二世					和帝	清河孝王	千乘貞王	河閒孝王	
十三世					殤帝	安帝	樂安夷王	蠡吾侯翼	解犢亭侯淑
十四世						順帝	勃海孝王	桓帝	解犢亭侯萇
十五世						沖帝	質帝		靈帝
十六世									獻帝

文帝弟雖在三、禮兄弟不相爲後。文帝卽高祖子、於惠帝兄弟也。故不爲惠帝後而爲第二。宣帝弟次昭帝。史皇孫之子於昭帝爲兄孫以係祖、不得上與父齊。故爲七世。光武雖在十二、於父子之次、於成帝爲兄弟、於哀帝爲諸父、於平帝爲父祖。皆不可爲之後。上至元帝、於光武爲父。故上繼元帝而爲九世。故河圖曰赤九世會昌、謂光武也。十世以光、謂孝明也。十一以興、謂孝章也。成雖在九、哀雖在十、平雖在十一、不稱次。

文帝の弟《だい》は二に在ると雖も、礼に兄弟相後《あいのち》を為さず、と。文帝は即ち高祖の子にして、惠帝に於いては兄弟なり。故に恵帝の後と為さずして第二と為す。宣帝の弟は昭帝に次ぐ。史皇孫の子は昭帝に於いて兄の孫と為り以て祖を係《つ》ぎ、上は父と斉《ひと》しくするを得ず。故に七世と為す。光武は十二に在ると雖も、父子の次に於いては、成帝に於いて兄弟と為り、哀帝に於いては諸父と為り、平帝に於いては父祖と為る。皆之れが後と為す可からず。上は元帝に至りて、光武に於いては父と為る。故に上は元帝を継ぎて九世と為す。故に河図に赤は九世会《まさ》に昌《さか》んならんとすと曰うは、光武を謂うなり。十世以て光《さか》ゆとは、孝明を謂うなり。十一以て興るとは、孝章を謂うなり。成は九に在ると雖も、哀は十に在ると雖も、平は十一に在ると雖も、次と称さず。

語釈 ○礼　典拠不詳。『礼記』『儀礼』『周礼』のいわゆる三礼には、これに該当する一節はない。『漢書』巻九十九上王莽伝上に、「兄弟相後と為るを得ず」とある。○霊帝・献帝　『独断』の完成は霊帝の熹平元年（一七二）ごろと推定されるので、抱経堂校定本が「霊帝、献帝は並びに皆後人の増す所」と注を付すように、おそらく後世の加筆であろう。○弟　第と同じ。次第・世代・排行。○史皇孫　武帝と衛皇后との子である戻太子と史良娣との間に生まれた子。巫蠱の乱に座して死んだ。昭帝の没後、直系の後継者が絶えたために、史皇孫と王夫人との遺児にあたる詢が宣帝として即位した。○諸父　叔伯。光武帝は哀帝にとっておじにあたる。○父祖　父は父の傍系尊族（世父・叔父など）を、祖は祖父などを意味するが、ここでは諸父と同じく叔伯の意。平帝にとっても光武帝はおじに当たる。○河図　河図・洛書。讖緯の書の祖。河図は伏犧（庖犧）のとき、黄河から出た竜馬の背に描かれていたという図。洛書は禹が洪水を治めたとき、洛水から出た神亀の背に書かれていたという文。光武帝は後漢王朝の創始に当たって、漢王朝の正統の後継者であることを示すために、河図を利用した。○赤　後漢の創立以後、漢朝は火徳の王朝に当たり、赤は火徳の色とされた。

通釈 文帝は第三代目の皇帝の位にあるが、「礼」に「兄弟は互いにその後を継がない」とある。文帝は高祖の子であるから、恵帝にとっては兄弟に当たる。そのため〔文帝を〕恵帝の次の世代に置くことはせず〔恵帝と並ぶ〕第二世代に含めるのである。宣帝の順序は昭帝の次に置かれる。〔武帝の孫の〕史皇孫の子〔である宣帝〕は昭帝にとっては兄〔戻太子〕の孫に当たることによってその先祖を継いでいるので、上の世代と父〔の史皇孫〕とを同じ世代にすることはできない。そこで七世とするのである。光武帝は〔前漢から数えて〕第十二代目の皇帝に当たるが、父子の順序において、成帝にとって〔光武帝は〕兄弟の世代に当たり、哀帝にとってはおじの世代に当たり、平帝にとってもおじの世代に当たる。したがって〔光武帝は〕皆これらの後継者となすことはできない。元帝の代に遡ると、光武帝にとっては父〔の世代〕に当たる。そのため光武帝は遡って元帝の後を継ぐことになるので九世とする。そのため河図に「赤〔漢朝〕は九世に昌《さか》んになる」というのは、暗に光武帝をいうのである。「十世にさかえる」というのは、明帝をいうのである。「十一世に興る」というのは、章帝をいうのである。成帝は第九代目の位に置かれるとはいえ、また哀帝は第十代目の位に置かれるとはいえ、さらに平帝は第十一代目の位に置かれるとはいえ、いずれもこの順序にはしたがわない〔で、光武帝の系統をとることになるのである〕。

7 宗廟之制。古學以爲、人君之居前有朝、後有寢。終則前制廟以象朝、後制寢以象寢。廟以藏主、列昭穆。寢有衣、冠、几、杖、象生之具。總謂之宮。月令曰、先薦寢廟。詩云、公侯之宮頌曰、寢廟奕奕。言相連也。是皆其文也。

宗廟の制。古学以為《おも》えらく、人君の居は前に朝有り、後ろに寝有り。終われば則ち前に廟を制して以て朝に象《かたど》り、後ろに寝を制して以て寝に象る、と。廟は以て主を蔵し、昭穆を列す。寝には衣、冠、几、杖、象生の具有り。総じて之れを宮と謂う。月令《がつりょう》に曰く、先ず寝廟に薦む、と。詩に云う、公侯の宮頌に曰く、寝廟奕奕《えきえき》たり、と。相《あい》連なるを言うなり。是れ皆其の文なり。

語釈 ○古学　古文学。先秦の書体、すなわち古文で記された儒家の経典を研究する学問。今文学に対する語。ただし現存する古文には、該当する記事はない。あるいは古代の文学の意か。○象生之具　副葬品。墓主が生前に愛用した品物。○公侯之宮頌　『詩経』魯頌閟《ひ》宮に「路寝孔《はなは》だ碩《おお》いなり、新廟奕奕たり」とある。

通釈 宗廟制度について。古文学では、人君の宮殿には前方に〔政治を執り行う〕朝があり、後方に〔私生活を営む〕寝がある。〔人君が〕死ぬと〔宗廟の〕前方に〔神主を安置する〕廟をつくって〔生前の〕朝になぞらえ、後方に〔霊魂が安住するための〕寝をつくって〔生前の〕寝になぞらえる、と考えられている。廟には神主を収蔵し、昭穆に区別して安置する。寝には衣装・冠・ひじかけ・杖、〔そのほか〕生前に用いた品物を備える。〔廟と寝を〕あわせて宮と総称する。〔『礼記』〕月令には、〔収穫物は〕最初に寝廟に供える、とある。『詩経』魯頌閟宮には、寝と廟は一緒に美しく詠まれている。それは〔寝と廟が〕相連なって〔建てられて〕いることを示す。これらは皆宗廟について述べた文である。

8 古不墓祭。至秦始皇、出寝起之於墓側。漢因而不改。故金、陵上稱寝殿。有起居衣冠、象生之備、皆古寝之意也。居西都時、高帝以下、毎帝各別立廟、月備法駕游衣冠。又未定迭毀之禮。元帝時丞相匡衡、御史大夫貢禹、乃以經義處正罷游衣冠、毀先帝親盡之廟。高帝爲太祖、孝文帝爲太宗、孝武爲世宗、孝宣爲中宗。祖宗廟皆世世奉祠、其餘惠景以下皆毀。五年而稱殷祭。猶古之禘祫也。殷祭則及諸毀廟、非殷祭則祖宗而已。

古《いにしえ》は墓祭せず。秦の始皇に至りて、寝を出《い》だし之れを墓側に起《た》つ。漢因りて改めず。故に金〔今《いま》〕、陵上にあるは寝殿と称す。起居衣冠、象生の備有るは、皆古の寝の意なり。西都に居りし時、高帝以下、帝毎《ごと》に各々別に廟を立て、月ごとに法駕を備えて游衣冠す。又未だ迭毀《てつき》の礼を定めず。元帝の時丞相匡衡、御史大夫貢禹は、乃ち経義を以て正しきに処して游衣冠を罷め、先帝の親尽くるの廟を毀《こぼ》つ。高帝は太祖と為し、孝文帝は太宗と為し、孝武は世宗と為し、孝宣は中宗と為す。祖宗の廟は皆世世奉祠し、其の余の恵景以下は皆毀つ。五年にして殷祭と称す。猶《なお》古の禘祫《ていこう》のごときなり。殷祭なれば則ち諸毀廟に及び、殷祭に非ざれば則ち祖宗のみ。

語釈　○墓祭　陵墓で執り行う祭祀。○金　他の諸版本にしたがい、金を今に改める。○法駕　天子の車馬行列である鹵簿《ろぼ》の一形式。○游衣冠　毎月一回、皇帝の陵墓から衣冠を出して廟に巡行すること。○迭毀之礼　天子七廟制（天子の廟で、太祖と三昭・三穆の七主をまつる制度）において、新たな神主が加わって八主となったばあい、新規の神主の昭穆の別に応じて、もっとも古い昭もしくは穆の神主を廟から出し、あらためて歴代の皇帝の神主を合祀するために祧《ちょう》廟に遷すこと。○匡衡　前漢元帝時代の学者・政治家（生没年不詳）。東海郡承県（現山東省嶧城）の人。『詩経』の学者として名を成し、光禄勲・御史大夫をへて元帝のとき丞相・楽安侯となったが、のちに罪を得て免じられた。○貢禹　前漢元帝時代の政治家（？—前四四）。琅邪郡琅邪県（現山東省諸城）の人。儒学に精通し、とくに農政によって実績をあげ、諫大夫に任命された。○殷祭　禘祫。すべての神主を太廟の中に並べる祭祀。禘祭と祫祭は三十か月ごとに交互に行われ、禘祭は四月に、祫祭は十月に執り行われた。

通釈　昔は陵墓における祭祀は行わなかった。秦の始皇帝の時代になって、寝を〔廟から〕分離して陵墓の傍らに起てるようになった。漢は〔その制度を継承して〕改めなかった。そのため現在陵墓の傍らにある建物を寝殿とよぶのである。寝殿に衣装や冠など、生前使っていた品物が収蔵されているのは、皆昔の寝の役割と同じである。西の長安を都としていた前漢時代、高祖以下、帝ごとに各々個別に廟を立て、毎月法駕をしたてて游衣冠の礼を行った。当時はまだ迭毀の礼が確定していなかったのである。元帝の時代になって丞相の匡衡、御史大夫の貢禹が、経典の本義に正して游衣冠の礼をやめ、前代の皇帝のうち直接血統が絶えた廟を廃止〔して高帝廟に合祀〕することにした。〔その一方で〕高帝（高祖）は太祖とし、文帝は太宗とし、武帝は世宗とし、宣帝は中宗とした。〔太祖から中宗までの〕祖宗の廟は累代まつり、それ以外の恵帝や景帝以下の廟はすべて〔一定の期限を過ぎれば〕廃毀することにした。五年を周期として〔祭祀を行い〕殷祭と称した。それはちょうど昔の禘祭や祫祭に相当する祭祀であった。殷祭のばあいは廃毀された廟をふくめてすべての廟をまつったが、殷祭でないばあいは祖宗の廟だけをまつった。

9 光武中興都洛陽。乃合高帝已下至平帝爲一廟、藏十一帝主於其中。元帝於光武爲禰。故雖非宗、而不毀也。後嗣遵承遂常奉祀。光武舉天下以再受命復漢祚。更起廟稱世祖。孝明臨崩遺詔、遵儉毋起寢廟、藏主於世祖廟。孝章不敢違。是後、遵承藏主於世祖廟、皆如孝明之禮。而園陵皆自起寢廟。孝明曰顯宗、孝章曰肅宗。是後、踵前孝和曰穆宗、孝安曰恭宗、孝順曰敬宗、孝桓曰威宗。唯殤、沖、質三少帝、皆以未踰年而崩不列於宗廟。四時、就陵上祭寢而已。今洛陽諸陵皆以晦望、二十四氣、伏、社、臘、及四時。未曰上飯、太官送用、園令、食官典省。其親陵、所宮人隨鼓漏理被枕、具盥水、陳嚴具。

光武中興して洛陽に都す。乃ち高帝已下平帝に至るを合わせて一廟と為し、十一帝の主を其の中に蔵す。元帝は光武に於いて禰《でい》為り。故に宗に非ずと雖も、而も毀《こぼ》たざるなり。後嗣遵承して遂に常に奉祀す。光武天下を挙げて以て再び命を受けて漢祚を復す。更めて廟を起こして世祖と称す。孝明崩ずるに臨んで遺詔すらく、倹に遵いて寝〔廟〕を起こすこと毋《な》く、主を世祖廟に蔵せよ、と。孝章は敢えて違わず。是の後、遵承して主を世祖廟に蔵すること、皆孝明の礼の如くす。而るに園陵には皆自ら寝廟を起こす。孝明は顕宗と曰い、孝章は粛宗と曰う。是の後、前を踵《つ》いで孝和は穆宗と曰い、孝安は恭宗と曰い、孝順は敬宗と曰い、孝桓は威宗と曰う。唯だ殤、沖、質の三少帝は、皆〔未だ〕年を踰えずして崩ずるを以て宗廟に列せず、四時、陵上に就きて寝を祭るのみ。今洛陽の諸陵は皆晦望、二十四気、伏、社、臘、及び四時を以てす。未だ上飯と曰わざるも、太官は用を送り、園令、食官は典省す。其れ親陵とは、宮人の鼓漏に随い被枕を理《ただ》し、盥《がん》水を具え、厳具を陳ぬる所なり。

語釈　○十一帝主　前漢の高祖から平帝までの十一人の皇帝の神主。二人の少帝と廃帝は除いてある。○禰　父の廟。○宗　正嫡。○寝廟　文脈から判断すると、後者の寝廟は寝の誤りであろう。○園陵　みささぎ。陵墓とその周囲の平地である園。○伏　夏至の後の三回目・四回目の庚の日をそれぞれ初伏・中伏、立秋の後の最初の庚の日を末伏といい、合わせて三伏という。ともに火気が盛んな時期のかのえの日であるなどの理由によって凶日とされた。○社　陰暦二月・八月・臘月（十二月）に行われた土地神である社の祭祀。○未　『続漢書』祭祀志下宗廟の条に未字はない。文意から推測して、衍字とすべきであろう。○上飯　寝に食を奉る儀礼。上食ともいう。○太官　陵寝に奉仕し飲食物を供える官。秩六百石。○園令　官名。陵園を管理する官。○食官　皇帝の飲食をつかさどる官。○親陵　親廟に準じる陵で、光武帝の父の南頓君欽、祖父の鉅鹿都尉回、曾祖父の鬱林太守外、高祖父の舂陵節侯買の四陵を指称。○宮人　陵寝に奉仕する女官。

通釈　光武帝は漢を復興して洛陽に都を置いた。そこで高祖以下平帝にいたる〔前漢歴代の皇帝の〕廟を合わせて〔高祖廟〕一廟とし、十一帝の神主をその中に安置した。元帝は光武帝にとって〔世代の順序からいうと父の世代に属し、その廟は〕禰に当たる。そのため〔元帝の〕正嫡ではないが、元帝の廟を廃毀しなかった。〔明帝以後の〕後継の皇帝たちもそれを継承してついに常祀することにした。光武帝は天下を糾合し再び天命を受けて漢の天子の位を復活した。〔したがって〕あらためて〔光武帝のために〕廟をたてて世祖と称した。明帝は崩御に臨んで遺詔し、倹約を尊んで従来のような寝はたてず、自分の神主を世祖廟に安置せよ、といい残した。章帝はこれに違うことはなかった。これ以後、各皇帝はそれを遵守継承してそれぞれの神主を世祖廟に安置し、皆明帝が定めた礼にしたがった。しかし園陵には皇帝ごとに自ら寝をたてた。そのうち明帝の寝は顕宗といい、章帝の寝は粛宗といった。その後、前例にしたがって和帝〔の寝〕は穆宗、安帝〔の寝〕は恭宗、順帝〔の寝〕は敬宗、桓帝〔の寝〕は威宗とよんだ。ただ殤帝・沖帝・質帝の三人の幼帝は、皆即位の年を踰えずに崩御したので神主を世祖廟に合祀せず、四季ごとに、陵の傍らの寝においてまつるだけとした。現在洛陽にある諸帝の陵〔寝〕では毎月のつごもりと満月の日、二十四節気、三伏、社の祭の日、臘祭の日、そして四季の祭の日に祭祀を執り行う。上飯とはよばないが、太官は食事を用意し、園令・食官は祭をとりしきる。そもそも親陵とは、宮人が時刻を告げる太鼓にしたがって夜具をととのえ、身を洗う水を用意し、化粧用具を並べる〔などして生前と同様に奉仕する〕ところである。

天子以正月五日、畢供、後上原陵以次周徧。公卿百官皆從。四姓小侯諸侯家婦、凡與先帝先后有瓜葛者、及諸侯王大夫、郡國計吏、匈奴朝者、西域侍子皆會。尚書官屬陛西除下、先帝神座後。大夫、計吏、皆當軒下、占其郡穀價、四方災異。欲皆使先帝魂神具聞之。遂於親陵各賜計吏而遣之。正月上丁祀南郊、禮畢次北郊、明堂、高祖廟、世祖廟。謂之五供。五供畢以次上陵也。

天子は正月五日を以て、供を畢《お》え、後《のち》に原陵に上り次を以て周偏す。公卿百官皆従う。四姓の小侯諸侯の家婦、凡そ先帝先后と瓜葛《かかつ》有る者、諸侯王の大夫、郡国の計吏、匈奴の朝する者、西域の侍子に及ぶまで皆会す。尚書と官属は西除の下、先帝の神座の後ろに陛《なら》ぶ。大夫、計吏、皆軒下に当たりて、其の郡の穀価、四方の災異を占《もう》す。皆先帝の魂神をして具さに之れを聞かしめんと欲すればなり。遂《お》われば親陵に於いて各々計吏に賜いて之れを遣る。正月上丁に南郊に祀り、礼畢われば北郊、明堂、高祖廟、世祖廟を次《つい》ず。之れを五供と謂う。五供畢われば次を以て上陵するなり。

語釈 ○正月五日畢供　正月最初の丁（ひのと）の日から五日間にわたって行われる祭祀。五供。なお孫詒譲の『独断考』では「正月五供畢」、すなわち「正月五供畢わりて」と校訂。○上原陵　原陵は光武帝の陵墓。上原陵は正月に原陵で行われる朝会。後漢の明帝のときにはじまった。上陵、上陵の礼。○公卿　三公九卿を指す。両漢時代の最高官僚。○四姓小侯諸侯家婦　四姓とは明帝の外戚である樊、郭、陰、馬の四氏。小侯とは列侯でないにもかかわらず、列侯並みの礼遇を受ける家臣。四氏出身の小侯の婦人と諸侯の婦人。○瓜葛　うりとくず。ともに繁茂する蔓《つる》草であることから、転じて連枝・縁故者。○諸侯王大夫　官名。諸侯王に仕える大夫。王国の使者として正月の朝賀には皇帝に璧を奉った。秩比六百石。○郡国計吏　計吏とは朝賀のさいに会計報告をする使者。ただし下文に、王国の会計報告は諸侯王の大夫が行うと記されているので、この部分は国の字を省略して郡計吏とするほうが妥当か。○匈奴　秦漢時代に蒙古高原で活躍した遊牧騎馬民族。トルコ系ともモンゴル系ともいわれる。秦漢と敵対していたが、一世紀半ばに南北に分裂、南匈奴は後漢に服属した。○西域　中国の西方、タリム盆地周辺地域。多数のオアシス都市国家が存在した。○尚書　官名。宮中の文書をつかさどる皇帝の側近官。○郡穀価　諸侯王の大夫と郡の計吏の両者が報告するのであるから、郡国穀価とするのが正確か。○各賜計吏而遣之　『続漢書』礼儀志上上陵の条に、「最後の親陵にて計吏を遣るに、之れに帯佩を賜う」とあるように、計吏たちには帯佩、すなわち帯と装飾品が下賜された。○南郊　京師の南側、このばあいは洛陽城の南、七里（約二・九キロメートル）の地。天・五帝・高祖をまつる。○北郊　京師の北側、このばあいは洛陽城の北、四里（約一・六キロメートル）の地。地祇と高后（薄太后）をまつる。

通釈 天子は正月の五日間で、五供のまつりをおえ、そののち原陵におもむいて〔諸帝の陵を〕順次まつっていく。公卿百官は皆これにしたがう。四姓に属する小侯の婦人と諸侯の婦人、およそ先帝や先后と縁故のある者〔はもちろん〕、諸侯王の大夫、郡の〔会計報告などのために派遣されてきた〕上計吏、朝賀にやってきた匈奴、人質として都に住まわされる西域諸国の王子にいたるまで皆この礼に参加する。〔祭場を設営した〕尚書とその属僚は西側の階段の下で、先帝の神坐の後ろに当たる場所に侍立する。諸侯王の大夫と、郡の上計吏が、皆〔神坐のある建物の〕軒先で、それぞれの郡の穀物の価格や、四方に発生した災害について申しあげる。それはすべて先帝の霊魂にくわしくそれら〔天下の動静〕をお聞かせしたいと願うからである。〔原陵や先帝の陵の祭祀が〕おわると〔最後に〕諸陵において各々の上計吏などに物品を下賜して帰国させる。正月の最初の丁の日に南郊にまつり、それがおわると北郊・明堂・高祖廟・世祖廟の順にまつっていく。この儀礼を五供とよぶ。五供がおわると順次上陵の礼を行う。

11 四時、宗廟用牲十八太牢。皆有副倅。西廟五主高帝、文帝、武帝、宣帝、元帝也。高帝爲高祖、文帝爲太宗、武帝爲世宗、宣帝爲中宗。其廟皆不毀。孝元功薄當毀、光武復天下、屬弟於元帝爲子、以元帝爲禰廟。故列於祖宗。後嗣因承遂不毀也。

四時、宗廟には牲として十八の太牢を用う。皆副倅《さい》有り。西廟の五主とは高帝、文帝、武帝、宣帝、元帝なり。高帝は高祖と為し、文帝は太宗と為し、武帝は世宗と為し、宣帝は中宗と為す。其の廟は皆毀《こぼ》たず。孝元は功薄く当《まさ》に毀つべきも、光武天下を復するや、弟《だい》を元帝に属せしめて子と為り、元帝を以て禰《でい》廟と為せり。故に祖宗に列す。後嗣因りて承け遂に毀たざるなり。

語釈 ○副倅　儀礼の代理人・代行者。『続漢書』礼儀志上上陵の条に「斎日の内に汗染有れば斎を解き、副倅礼を行う」とある。○西廟　西京。長安にある皇帝のみたまや。○祖宗　高帝以下、五帝の不毀の廟。

通釈 四季ごとに、宗廟〔の祭祀を行うさい〕には犠牲として〔合計〕十八の太牢を供える。各廟には副倅がいる。西廟に合祀されている五主とは高帝・文帝・武帝・宣帝・元帝である。高帝は高祖、文帝は太宗、武帝は世宗、宣帝は中宗〔を廟号〕とする。それらの廟は皆廃毀されない〔まま累代まつられる〕。元帝は功績が少なく〔本来ならばその廟は〕廃毀されるべきであったが、光武帝が漢を復興したさい、世代の順序において元帝〔を父とし、みずからをそ〕の子として、元帝〔の廟〕を禰廟とした。そのため〔元帝の廟も〕祖宗の廟に加えられた。のちにつづいた諸帝もそれを継承し〔元帝の廟を〕廃毀しなかったのである。

12 東廟七主光武、明帝、章帝、和帝、安帝、順帝、桓帝也。光武爲世祖、明帝爲顯宗、章帝爲肅宗、和帝爲穆宗、安帝爲恭宗、順帝爲敬宗、桓帝爲威宗。廟皆不毀。少帝未踰年而崩、皆不入廟、以陵寢爲廟者三。殤帝康陵、沖帝懷陵、質帝靜陵是也。追號爲后者三。章帝宋貴人曰敬隱后、葬敬北陵。安帝祖母也。清河孝徳皇后安帝母也。章帝梁貴人曰恭懐后、葬西陵。和帝母也。安帝張貴人曰恭敏后、葬北陵。順帝母也。

兩廟十二主、三少帝、三后、故用十八太牢也。

東廟の七主とは光武、明帝、章帝、和帝、安帝、順帝、桓帝なり。光武は世祖と為し、明帝は顕宗と為し、章帝は粛宗と為し、和帝は穆宗と為し、安帝は恭宗と為し、順帝は敬宗と為し、桓帝は威宗と為す。廟は皆毀《こぼ》たず。少帝の未だ年を踰えずして崩ずるは、皆廟に入れず、陵寝を以て廟と為す者は三。殤帝の康陵、沖帝の懐陵、質帝の静陵是れなり。追号して后と為す者は三。章帝の宋貴人は敬隠后と曰い、敬北陵に葬る。安帝の祖母なり。清河孝徳皇后は安帝の母なり。章帝の梁貴人は恭懐后と曰い、西陵に葬る。和帝の母なり。安帝の張貴人は恭敏后と曰い、北陵に葬る。順帝の母なり。

両廟の十二主、三少帝、三后、故に十八の太牢を用うるなり。

語釈 ○東廟　洛陽に建てられた後漢の世祖（光武帝）以下の廟。○康陵　殤帝の陵墓。『続漢書』礼儀志下劉昭注所引『古今注』によれば、四方約二九一・二メートル、高さ約一三・二メートル。『古今注』所引『帝王世記』によれば、洛陽から約一九・九キロメートルの地点にあった。○懐陵　沖帝の陵墓。右の『古今注』によれば、四方約二五六・二メートル、高さ約一一メートル。また『帝王世記』によれば、洛陽の西北約六・二キロメートルの地点にあった。○静陵　質帝の陵墓。右の『古今注』によれば、四方約一九〇メートル、高さ約一三・二メートル。また『帝王世記』によれば、洛陽の東約一三・三キロメートルの地点にあった。○宋貴人　章帝の貴人（一世紀後半）。皇太子慶を生んだが、実子のない章徳竇皇后の恨みをかい、自殺に追い込まれた。また慶も皇太子を廃され、清河王に降格。安帝が即位すると、建光元年（一二一）に敬隠后と諡《おくりな》された。○清河孝徳皇后　清河孝王慶の宮人（一世紀後半）。左氏、字は小娥。最初、和帝の宮人であったが、清河孝王慶に下賜され、安帝を生んだ。宋貴人とともに建光元年に孝徳皇后と諡された。○梁貴人　章帝の貴人（?―八三）。梁竦の娘。和帝を生んだが、章徳竇皇后によって育てられた。のちに梁氏が誅されると、憂死。和帝が即位すると、永元九年（九七）

に恭懐后と諡された。〇安帝張貴人　安帝の宮人（?―一一五）。つぎの（13）に「順帝の母は故姓を李、或いは姓を張と云う」とある。安帝に寵愛され順帝を生んだが、嫉妬した安思閻皇后によって毒殺された。順帝が即位すると、永建二年（一二七）に恭敏后（恭愍后）と諡された。〇北陵　恭敏后の陵墓。「恭北陵」とも記される。〇三后　宋・梁・張の三貴人。

通釈 東廟に合祀されている七主とは光武帝・明帝・章帝・和帝・安帝・順帝・桓帝である。光武帝は世祖、明帝は顕宗、章帝は粛宗、和帝は穆宗、安帝は恭宗、順帝は敬宗、桓帝は威宗〔を廟号〕とする。それらの廟は皆廃毀されることなく〔累代まつられている〕。即位の年を踰えずに夭折した幼少の皇帝は、皆宗廟に合祀せずに、祭祀は陵の傍らの寝で行い、寝を廟の代わりとしたが、そのような者は三名である。殤帝の康陵、沖帝の懐陵、質帝の静陵がこれに当たる。死後追号されて皇后となった者は三名である。章帝の宋貴人は敬隠后とよばれ、敬北陵に葬られた。安帝の祖母に当たる。また清河孝徳皇后は安帝の母に当たる。章帝の梁貴人は恭懐后とよばれ、西陵に葬られた。和帝の母に当たる。安帝の張貴人は恭敏后とよばれ、北陵に葬られた。順帝の母に当たる。
東西両廟に合祀されている十二主、〔殤帝・沖帝・質帝の〕三人の少帝、〔皇后を追号された敬隠后・恭懐后・恭敏后の〕三后、〔その合計は十八になるので〕十八の太牢を用いる。

13 漢家不言禘祫、五年而再殷祭。則西廟惠帝、景、昭皆別祠。成、哀、平三帝以非光武所後、藏主長安故高廟、四時祠於東廟。京兆尹侍祠、衣冠、車服如太常祠行陵廟之禮。順帝母故云姓李、或姓張。

漢家は禘祫《ていこう》と言わず、五年にして再び殷祭す。則ち西廟の恵帝、景、昭は皆別に祠る。成、哀、平の三帝は光武の後とする所に非ざるを以て、主を長安の故《もと》の高廟に蔵し、四時東廟に祠る。京兆尹侍祠するに、衣冠、車服は太常の陵廟に祠行するの礼の如くす。――順帝の母は故《もと》姓を李、或いは姓を張と云う――。

語釈 ○漢家　漢の異称。漢の朝廷、漢代。○長安故高廟　前漢時代に長安城中に設けられた高帝廟。○東廟　京兆尹が侍祠する点から、洛陽の光武帝廟ではなく、長安における廟と考えられる。○京兆尹　官名。長安を中心とした地域を統治する長官。後漢においては十県を担当した。秩中二千石。○侍祠　天子の祭祀に陪従し、これを助けること。ここでは所在の郡県の長官などが天子に代わって宗廟の祭祀を行うこと。○太常　官名。奉常。九卿の一つ。礼儀・祭祀をつかさどった。秩中二千石。○順帝母故云姓李或姓張　抱経堂校定本は「此の十字は当《まさ》に前の順帝の母也の下に在りて注と作《な》すべきに似たり。此《ここ》に在るに応《ふさ》わしからず」と割注を付している。したがうべきであろう。

通釈 漢の朝廷では、禘祭・祫祭という名称ではよばず、五年に二回の割合で殷祭が行われた。西廟では恵帝・景帝・昭帝の三帝については、皆〔西廟五主とは〕別個に祭祀を行った。成帝・哀帝・平帝の三帝は〔世代の順序では〕光武帝がその後継の世代にはならないので、その木主を長安のもとの高廟に安置して、四季ごとに東廟で祭祀が行われた。〔そのさい〕京兆尹が祭祀を代行して、その衣服・冠・車は太常が陵廟の礼を執り行うときの様式にならった。――順帝の母親はもとの姓を李、あるいは張といった――。

14 高祖得天下而父在、上尊號曰太上皇。不言帝非天子也。孝宣繼孝昭帝。其父曰史皇孫、祖父曰衞太子。太子以罪廢、及皇孫皆死。宣帝但起園陵、長承奉守。不敢加尊號於祖父也。光武繼孝元。亦不敢加尊號於父祖也。世祖父南頓君曰皇考、祖鉅鹿都尉曰皇祖、曾祖鬱林太守曰皇曾祖、高祖舂陵節侯曰皇高祖、起陵廟置章陵、以奉祠之而已。

高祖天下を得て父在《いま》せば、尊号を上《たてまつ》りて太上皇と曰う。帝と言わざるは天子に非ざればなり。孝宣は孝昭帝を継ぐ。其の父は史皇孫と曰い、祖父は衛太子と曰う。太子は罪を以て廃せられ、皇孫に及ぶまで皆死す。宣帝は但だ園陵を起こし、長承をして奉守せしむるのみ。敢えて尊号を祖父に加えざるなり。光武は孝元を継ぐ。亦敢えて尊号を父祖に加えざるなり。世祖の父南頓君は皇考と曰い、祖鉅鹿都尉は皇祖と曰い、曾祖鬱林太守は皇曾祖と曰い、高祖舂《しょう》陵節侯は皇高祖と曰い、陵廟を起こして章陵を置き、以て之れを奉祠するのみ。

語釈 ○太上皇　皇帝の父に対する尊称。はじめは死後の追贈であったが、漢の高祖が高祖六年（前二〇一）に父太公にこの尊称を贈って以来、生存中の称号となった。○罪　武帝の征和二年（前九一）に起きた巫蠱の乱を指す。○長承　長丞。承は丞の転用。長と丞は地方長官とその補佐官の総称。長は戸数が一万未満の県の長官。丞はその補佐官。○不敢加尊号於祖父　ここでは祖父の衛太子および父の史皇孫の両者を指す。後出の父祖と同義。○継孝元　孝元は元帝。元帝以後に三人の皇帝が即位したが、いずれも世代順では光武帝と同じか後となるので、光武帝は元帝を継ぐと称した。○南頓君　劉欽。南頓令。鉅鹿都尉劉回の子で、光武帝の父。○鉅鹿都尉　劉回。鬱林太守劉外の子で、光武帝の祖父。○鬱林太守　劉外。舂陵節侯劉買の子で、光武帝の曾祖父。○皇曾祖　亡曾祖父母両方を指すばあいもあるが、ここでは「皇曾祖考」すなわち亡曾祖父に贈る称号。○舂陵節侯　劉買。武帝時代の諸侯（？—前一二〇）。長沙定王劉発の子で、景帝の孫。光武帝の五世の祖に当たる。○皇高祖　五世代前の亡祖父母両方を指すばあいもあるが、ここでは「皇高祖考」すなわち亡き高祖父に贈る称号。○章陵　南陽郡に属する県。現湖北省棗陽の南。光武帝の父祖が葬られた地。もと舂陵と称したが、建武六年（三〇）に章陵県に改められた。

通釈 高祖は天下を手に入れたときにその父（太公）が存命中であったので、尊号をたてまつり太上皇とよんだ。帝とよばなかったのは〔太公自身は一介の人臣に過ぎず〕天子ではなかったからである。宣帝は昭帝の後を継いで即位した。その父は史皇孫といい、祖父は衛太子といった。衛太子は〔巫蠱の乱の〕罪を問われて廃嫡され、史皇孫におよぶまで〔衛太子の一族〕皆〔連坐して〕横死した。そこで宣帝は〔それを憚って〕ただ園陵を起こし、県の長官とその補佐官に奉守させるのみであった。そして敢えて父や祖父に尊号を加えることはしなかった。光武帝は〔世代順では〕元帝の後を継いで即位したことになる。また敢えて自分の実の父や祖父・曾祖父などに尊号を加えることはしなかった。そして世祖（光武帝）の父の南頓君欽は皇考といい、祖父の鉅鹿都尉回は皇祖といい、曾祖父の鬱林太守外は皇高祖といい、高祖の舂陵節侯買は皇高祖といい、それぞれの陵の傍らに廟を建てそこに章陵県を置き、これを奉祠しただけであった。

15 至殤帝崩、無子弟、安帝以和帝兄子、從清河王子、卽尊號。依高帝尊父爲太上皇之義、追號父清河王曰孝德皇。順帝崩、沖帝無子弟、立樂安王子、是爲質帝。帝偪於順烈梁后父大將軍梁冀、未得尊其父而崩。桓帝以蠡吾侯子卽尊位、追尊父蠡吾先侯曰孝崇皇、母匽太夫人曰孝崇后、祖父河間孝王曰孝穆皇、祖母妃曰孝穆后。桓帝崩無子。今上卽位、追尊父解犢侯曰孝仁皇、母董夫人曰孝仁后、祖父河間敬王曰孝元皇、祖母夏妃曰孝元后。

殤帝崩ずるに至りて、子弟無ければ、安帝は和帝の兄の子を以て、清河王の子従《よ》り、尊号に即《つ》く。高帝の父を尊んで太上皇と為すの義に依り、父清河王を追号して孝徳皇と曰う。順帝崩じ、沖帝に子弟無ければ、楽安王の子を立てて、是れを質帝と為す。帝は順烈梁后の父大将軍梁冀に偪《せま》られ、未だ其の父を尊ぶを得ずして崩ず。桓帝は蠡《れい》吾侯の子を以て尊位に即くや、父蠡吾先侯を追尊して孝崇皇と曰い、母匽太夫人は孝崇后と曰い、祖父河間孝王は孝穆皇と曰い、祖母妃は孝穆后と曰う。桓帝崩ずるに子無し。今上位に即くや、父解犢侯を追尊して孝仁皇と曰い、母董夫人は孝仁后と曰い、祖父河間敬王〔解犢亭侯淑〕は孝元皇と曰い、祖母夏妃は孝元后と曰う。

語釈 ○偪　本初元年（一四六）、質帝が大将軍梁冀によって毒殺されたことを指す。○大将軍　武官の官名。全軍の統率者。後漢では三公の上に位し、この官に就いて権力を振った外戚が多かった。○梁冀　後漢順帝から桓帝時代の政治家（？—一五九）。梁商の子。本文で順烈梁皇后の父とされるのは誤りで、皇后の兄である。順帝・沖帝・質帝・桓帝と前後十八年間にわたって大将軍の高位にとどまり、梁氏専権時代の中心人物であったが、宦官の単超らと結んだ桓帝によって誅された。○匽太夫人　蠡吾侯翼の夫人（？—一五二）。桓帝の母。匽氏。もとは蠡吾侯翼に入嫁した貴女にしたがった侍女、すなわち媵妾。のちに博園匽貴人と追号され、考崇皇后と諡された。○祖母妃　河間孝王開の夫人。趙氏。考穆后と諡された。○今上　霊帝を指す。解犢亭侯を父とし、董夫人を母とする皇帝は霊帝のみである。○董夫人　解犢亭侯萇の夫人（？—一八九）。霊帝の母。建寧元年（一六八）、竇氏が誅滅されたのち、宮廷内で影響力をもったが、何氏の勢力が急成長すると、憂怖のため病死した。○河間敬王　霊帝の祖父は解犢亭侯淑、曾祖父は河間孝王開であるので、解犢亭侯淑に改めるべきであろう。○夏妃　解犢亭侯淑の夫人。霊帝の祖母。夏氏。

通釈 殤帝が崩御すると、〔殤帝にはその後を継ぐ〕子や弟がいなかったので、安帝は和帝の兄の子、すなわち清河孝王の子の地位から、皇帝の位に即いた。高祖劉邦がその父の太公を尊んで太上皇と尊称した先例にのっとって、安帝は自分も父の清河孝王を追号して孝徳皇とよんだ。順帝が崩御し、その後を継いだ沖帝にも子や弟がなかったので、〔当時はまだ〕楽安王〔でありのちに勃海孝王となった鴻〕の子を立てて、これを質帝とした。しかし質帝は順烈梁皇后の父である大将軍梁冀に〔毒殺された〕ために、〔その在位中に〕父（勃海孝王鴻）を尊称する機会を得ないまま崩御した。桓帝が蠡吾侯の子の地位から皇帝の位に即くと、父蠡吾侯を追尊して孝崇皇とよび、母匽太夫人を孝崇后とよび、祖父河間孝王開を孝穆皇とよび、祖母である〔河間孝王開の〕妃（趙氏）を孝穆后とよんだ。桓帝が崩御すると〔その後を継ぐ〕子はなかった。そこで今上（霊帝）が即位すると、その父解犢侯（解犢亭侯萇）を追尊して孝仁皇とよび、母董夫人を孝仁后とよび、祖父河間敬王（解犢亭侯淑）を孝元皇とよび、祖母（解犢亭侯淑の夫人）夏妃を孝元后とよんだ。

16 天子太社以五色土爲壇。皇子封爲王者、受天子之社土、以所封之方色。東方受青、南方受赤、他如其方色。苴以白茅、授之各以其所封方之色、歸國以立社。故謂之受茅土。漢興、以皇子封爲王者得茅土、其他功臣及鄉亭他姓公侯、各以其戶數租入爲限、不受茅土、亦不立社也。

天子の太社は五色の土を以て壇を為《つく》る。皇子の封ぜられて王と為る者は、天子の社の土を受くるに、封ぜらるる所の方の色を以てす。東方は青を受け、南方は赤を受け、他も其の方の色の如くす。苴《つつ》むに白茅を以てし、之れに授くるに各々其の封ぜらるる所の方の色を以てし、国に帰りて以て社を立つ。故に之れを茅土を受くると謂う。漢興りて、皇子なるを以て封ぜられて王と為る者は茅土を得るも、其の他の功臣及び郷亭の他姓の公侯は、各々其の戸数の租入を以て限りと為し、茅土を受けず、亦社を立てざるなり。

語釈 ○太社　社は土地神をまつったもので、とくに天子が天下の群姓のために立てる社を太社という。天地の気を通じさせるために、屋根を設けず、松・柏などの木を植える。○壇　社の基壇。東西南北の四面をそれぞれ青・白・赤・黒の四色の土でつくり、上面を黄色の土で覆う。○白茅　白いちがや。清浄を示す植物とされる。○茅土　ちがやと壇の四方の土。冊封するときにこれを授けることから、諸侯を封じることを茅土という。○郷亭　秦漢時代の村落・都市制度の単位。幹線道路上、十里ごとに一亭を置き、十亭ごとに一郷を置いたとされる。○公侯　後漢時代には、県・郷・亭が封土として皇族・功臣にあたえられ、県公・県侯・郷公・郷侯・亭公・亭侯などの名が生まれた。

通釈 天子の太社は、五色の土で壇をつくる。皇子として冊封されて王となる者は、この天子の太社の土を受けるばあい、冊封される国の方向を表す色の土を受ける。すなわち東方〔に冊封された者〕は青い土を受け、南方〔に冊封された者〕は赤い土を受け、その他の者もそれぞれの方向の色の土を受ける。〔天子は〕その土を白い茅に包んで、王に授けるが土の色は冊封された方向を示す色を用い、〔王はそれをもって〕その国に赴き国社を立てる。そこで冊封されることを茅土を受けるというようになった。漢が建国されて以来、皇子として冊封されて王となる者は天子から茅土を受けるが、その他の功臣または郷亭の異姓の公侯は、それぞれ戸数に相当する租税の収入を得るだけに限られて、茅と土は受けず、また社を立てることはない。

17 漢制、皇子封爲王者。其實古諸侯也。周末、諸侯或稱王。而漢天子自以皇帝爲稱。故以王號加之、總名諸侯王。子弟封爲侯者、謂之諸侯。羣臣、異姓有功封者、謂之徹侯。後避武帝諱、改曰通侯。法律家皆曰列侯。功德優盛、朝廷所異者、賜位特進。位在三公下。其次朝侯。位次九卿下。皆平冕、文衣。侍祠郊廟、稱侍祠侯。其次下士。但侍祠、無朝位。次小國侯。以肺腑宿衞、親公主子孫奉墳墓在京者、亦隨時見會。謂之猥朝侯也。

漢の制に、皇子は封ぜられて王と為る者なり。その実は古《いにしえ》の諸侯なり。周の末に、諸侯或いは王を称す。而して漢の天子自ら皇帝を以て称と為す。故に王号を以て之れに加え、総《すべ》て諸侯王と名づく。子弟の封ぜられて侯と為る者は、之れを諸侯と謂う。群臣、異姓の功有りて封ぜらるる者は、之れを徹侯と謂う。後に武帝の諱を避け、改めて通侯と曰う。法律家は皆列侯と曰う。功徳優盛にして、朝廷の異とする所の者は、位特進を賜る。位は三公の下に在り。其の次は朝侯。位は九卿の下に次す。皆平冕にして、文衣。郊廟に侍祠するものは、侍祠侯と称す。其の次は下士。但だ侍祠するのみにして、朝位無し。次は小国侯。肺腑を以て宿衛し、親公主の子孫の墳墓を奉じて京に在る者は、亦随時に見会す。之れを猥朝〔諸〕侯と謂う。

語釈 ○特進　列侯のうち、とくに優れた人物や皇后の父兄に贈られる位。朝廷における席次は、三公の下に置かれた。○平冕　冠の名称。平天冠。○文衣　美しい模様をほどこした衣服。○郊廟　天子が行う祭祀中、とくに重要な天地をまつる郊祀と祖先をまつる廟祀。○下士　ここでは諸侯のうち最下位の等級の者。○朝位　朝廷における位次・序列。○小国侯　公主を下賜された県郷などの小国の侯。○肺腑　皇帝の一族・一門。○宿衛　終夜宮殿に宿直し、護衛すること。○猥朝侯　『後漢書』巻十六鄧禹伝注所引『漢官儀』などから判断して、「猥諸侯」の誤りと考えられる。雑多な諸侯。帝室の直系から遠い一族や公主の子孫で、首都周辺に居住する諸侯。

通釈 漢の制度では、皇子は封建されて王と名のる。しかし実際は昔の諸侯〔と同様〕である。周の末期になると、諸侯の中には王と称する者が現れるようになった。そこで漢の天子は自ら皇帝をその称号とすることにした。そのため王という称号をこれ〔諸侯〕に加えて、諸侯王と名づけたのである。〔諸侯王の〕子弟の封建されて侯となった者は、これを諸侯という。群臣・異姓の中で衆にすぐれた勲功によって封建された者は、これを徹侯という。のちに武帝の諱を避けて、改めて通侯とよばれるようになった。法律に通じる者は皆これを列侯とよんでいる。〔これらの中で〕功徳がとくに盛んで、朝廷が格別に敬意を表する者には、特進という位が賜与される。〔その朝廷における〕席次は三公の下に置かれる。それにつぐ者は朝侯である。その席次は九卿の下に置かれる。これらは皆平冕冠をかぶり、文衣を身につける。天子の郊廟の祭祀に侍る者は、侍祠侯と称される。それにつぐ者は下士である。〔これらは〕ただ侍祠するだけであるから、朝廷における席次はもたない。そのつぎは小国侯という。帝室の一門であることによって宮中に宿衛する者のうちで、公主の子孫で祖先の墳墓を守って京師に居住する者などは、ときおり会見することができる。これらを猥諸侯という。

18 巡狩、校獵還、公卿以下陳洛陽都亭前街上。乘輿到、公卿下拜。天子下車、公卿親識顏色、然後還宮。古語曰、在車則下。惟此時施行。

巡狩、校猟して還れば、公卿以下洛陽の都亭の前街の上に陳《いなら》ぶ。乗輿到れば、公卿下拝《かはい》す。天子車より下《お》りれば、公卿親《した》しく顔色を識り、然る後《のち》に宮に還る。古語に曰く、車に在れば則ち下る、と。惟れ此《こ》の時の施行なり。

語釈 ○校猟　柵をめぐらせて鳥獣を囲い、その中で天子が狩猟をすること。○洛陽都亭　洛陽城内の大路および城門に置かれた役所。ここに将兵が駐屯して治安につとめた。

通釈 〔天子が〕巡狩や、校猟から帰還すると、公卿以下の官僚は洛陽城の都亭に面する大路の傍らに整列する。天子の乗輿が到着すると、公卿が拝礼する。天子が車より下りると、公卿は進み出てまぢかに尊顔を拝し、そののち宮殿にもどる。古くからの言葉に、「車に乗っているばあいは則ち下りる」とある。これはこのときの所作儀礼を述べたものである。

19 正月朝賀、三公奉璧上殿、向御座北面。太常贊曰、皇帝爲君興。三公伏、皇帝坐、乃進璧。古語曰、御坐則起。此之謂也。舊儀、三公以下月朝。後省、常以六月朔、十月朔旦朝。後又以盛暑、省六月朝。故今獨以爲正月、十月朔朝也。冬至陽氣始起、麋鹿解角。故寢兵鼓、身欲寧、志欲靜、不聽事、送迎五日。臘者歲終大祭。縱吏民宴飲。非迎氣故、但送不迎。正月、歲首亦如臘儀。冬至陽氣起君道長。故賀。夏至陰氣起君道衰。故不賀。鼓以動衆、鐘以止衆。夜漏盡鼓鳴則起、晝漏盡鐘鳴則息也。

正月の朝賀には、三公璧を奉じて殿に上り、御座に向かいて北面す。太常賛《つ》げて曰く、皇帝君が為に興れり、と。三公伏して、皇帝坐すれば、乃ち璧を進む。古語に曰く、御坐すれば則ち起《た》つ、と。此れ之《こ》の謂《いい》なり。旧儀には、三公以下月ごとに朝す。後に省かれて、常に六月朔、十月朔の旦を以て朝す。後に又盛暑なるを以て、六月の朝を省く。

故に今は独《た》だ以て正月、十月朔の朝を為すのみなり。冬至に陽の気始めて起るや、麋鹿《びろく》角を解く。故に兵鼓を寝《や》め、身は寧《やす》らかなるを欲し、志は静かなるを欲し、聴事せずして、送迎すること五日。臘なる者は歳終の大祭なり。吏民に宴飲を縦《ほしいまま》にせしむ。気を迎うるに非ざるが故に、但だ送るのみにして迎えず。正月、歳首も亦臘の儀の如し。冬至には陽の気起こりて君道長ず。故に賀す。夏至には陰の気起こりて君道衰う。故に賀さず。鼓して以て衆を動かし、鐘して以て衆を止《とど》む。夜漏尽きて鼓鳴れば則ち起き、昼漏尽きて鐘鳴れば則ち息《やす》むなり。

語釈 ○旧儀　古来の儀式・儀礼。ここでは漢王朝初期の宮中儀礼を指すか。○麋鹿　おおしか、なれしか。○兵鼓　いくさつづみ。戦場などで用いる太鼓。○聴事　事を聴いて是非を判断し、政務を行うこと。○君道　天子として行うべき道。天子の功徳。○夜漏　夜の水時計。転じて夜の時間。漏は漏刻（水時計）。○昼漏　昼の水時計。昼間の時間。

通釈 正月の朝賀において、三公は璧を捧持して殿上に昇り、〔天子の〕御座に向かって北面する。太常卿が、「皇帝陛下には諸君のために出御なされた」と告げる。三公は平伏して、皇帝が玉座に着くと、璧を進上する。古くからの言葉に、「天子が着座されると〔臣下は〕起立する」とある。これはこのときの儀礼を述べたものである。旧来の儀礼によれば、三公以下の官僚は月ごとに朝儀を執り行った。のちに省略されて、通常六月一日と十月一日の早朝に朝儀を執り行った。のちにまた暑い盛りにあたるので、六月の朝儀を省略した。そのため今日ではただ正月と十月一日にだけ朝儀が執り行われるのである。冬至に陽の気がはじめて起こると、麋鹿の角が抜けかわる。そこで〔その時節には〕兵鼓を収納し、身体が安寧であることをねがい、また志が平静であることをねがって、一切の政務を執らずに、〔陰陽を〕送迎すること五日を数える。臘とは歳の終わりの大祭をいう。〔この大祭に当たっては〕官吏と民衆に心ゆくまで宴飲することを許した。これは気を迎えるために行われるのではないので、ただ送るだけで迎えることはしない。正月、歳首〔の儀礼〕も臘祭の儀と同様に執り行う。冬至には陽の気が起こって君道が盛んになる。そこでこれを祝賀する。夏至には陰の気が起こって君道が衰える。そこで祝賀しないのである。鼓をたたいて人々を動かし、鐘をついて人々を止まらせる。そのため夜の水時計が尽きて〔朝となり〕鼓が鳴れば〔人々は〕起き、昼の水時計が尽きて〔夜となり〕鐘が鳴れば休息するのである。

20 天子出車駕次第、謂之鹵簿。有大駕、有小駕、有法駕。大駕則公卿奉引、大將軍參乘、太僕御。屬車八十一乘、備千乘萬騎。在長安時、出祠天於甘泉、備之百官。有其儀注、名曰甘泉鹵簿。中興以來、希用之。先帝時時備大駕上原陵、他不常用。唯遭大喪乃施之。法駕公卿不在鹵簿中、唯河南尹、執金吾、洛陽令奉引、侍中參乘、奉車郎御。屬車三十六乘。北郊明堂則省諸副車。小駕祠宗廟用之。每出太僕奉駕、上鹵簿於尙書中。中常侍、侍御史主者、郎、令史、皆執注以督整諸軍車騎。春秋上陵、令又省於小駕。直事尙書一人從、令以下皆先行。

天子の車駕を出《い》だす次第、之れを鹵簿と謂う。大駕有り、小駕有り、法駕有り。大駕は則ち公卿奉引して、大将軍参乗し、太僕御す。属車は八十一乗、千乗万騎を備う。長安に在りし時、出でて天を甘泉に祠るに、之れに百官を備う。其の儀注有り、名づけて甘泉鹵簿と曰う。中興以来、之れを用うること希《まれ》なり。先帝時時に大駕を備えて原陵に上るも、他には常には用いず。唯だ大喪に遭うときのみ乃ち之れを施す。法駕には公卿は鹵簿の中に在らずして、唯だ河南尹、執金吾、洛陽令のみ奉引して、侍中参乗し、奉車郎御す。属車は三十六乗。北郊や明堂には則ち諸々の副車を省く。小駕は宗廟を祠るに之れを用う。出づる毎《ごと》に太僕駕を奉じ、鹵簿を尚書中に上《たてまつ》る。中常侍、侍御史の主者、郎、令史は、皆注に執りて以て諸軍の車騎を督整す。春秋の上陵には、令して又小駕を省かしむ。直事の尚書一人従い、令以下は皆先行す。

語釈 ○鹵簿　天子（皇帝）の出行に随従する車馬の行列。行幸の供揃え。○太僕　官名。九卿の一つ。朝廷の車馬および牧畜をつかさどる官の長官。太僕卿。秩中二千石。○属車　天子の御車にしたがう供の車。そえぐるま。副車・弐車・左車ともいう。○甘泉　宮殿の名。甘泉宮。もとは秦の離宮であったが、武帝が通天・高光・迎風の三宮を増築して整備した。○甘泉鹵簿　甘泉宮に天をまつるさい、行幸の車馬行列や儀仗を記した図籍。宮中に秘蔵された。○中興　光武帝が建武元年（二五）に漢を復興し、後漢王朝を建国したこと。○先帝　前代の皇帝。ここでは第二代明帝以下の歴代皇帝をいう。○大喪　皇帝・皇后・皇太子の葬礼。○河南尹　官名。後漢の帝都洛陽がある河南地方を統治する長官。○執金吾　官名。中尉。宮中の警護および皇帝の出御を先導する武官の長官。○洛陽令　官名。洛陽を統治する長官。○侍中　官名。皇帝に近侍して乗輿・服物をつかさどる官。○奉車郎　官名。皇帝の乗輿をつかさどる官。○中常侍　官名。少府の属官。皇帝の側近にあってその諮問にあずかる官。秩千石、のちに比二千石。○侍御史　官名。宮中において公卿百官の上奏の受理をつかさどる官。○郎・令史　官名。郎は尚書侍郎、令史は尚書令史。ともに尚書の属官として宮中の文書の起草を分担した。○注　各種の出行における鹵簿の儀仗や車駕の次第を記した図籍。○直事　宿直・とのい。終夜宮中に宿衛すること。

通釈 天子が出御する車駕の出行次第は、これを鹵簿という。それには大駕、小駕、法駕の区別がある。大駕では公卿が御車の先導をつとめ、大将軍が天子にそえ乗りし、太僕が御者をつとめる。これにしたがう属車は八十一乗、さらに千乗万騎の供回りが備えられる。かつて長安に都した〔前漢〕時代、天子が御幸して甘泉宮に天をまつるさいには、これに百官が扈従した。その出行儀礼に関する記録が残されていて、名づけて「甘泉鹵簿」という。光武帝による中興以来、これを用いることは稀である。〔第二代明帝以降の〕歴代皇帝の治世には、そのときどきに大駕を備えて光武帝の原陵に参拝したが、そのほかにはほとんど出行することはなかった。ただ大喪の礼を執行するときにのみこれを実施した。法駕では公卿が鹵簿の車列に加わらずに、ただ河南尹・執金吾・洛陽令が御車の先導をつとめ、侍中が天子にそえ乗りし、奉車郎が御者をつとめる。これにしたがう属車は三十六乗である。北郊や明堂の祭祀を行うばあいには多くの属車を省く。小駕は宗廟をまつるときに用いる。その出行にさいしては太僕が車駕を奉行し、そのつど鹵簿を尚書に提出する。その〔車列にしたがう〕中常侍、侍御史の上級者、尚書の郎・令史は、皆儀注にのっとって諸軍の車騎を督整する。春秋の二季に〔皇帝が先帝の陵墓に親拝する〕上陵の儀式を行うさいには、さらに小駕の供回りを省略させる。そのばあいは宿直の尚書官が一人だけしたがい、その他の令以下は皆御車に先行するのである。

21 法駕上所乗曰金根車、駕六馬。有五色安車、五色立車各一、皆駕四馬。是爲五時副車。俗人名之曰五帝車非也。又有戎立車、以征伐。三蓋車名耕根車、一名芝車、親耕耤田乘之。又有蹋猪車、慢輪有畫、田獵乘之。緑車名曰皇孫車、天子孫乘之以從。

法駕にて上《しょう》の乗る所は金根車と曰い、六馬に駕す。五色の安車、五色の立車各々一有り、皆四馬に駕す。是れを五時の副車と為す。俗に人之れを名づけて五帝車と曰うは非なり。又戎立車有り、征伐に以《もち》う。三蓋車は耕根車と名づけ、一に芝車と名づけ、親しく耤《せき》田を耕すに之れに乗る。又蹋《とう》猪車有り、慢〔縵〕輪にして画有り、田猟するに之れに乗る。緑車は名づけて皇孫車と曰い、天子の孫之れに乗りて以て従う。

語釈 ○金根車　皇帝の乗る黄金で飾られた車。瑞車。○五色　季節や方向などを象徴する五つの色。青（春・東）・赤（夏・南）・黄（土用・中央）・白（秋・西）・黒（冬・北）をいう。○立車　立って乗る車。○五時副車　立春・立夏・大暑・立秋・立冬の五時を象徴するそえぐるま。○戎立車　天子が親征するさいに立って乗る戦車。兵車。○三蓋車　天子が藉田を耕すさいに乗る三つの覆いのある車。○蹋猪車　天子が校猟を行うときに乗る車。蹋獣車。○慢輪　慢では意味が通じないので、抱経堂校定本にしたがって縵と改める。縵輪とは車輪と車轂を無地の皮革で包むこと。○田猟　狩猟。○緑車　緑色の車蓋（車の上に傘状に開いた屋根）をつけた皇孫の専用車。

通釈 法駕のさいに皇帝が乗る車は金根車といい、六頭の馬に駕《つな》ぐ。五色（青・赤・黄・白・黒）に塗り分けられた安車と立車がそれぞれ一輌ずつあり、いずれも四頭の馬に駕ぐ。これを五時（春・夏・土用・秋・冬）の副車という。俗に人はこれを五帝車と称するが誤りである。また戎立車があり、天子の親征のさいに用いられる。三蓋車は耕根車とも称し、一名を芝車とも称し、天子がみずから藉田を耕すさいに乗る。また蹋猪車があり、車輪を皮革で包み車体に絵が描かれている車で、天子が狩りを行うときに乗る。緑車は皇孫車ともいい、天子の孫はこれに乗って天子の車につきしたがう。

22凡乘輿車、皆羽蓋、金華爪、黄屋、左纛、金鑁、方釳、繁纓、重轂、副牽。黄屋者蓋以黄爲裏也。左纛者以氂牛尾爲之。大如斗。在最後左騑馬騣上。金鑁者馬冠也。高廣各四寸、如玉華形。在馬騣前。方釳者鐵。廣數寸、在騣後。有三孔插翟尾其中。

繁纓在馬膺前、如索帬者是也。

重轂者轂外復有一轂、施牽其外。乃復設牽施銅。金鑁形如緹亜。飛軨以緹油。廣八寸、長注地。左畫蒼龍、右白虎、繫軸頭。今二千石亦然、但無畫耳。


凡そ乗輿の車には、皆羽蓋、金華爪、黄屋、左纛《とう》、金鑁《ばん》、方釳《きつ》、繁纓《えい》、重轂《こく》、副牽〔舝《かつ》〕あり。

黄屋とは蓋の黄を以て裏と為すものなり。

左纛とは氂《り》牛の尾を以て之れを為る。大きさ斗の如し。最後の左の騑《ひ》馬の騣《そう》上に在り。金鑁とは馬の冠なり。高さ広さ各々四寸にして、玉華の形の如し。馬騣の前に在り。方釳とは鉄なり。広さ数寸にして、騣の後に在り。三孔有りて翟《てき》尾を其の中に挿す。繁纓は馬膺の前に在りて、索帬《くん》の如き者是れなり。

重轂とは轂の外に復た一轂有りて、牽〔舝〕を其の外にも施す。乃ち復た牽〔舝〕を設けて銅を施す。金鑁の形は緹《てい》亜の如し。飛軨《れい》とは緹油を以てす。広さ八寸にして、長さ地に注《つ》ぐ。左に蒼竜を画きて、白虎を右にし、軸頭に繋《つな》ぐ。

今二千石も亦然るも、但だ画無きのみ。

語釈 ○羽蓋　車蓋の表面をかわせみの羽根で覆ったもの。羽根葺きの車蓋。○金華爪　車蓋のほねの末端に取りつけられた黄金の花模様の装飾品。爪はその一部で、車蓋を覆う絹布を縛る金具。○左纛　乗輿の左側に立てる旗さしもの。○繁纓　馬具の名。馬の頸から胸を飾るフェルト状の装飾品。○重轂　二重の轂。車輪の輻（スポーク）が集まる轂の部分を二重にすること。○副牽　牽では意味が通じないので、抱経堂校定本にしたがって舝と改める。舝は車軸の先端にさし込んで、車輪が外れるのを防ぐくさび。副舝はそれをさらに二重にしたもの。○氂牛　から牛・ヤクのたぐい。○騑馬　そえ馬・かえ馬。ここでは乗輿を引く六頭立ての馬列の外側の二頭をいうか。○騣　馬のたてがみ。○玉華　玉製の花飾り。○翟　きじ。○馬膺　馬の腹帯。○索帬　馬の胸に懸けるむながい。○飛軨　軨とは車軸のくさびが抜けないように縛る革紐をいう。飛軨はこれに取りつけた絹製の装飾品。○緹油　車の手すりの前に設けられた泥除け。○二千石　漢代の最高官僚。中央の九卿から地方の郡守・国相などをいう。

されている。

通釈 およそ天子が乗る車には、皆羽蓋、金華爪、黄屋、左纛、金鍐、方釳、繁纓、重轂、副牽などの装備がほどこ

黄屋とは車蓋の内側を黄色の絹布で覆う装飾である。

左纛とはから牛の尾でつくる。それは斗《ひしゃく》ぐらいの大きさである。最後部左のそえ馬のたてがみの上に立てる。金鍐とは馬の冠である。その高さと広さはともに四寸（約九センチメートル）で、花びらの形をしている。これは馬のたてがみの前方につける。方釳とは鉄でできた装飾である。その広さは数寸で、たてがみの後方につける。これには三つの孔があってその中にきじの尾羽根を挿す。繁纓とは馬の腹帯の前にあって、索帬のようなものがそれに当たる。

重轂とは轂の外側にもう一つ轂を重ねたもので、その外側にもくさびが打ち込まれている。すなわち重ねてくさびを打ち銅をほどこしたものである。金鍐の形は緹亜に似ている。飛軨とは緹油（泥除け）と同じ絹布でつくられた飾り物である。その広さは八寸（約一八センチメートル）で、長さは地面にとどくほどである。（車の左右の車輪に飾られた飛軨のうち）左には蒼竜、右には白虎を描き、ともに軸頭に結びつける。今（後漢の末期）では二千石（の官僚が乗る車）も同様であるが、ただ絵がないだけである。

23 前驅有九斿、雲罕、闟戟、皮軒、鸞旗車。皆大夫載。鸞旗者編羽毛引、繫橦旁。俗人名之曰雞翹車非也。後有金鉦、黄越、黄門鼓車。古者諸侯貳車九乘、秦滅九國、兼其車服。故大駕屬車八十一乘也。尚書、御史乘之。最後一車懸

豹尾。以前皆。皮軒虎皮爲之也。
永安七年、建金根、耕根、諸御車。皆一轅、或四馬、或六馬。金根箱、輪皆以金鎛正黃。兩臂、前後刻金以作龍、虎、鳥、龜形。上但以青縑爲蓋、羽毛無後戶。

前駆には九斿《ゆう》、雲罕《かん》、闟《きゅう》戟、皮軒、鸞《らん》旗の車有り。皆大夫載る。鸞旗とは羽毛を編み引〔列〕ね、幢《とう》の旁に繋《つな》ぐ。俗に人之れを名づけて鶏翹車と曰うは非なり。後《うし》ろには金鉦、黄越、黄門鼓車有り。古者《いにしえ》は、諸侯の弐車は九乗なるも、秦九国を滅ぼすや、其の車服を兼ねり。故に大駕の属車は八十一乗なり。尚書、御史之れに乗る。最後の一車には豹尾を懸く。以前は皆〔省中〕なり。皮軒は虎の皮もて之れを為る。
永安七年、金根、耕根、諸々の御車を建つ。皆一轅にして、或いは四馬、或いは六馬。金根の箱、輪は皆金鎛《はく》正黄を以てす。両臂、前後は金を刻して以て竜、虎、鳥、亀の形を作る。上は但だ青縑《けん》を以て蓋を為り、羽毛もて後戸を無〔為〕る。

語釈 ○九斿　九斿車。九斿という九本のはたあしのある旌旗を立てた車。○雲罕　雲罕車。雲罕という旗幟を立てた車。○闟戟　闟戟車。闟戟という枝をもつ矛を置く車。○皮軒　皮軒車。乗車部の両脇にあるついたてを虎の皮で飾った車。○鸞旗　鸞旗車。鸞（鳳凰の一種）の形に似せた大旗を立てた車。○大夫　ここでは漢代の上級官僚。一般に秩比六百石から千石までの官吏で九卿の各丞・県令などがその代表。○鶏翹　鶏の跳ね上がった尾羽根。○金鉦　金鉦車。出発・休止の合図に用いる鉦を乗せた車。○黄越　黄越（鉞）車。天子が親征するさいに用いる車。黄鉞（黄金の装飾を施したまさかり）を置くことからこのようによばれた。○黄門鼓車　鼓吹を担当する黄門（宦官）の楽人を乗せた車。○九国　戦国の九国。斉・楚・燕・趙・韓・魏・宋・衛・中山を指す。○御史　官名。元来、史官の一種であったが、漢代に御史大夫もしくは侍御史の簡称となった。ここでは侍御史。主に非法を糾察することをつかさどった。秩六百石。○豹尾　豹の尾を竿に懸けて立てること。天子の車馬行列において最後尾の車に懸けられた。この豹尾より以前は、儀礼や法令などはすべて宮中になぞらえた。○永安七年　後漢には「永安」という年号は存在しない。したがってこの「永安七年」の四字は後世の加筆または竄入であろう。○金鋳　黄金を鋳て打ち延ばした薄板か。○正黄　混じりけのない黄色。○両臂　車箱の両側にある囲いの部分（輢）とその上辺にある泥除け（耳または轓）の総称か。○青縑　堅く織り込んだ青色の絹布。○後戸　車駕の乗降口。車箱の後方に設けられた。○羽毛無後戸　諸種の版本にしたがって、無を為に改める。

通釈　〔天子の御車の〕前駆には九斿車・雲罕車・闟戟車・皮軒車・鸞旗車がある。それらには皆大夫が乗る。鸞旗とは羽毛を編んで列ね、これを橦（はたざお）の先に結んだものである。俗に人がこの車を名づけて鶏翹車とよぶのは誤りである。〔御車の〕後方には金鉦車・黄越車・黄門鼓車などが随従する。昔は諸侯の弐車（副車）は九乗であったが、秦が戦国の九国を滅ぼすと、それらの国々の車駕や服飾を兼ね収めた。そのため大駕の出行には八十一乗の属車がしたがうのである。それには尚書や御史が乗る。大駕の行列の最後尾の一車には豹尾を懸ける。この豹尾より以前は皆〔宮中〕になぞらえたものである。皮軒車とは虎の皮で装飾した車である。

永安七年（二六四）、金根車・耕根車などもろもろの御車を定めた。それらは皆一本の輈の型式で、あるものは四頭の馬に繫ぎ、またあるものは六頭の馬に繫ぐ。金根車の車箱や、車輪の部分は金の薄板や純黄の色で飾る。その車箱の両脇や、前後には金の薄板に竜・虎・鳥・亀の形を彫刻する。その上はただ堅く織った青絹で屋根傘をつくり、羽毛で後ろの扉を飾る。

24 冕冠、周曰爵弁、殷曰冔、夏曰收。皆以三十升漆布爲殼。廣八寸、長尺二寸。加爵冕其上。周黒而赤、如爵頭之色。前小後大。殷黒而微白、前大後小。夏純黒而赤、前小後大。皆有收以持笄。

冕冠は、周には爵弁と曰い、殷には冔《く》と曰い、夏には収と曰う。皆三十升の漆布を以て殻《かく》を為《つく》る。広さ八寸、長さ尺二寸。爵冕を其の上に加う。周は黒にして赤、爵頭の色の如し。前は小にして後ろは大。殷は黒にして微白、前は大にして後ろは小。夏は純黒にして赤、前は小にして後ろは大。皆収有りて以て笄《けい》を持す。

語釈 ○冕冠　大夫以上の者が朝儀・祭礼などのさいに用いる冠。一般に旒《りゅう》（たまだれ）のある冠を指す。○升　布のたていと八十本の名称。三十升では二千四百本となる。○殻　冠の本体で、頭にかぶり、髪を収める部分を指す。○爵頭　爵は雀に同じ。雀の頭の部分。○収　ここでは夏の冠の収の意味ではなく、冕の付属物の一つを指すか。髪を後頭部で布状のものに収めるところから、このようによばれたらしい。○笄　こうがい。冠をとめるために挿す装飾品。

通釈 冕冠は、周の時代には爵弁といい、殷の時代には冔といい、夏の時代には収といった。皆三十升の漆の布を用いて殻をつくる。横幅は八寸（約一八センチメートル）、長さは一尺二寸（約二八センチメートル）ある。爵冕（上板）をその上に加える。周の爵弁は黒色に赤色が混ざり、雀の頭の色に似ている。前は小さく後ろは大きい。殷の冔は黒色でほの白さが混ざり、前は大きく後ろは小さい。夏の収は純黒色で赤色が混ざり、前は小さく後ろは大きい。皆収がついていて笄をもってこの収をとめるのである。

25
詩曰、常服黼冔。禮、朱干玉戚、冔而舞大武。周書曰、王與大夫盡弁。古皆以布、中古以絲。孔子曰、厤冕禮也。今也純儉。漢雲翹冠樂祠天地、五郊、舞者服之。

詩に曰く、常に黼冔《ほく》を服す、と。礼に、朱干玉戚し、冔〔冕〕して大武を舞う、と。周書に曰く、王は大夫と尽く弁す、と。古は皆布を以てし、中古は糸を以てす。孔子曰く、麻冕は礼なり。今や純は倹なり、と。漢の雲翹〔冠〕は天地、五郊を楽祠するに、舞う者之れを服す。

語釈 ○詩　書名。『詩経』。最古の詩集で、儒教の五経の一つ。前十世紀末から前六世紀はじめまでの歌謡三百五篇からなる。もと三千余篇あった歌謡の中から孔子が選んだと伝えられる。『詩経』大雅文王に「常に黼冔を服す」とある。○黼冔　黒と白の絹糸で斧形のぬいとりをした殷の冠。○礼　書名。『礼記』。周末から秦漢にかけての儒者の古礼に関する諸説を整理・編集した経書。『儀礼』『周礼』とともに三礼と称される。『礼記』明堂位に「朱干玉戚、冕して大武を舞う」とある。冔は冕の誤記。○朱干玉戚　朱塗りの楯と玉で飾った斧。ともに舞に用いる。○周書　『尚書』の篇名。周代の歴史について記した一篇。ときに『尚書』一般を指すこともある。○麻冕礼也今也純倹　『論語』子罕にある一節。冕は本来麻からつくられるが、麻では冕に使う細糸をつくるのに手間がかかるため、よりつくりやすい絹糸を用いて制作の手間を節約したことを意味する。○雲翹　舞の名。天地・明堂・五郊などをまつるために、立春や立夏の日などに舞われた。冠は衍字。

通釈 『詩経』〔大雅文王〕には、「常に黼冔を身に着ける」とある。『礼記』〔明堂位〕には、「朱干玉戚して、冕を身に着け大武を舞う」とある。〔『尚書』〕周書には、「王は大夫らとともに弁を身に着ける」とある。〔上〕古はそれを皆麻布でつくり、中古は絹でつくるようになった。〔『論語』子罕で〕孔子は、「麻冕は周の礼法である。今は絹を使用して倹約している」と述べている。漢の雲翹の舞は天地・五郊をまつるときの舞で、舞う者は冕冠を身に着けるのである。

26 冕冠垂旒。周禮、天子冕前後垂延、朱緑藻有十二旒。公、侯、大夫各有差別。漢興、至孝明帝永平二年、詔有司、採尚書皐陶篇及周官、禮記、定而制焉。皆廣七寸、長尺二寸。前圓後方。朱緑裏而玄上。前垂四寸、後垂三寸。係白玉珠于其端、是爲十二旒。組纓如其綬之色。三公及諸侯之祠者、朱緑九旒青玉珠、卿大夫七旒黑玉珠。皆有前無後。組纓各視其綬之色。旁垂黈纊當耳。郊天地、祠宗廟、祀明堂則冠之、衣黼衣、佩玉珮、履絇履。孔子曰、服周之冕。鄙人不識謂之平天冠。

冕冠は旒《りゅう》を垂《た》らす。周の礼に、天子の冕は前後に延を垂らし、朱緑藻にして十二旒有り。公、侯、大夫に各々差別有り。漢興るや、孝明帝の永平二年に至りて、有司に詔して、尚書皐陶篇及び周官、礼記を採り、定めて焉れを制す。皆広さ七寸、長さ尺二寸。前は円にして後ろは方なり。朱緑は裏《うち》にして上を玄とす。前は垂るること四寸、後ろは垂るること三寸。白玉珠を其の端に係《つな》ぎ、是れを十二旒と為す。組纓《そえい》は其の綬の色の如し。三公及び諸侯の祠りは、朱緑九旒の青玉珠にして、卿大夫は七旒の黒玉珠なり。皆前有りて後ろ無し。組纓は各々其の綬の色に視《なぞら》う。旁に黈纊《とうこう》を垂らして耳に当つ。天地を郊し、宗廟を祠り、明堂を祀れば則ち之れを冠し、黼衣《ほい》を衣て、玉珮《はい》を佩《お》び、絇履《くり》を履く。孔子曰く、周の冕を服す、と。鄙人識らずして之れを平天冠と謂う。

語釈 ○旒　たまだれ。冠の前後に糸を通して垂れ下げた玉飾り。○延　冕の上部の覆い。冕版。○藻　五色に染めた糸。冕に玉を下げるのに用いた。○周官　書名。『周礼』。三礼の一つ。周公旦の撰と伝えられ、周代の官制とその職掌を記した礼経。○組纓　冠の組みひも。○黈纊　耳あて。黄色の綿を丸くし、冠の両辺に垂らして耳を隠すもの。○黼衣　黒白の糸で斧の模様をぬいとった礼服。○玉珮　大帯につける飾り玉、おび玉。○絇履　先端部に飾りをほどこしたはきもの。○孔子曰、服周之冕　『論語』衛霊公に見える。○平天冠　平天冕の俗称。通天冠の上に冕を加えたものとされる。

通釈　冕冠は旒を垂らしている。周代の礼では、天子の冕は前後に延を垂らし、朱緑の藻が十二旒あるとされている。公卿・諸侯・大夫には各々〔身分に応じて旒の数に〕差があった。〔後〕漢が興ると、明帝の永平二年（五九）に、担当の官吏に詔を下し、『尚書』皋陶謨と『周官』『礼記』を採用して、冕冠の制度を定めた。冕版は皆横幅が七寸（約一六センチメートル）、長さが一尺二寸（約二八センチメートル）。前方は円形で後方は方形である。裏は朱色と緑色で表は黒色にする。旒は前に四寸（約九センチメートル）、後ろに三寸（約七センチメートル）垂らす。〔天子の冕冠は〕白玉を藻の端につなぎ、前後を十二旒とする。組纓は綬の色と同じくする。三公および諸侯のまつりには、朱緑藻九旒に青玉珠を用い、卿・大夫は七旒に黒玉珠を用いる。これらは皆前に旒があるが後ろにはない。組纓は各々の身分の綬の色になぞらえる。側頭部に黈纊を垂らして耳を覆う。天地をまつり、宗廟をまつり、明堂をまつるさいには、冕冠をかぶり、黼衣を着て、玉珮を佩び、絇履を履く。〔『論語』衛霊公で〕孔子は、「周の冕を服す」といっている。しかし無学な人々は識らずに冕冠を平天冠とよんでいる。

27天子冠通天冠。諸侯王冠遠遊冠。公、侯冠進賢冠、公、王三梁、卿、大夫、尚書、二千石、博士冠兩梁、千石、六百石以下至小吏冠一梁。天子、公、卿、特進、朝侯祀天地、明堂、皆冠平冕。

天子十二旒、三公九、諸侯、卿七、其纓與組各如其綬之色。衣玄上壎下、日、月、星辰、山、龍、華蟲。

天子は通天冠を冠す。諸侯王は遠遊冠を冠す。公、侯は進賢冠を冠し、公、王〔侯〕は三梁、卿、大夫、尚書、二千石、博士は両梁を冠し、千石、六百石以下小吏に至るまでは一梁を冠す。天子、公、卿、特進、朝侯は天地、明堂を祀るに、皆平冕を冠す。

天子は十二旒、三公は九、諸侯、卿は七にして、其の纓と組とは各々其の綬の色の如し。衣は玄上壎《けん》〔纁《くん》〕下にして、日、月、星辰、山、竜、華虫あり。

語釈 ○公、王　抱経堂校定本および他の諸版本にしたがい、王を侯に改める。○梁　折り曲げて冠の上部と前面を支える鉄製の芯。○博士　官名。太常の属官。古今に明通するとともに、儒教の教義を専門に学び、学問を弟子に教えた。秩比六百石。○玄上壎下　抱経堂校定本および他の諸版本にしたがって「壎」を「纁」に改める。玄色（黒に赤みを帯びた色）の上衣と纁色（薄赤色）の下衣。○日、月、星辰、山、竜、華虫　十二章とよばれる十二種類の飾り模様の一部。華虫は雉。

通釈 天子は通天冠をかぶる。諸侯王は遠遊冠をかぶる。三公・諸侯〔をはじめとする官僚〕は進賢冠をかぶるが、三公と諸侯は梁が三本、九卿・大夫・尚書・秩二千石の各官、および博士は二本、秩千石・六百石の各官以下小吏にいたるまでの者は一本の冠をかぶる。また天子・三公・九卿・特進・朝侯は天地・明堂をまつるさいに、皆平冕をかぶる。

〔平冕のばあい〕天子は旒が十二本、三公は九本、諸侯・九卿は七本で、冠の組みひもはその官位の印綬の色と同じである。衣裳は玄色の上衣と纁色の下衣で、日・月・星辰・山・竜・華虫〔以下その地位に合わせた十二章〕のぬいとりがほどこされている。

28 祠宗廟、則長冠、裼玄。其武官太尉以下、及侍中、常侍、皆冠恵文冠。侍中、常侍加貂蟬。御史冠法冠。謁者冠高山冠。其鄉射行禮、公、卿冠委貌、衣玄端。執事者皮弁服。宮門僕射冠却非。大樂郊社祝舞者冠建華。其狀如婦人縷簏。迎氣五郊、舞者所冠亦爲冕。車駕出、後有巧士冠。其冠似高山冠而小。

宗廟を祠るに、則ち長冠し、裼《せき》〔衿《きん》〕玄す。其れ武官は太尉以下、侍中、常侍に及ぶまで、皆恵文冠を冠す。侍中、常侍は貂蟬《ちょうせん》を加う。御史は法冠を冠す。謁者は高山冠を冠す。其れ郷射の行礼には、公、卿は委貌《いぼう》を冠し、玄端を衣る。事を執る者は皮弁服す。宮門の僕射は却非を冠す。郊社に大楽するに祝舞する者は建華を冠す。其の状は婦人の縷簏《るろく》の如し。五郊に迎気するに、舞う者の冠する所も亦冕為り。車駕出づるや、後《みちび》くに巧士冠有り。其の冠は高山冠に似るも小さし。

語釈 ○長冠　祭祀を行うさいに、儀式を執り行う者が着用する冠。○裼玄　衿玄。純黒の祭服。裼は単衣の皮衣で、上着と下着の間に着用する衣類であり、他に裼玄と熟す例は見られない。『続漢書』輿服志下や抱経堂校定本にしたがって裼を衿に改める。○太尉　官名。三公の一つに数えられる最高官僚。郊祀・軍事などをつかさどった。秩万石。○常侍　官名。中常侍。少府の属官で、皇帝に近侍し顧問・応対をつかさどった。秩千石、のちに比二千石。○恵文冠　武官の着用した大型の冠。○貂蟬　貂の尾と蟬の形をかたどった金属製の飾りの総称。○御史　官名。侍御史。○法冠　廷尉およびその属官や侍御史の着用した冠。○謁者　官名。賓客の謁見をつかさどる。またその長官である謁者僕射。○高山冠　通天冠のつくりに似た冠。中外官、謁者僕射が着用した。○郷射　周代には郷大夫が三年ごとに人民の数を調査（大比）して、賢人を王に推薦する制度があったとされる。そのさい、士を選ぶために行ったと伝えられる射礼。漢代では郡国で行われたといわれる。○委貌　『続漢書』輿服志下に、「長さ七寸（約一六センチメートル）、高さ四寸（約九センチメートル）、制は覆杯の如く、前は高く広く、後ろは卑く鋭し、……、委貌は皁絹を以て之れを為り、皮弁は鹿皮を以て之れを為る」とあるから、皮弁冠と同じつくりと考えられる。○玄端　黒色の喪服。袖下が方直なので端とよばれた。○皮弁服　皮弁素積ともいう。鹿皮でつくった皮弁冠と腰の部分に襞のある白い下衣。○宮門僕射　官名。『続漢書』輿服志下に見える「宮殿門吏僕射」の略称か。○却非　宮殿の左右僕射が着用した冠。『続漢書』輿服志下などによれば、長冠のつくりに似ている。○大楽　天地・五郊などをまつるさいに舞楽を演奏する人。○郊社　天地のまつり。冬至に天をまつることを郊といい、夏至に地をまつることを社という。○建華　天地・五郊・明堂をまつる育明の舞にさいして楽人が着用する冠。○巧士冠　天をまつるときにのみ、黄門の従官四人が着用する冠。

通釈　宗廟をまつるさいには、長冠をかぶり、袀玄を着用する。また武官は太尉以下、侍中・中常侍におよぶまで、皆恵文冠をかぶる。とくに侍中・中常侍の冠には貂蟬をつけ加える。侍御史は法冠をかぶる。謁者僕射は高山冠をかぶる。また郷射の礼を行うさいには、三公・九卿は委貌冠をかぶり、玄端を着用する。儀礼の下働きをする者は皮弁をかぶり白色の下衣（素積）を着用する。宮門（宮殿）の僕射は却非冠をかぶる。郊社をまつる大楽のさいに〔育明の舞を〕舞う者は建華冠をかぶる。その形状は女性の縷簏に似ている。五郊のまつりにおいて〔春夏秋冬の〕気を迎えるときに、〔雲翹を〕舞う者のかぶるものもまた冕である。車駕が出御するさいに、それをみちびく者は巧士冠をかぶる。その冠は高山冠に似ているがそれよりは小さい。

29　幘者、古之卑賤、執事不冠者之所服也。孝武帝幸館陶公主家、召見董偃。偃傅青韝、綠幘。主贊曰、主家庖人臣偃、昧死再拜謁。上爲之起、乃賜衣冠、引上殿。董仲舒武帝時人。其止雨書曰、執事者皆赤幘。知皆不冠者之所服也。元帝額有壯髮、不欲使人見。始進幘服之、羣臣皆隨焉。然尙無巾、如今半幘而已。王莽無髪乃施巾。故語曰、王莽禿幘施屋。冠進賢者宜長耳、冠恵文者宜短耳、各随所宜。

幘《さく》とは、古《いにしえ》の卑賤、事を執りて冠せざる者の服する所なり。孝武帝館陶公主の家に幸《みゆき》し、董偃《とうえん》を召見す。偃青褠《こう》、緑幘を傅《つ》く。主賛して曰く、主家の庖人臣偃、昧死再拝して謁す、と。上之れをして起たしめ、乃ち衣冠を賜い、引きて殿に上らしむ。董仲舒は武帝の時の人なり。其の止雨書に曰く、事を執る者は皆赤幘す、と。皆冠せざる者の服する所なるを知る。元帝額に壮髪有れば、人をして見せしむるを欲せず。始めて幘を進めて之れを服するに、群臣皆焉れに随う。然れども尚《なお》巾の無きこと、今の半幘の如きのみ。王莽髪無ければ乃ち巾を施す。故に語に曰く、王莽禿なれば幘に屋を施す、と。進賢を冠する者は宜しく耳《じ》を長くし、恵文を冠する者は宜しく耳を短くし、各々宜しき所に随う。

語釈 ○館陶公主　前漢武帝の姑《おば》（父の姉妹）。○董偃　前漢武帝時代の寵臣（生没年不詳）。館陶公主の親幸を受け、武帝に寵愛されたが、東方朔の諫言により寵を失った。○褠　うでぬき。袖口のカヴァー。○董仲舒　前漢の学者（？―前一〇四ごろ）。春秋公羊学を修め、景帝・武帝に仕え、一般に儒学官学化の推進者とされる。○止雨書　書名。董仲舒の著とされるが、早く散逸。○壮髪　額の中央部を逆三角形に覆う髪。○巾　幘の屋、すなわち頭頂部の覆い。○半幘　巾の付されていない幘。半頭幘ともよばれた。○耳　幘の後方部分。

通釈 幘とは、昔は卑賤の者や、儀式の下働きをして冠をつけない者のかぶりものであった。武帝が館陶公主の屋敷に行幸し、董偃を召見した。董偃は青い幘と緑の幘を着用していた。〔そのとき〕公主が「わたくしの家の料理人の臣偃が、昧死再拝して御目見得いたします」と申し上げた。武帝は董偃を立たせ、衣冠を賜り、殿に上らせた。董仲舒は武帝のときの人である。彼の『止雨書』に、「儀式の下働きをする者は皆赤い幘をかぶる」とある。〔以上の二例から、幘が〕皆冠をつけない者のかぶりものであったことが知られる。元帝は額に髪が垂れ下がって生えていたので、それを人に見せたがらなかった。〔そこで側近の者が〕はじめて幘をすすめてかぶらせたところ、群臣も皆それにならってかぶるようになった。しかしまだ巾が付いていなかったことは、今の半幘のようなものであった。王莽は髪がなかったので〔幘に〕巾を付けた。そのため「王莽は禿げていたので、幘に屋（覆い）をほどこした」という俚言がある。進賢冠をかぶる者は耳を長くし、恵文冠をかぶる者は耳を短くして、それぞれ都合のよいように工夫するのである。

30 通天冠、天子常服。漢服受之秦。禮無文。遠游冠、諸侯王所服。展筩、無山。禮無文。高山冠、齊冠也。一曰側注。高九寸、鐵爲卷、梁、不展筩、無山。秦制、行人、使官所冠。今謁者服之。禮無文。太傅胡公説曰、高山冠、蓋齊王冠也、秦滅齊、以其君冠、賜謁者。
進賢冠、文官服之。前高七寸、後三寸、長八寸。公、侯三梁、卿大夫、尚書、傅士兩梁、千石、六百石以下一梁。漢制。禮無文。

通天冠は、天子の常服なり。漢の服は之れを秦に受く。礼に文無し。遠游冠は、諸侯王の服する所なり。展筩《てんとう》あるも、山無し。礼に文無し。高山冠は、斉の冠なり。一に側注と曰う。高さ九寸、鉄もて巻《けん》、梁を為《つく》り、展筩せず、山無し。秦制には、行人、使官の冠する所なり。今謁者之れを服す。礼に文無し。太傅胡公説きて曰く、高山冠は、蓋し斉王の冠なり、秦の斉を滅ぼすや、其の君冠を以て、謁者に賜う、と。

進賢冠は、文官之れを服す。前は高さ七寸、後ろは三寸、長さ八寸。公、侯は三梁、卿大夫、尚書、傅〔博〕士は両梁、千石、六百石以下は一梁。漢制なり。礼に文無し。

語釈 ○展筩　冠の上に突出した角状の飾り。○山　冠の前面にある三角形の飾り。○巻　こうがいを通す穴。冠を固定するために用いられた。○行人　官名。賓客の応接をつかさどった。○太傅　官名。周代の三公の一つ。後漢では臨時に置かれた名誉的な最高職で、皇帝を補佐し善導する官。秩万石。○胡公　胡広。後漢末期の政治家・学者（九一—一七二）。安・順・沖・質・桓・霊の六帝に仕え、司空・司徒・太尉・太傅を歴任した。『漢制度』の撰者で、蔡邕の師。

通釈 通天冠は、天子が日常にかぶる冠である。漢の服飾制度はこれを秦から受けついだ。礼典には記述がない。遠遊冠は、諸侯王がかぶる冠である。展筩はあるが、山はない。礼典には記述がない。高山冠は、もともと斉の冠であった。一名を側注冠という。高さは九寸（約二〇センチメートル）あり、巻と梁は鉄製で、展筩もなく、また山もない。秦の制度では、行人や使官のかぶる冠であった。今は謁者がこれをかぶる。礼典には記述がない。太傅の胡公（胡広）が説いていうには、「高山冠はもともと斉王の冠であった。秦が斉を滅ぼしたさいに、〔秦王が〕その君主の冠を謁者に賜ったのである」と。

進賢冠は、文官がこれをかぶる。前の高さは七寸（約一六センチメートル）、後ろの高さは三寸（約七センチメートル）、長さは八寸（約一八センチメートル）である。三公・諸侯は三梁、卿大夫・尚書・博士は両梁、千石・六百石以下の官僚は一梁の冠をかぶる。これらは漢の制度に定められている。礼典には記述がない。

31 法冠、楚冠也。一曰柱後惠文冠。高五寸、以纚裹、鐵柱卷。秦制執法服之。今御史、廷尉監平服之。謂之獬豸。獬豸獸名。蓋一角、今冠兩角、以獬豸爲名非也。
太傅胡公說曰、左氏傳有南冠而縶者、國語曰南冠以如夏姫。是知南冠蓋楚之冠。秦滅楚、以其君冠賜御史。

法冠は、楚の冠なり。一に柱後恵文冠と曰う。高さ五寸、纚《し》を以て裹《つつ》み、鉄もて柱巻《けん》とす。秦制には執法之れを服す。今〔侍〕御史、廷尉〔正〕監平之れを服す。之れを獬豸《かいち》と謂う。獬豸とは獣の名なり。蓋し一角なるも、今の冠は両角なれば、獬豸を以て名と為すは非なり。
太傅胡公説きて曰く、左氏伝に南冠して縶《つな》がるる者と有り、国語に南冠して以て夏姫に如《ゆ》くと曰う。是れより南冠とは蓋し楚の冠なるを知る。秦の楚を滅ぼすや、其の君の冠を以て御史に賜う、と。

語釈 ○楚　春秋・戦国時代の国名。羋姓。長江中流域付近を領有。中原諸国からは蛮夷とみなされていたが、前七世紀末、荘王の時代に覇者となり、戦国時代になると七雄の一つに数えられた。前二二三年、秦に滅ぼされた。国都は郢。○柱後恵文冠　法冠の別名。柱下史、一名柱後史とよばれる書記官が着用したとされる。○纚　目が粗く黒い帯状の絹織物。冠をかぶるさい、頭髪を包みまとめるために用いた。○柱　冠の突起した部分。○御史　『続漢書』輿服志下にしたがって「侍御史」と改める。○廷尉監平　同輿服志下にしたがって「廷尉正監平」と改める。廷尉・廷尉正・廷尉左監・廷尉左平を指す。○獬豸　よく人間の正邪を判断するという一角の神獣。○南冠　南方の楚の冠。法冠の祖型とされる。○国語　書名。春秋時代の八国の事績を国別に記した歴史書。本文引用個所は周語中に見えるが、夏姫は夏氏につくる。○夏姫　春秋時代、陳の大夫であった夏徴舒の母。陳の霊公は孔寧・儀行父とともに夏姫との姦淫にふけり、そのため夏徴舒に殺された。

通釈 法冠は、楚の冠である。一名を柱後恵文冠という。高さは五寸（約一二センチメートル）で、纚で柱巻をつつみ、鉄で柱巻をつくる。秦の制度では法律を執行する者がこれを服した。今は侍御史と廷尉・廷尉正・廷尉左監・廷尉左平がこれを服している。これを獬豸冠という。獬豸とは獣の名である。おそらく一角獣であるが、今の冠は両角であるので、獬豸と名づけるのは正しくない。
太傅の胡公が説いていうには、「『春秋左氏伝』（宣公九年の条）に『楚の冠をつけて繋がれている者』とあり、『国語』（周語）に『楚の冠をかぶり夏姫の家に行く』とある。これら（二つの記事）から南冠とは楚の冠であることが知られる。秦は楚を滅ぼすと、その君主の冠を御史に賜ったのである」と。

32 武冠、或曰繁冠。今謂之大冠、武官服之。侍中、中常侍加黄金、附貂蟬鼠尾、飾之。太傅胡公説曰、趙武靈王效胡服、始施貂蟬之飾。秦滅趙、以其君冠賜侍中。

武冠は、或いは繁冠と曰う。今は之れを大冠と謂い、武官之れを服す。侍中、中常侍は黄金を加え、貂蟬《ちょうせん》鼠尾を付して、之れを飾る。太傅胡公説きて曰く、趙の武霊王は胡服に効《なら》い、始めて貂蟬の飾りを施す。秦の趙を滅ぼすや、其の君の冠を以て侍中に賜う、と。

語釈 ○黄金　黄金璫《とう》。黄金の薄板に模様を透かし彫りにした装飾品。冠の正面に徽章としてつけられた。○鼠尾　貂を鼦《ちょう》・貂鼠《ちょうそ》ともいうことから、鼠尾は貂尾と同じか。○趙　戦国の七雄の一国。嬴姓。韓・魏とともに晋を三分してその北部を領有し、前四〇三年、諸侯となったが、前二二八年、秦に滅ぼされた。国都は邯鄲。○武霊王　戦国時代の趙の君主（在位前三二六―前二九九）。嬴姓。騎兵を主力とした軍隊を組織、そのさいに胡服（北方遊牧民の着衣）・騎射などの制を採用したことで有名。おおいに版図を広げ趙の最盛期を現出したが、王室内の紛争によって、前二九五年、離宮にて餓死。

通釈　武冠は、一名繁冠という。今はこれを大冠といい、武官が着用する。侍中、中常侍は、〔特別に〕黄金〔製の飾璫〕を加え、貂蟬と鼠尾を付して、この冠を飾る。太傅の胡公が説いていうには、「趙の武霊王は胡服にならって、はじめて貂蟬の飾りをほどこした。秦は趙を滅ぼすと、その君主の冠を侍中に賜ったのである」と。

33 齊冠、或曰長冠。竹裏以纚。高七寸、廣三寸、形制如板。高祖冠、以竹皮爲之。謂之劉氏冠。楚制。禮無文。鄙人不識謂之鵲尾冠。

斉冠は、或いは長冠と曰う。竹を裹《つつ》むに纚《し》を以てす。高さ七寸、広さ三寸、形制は板の如し。高祖は冠するに、竹皮を以て之れを為《つく》る。之れを劉氏冠と謂う。楚の制なり。礼に文無し。鄙人識らずして之れを鵲《じゃく》尾《び》冠と謂う。

語釈　○斉冠　『続漢書』輿服志下では斉を斎につくる。この冠は宗廟をまつるに当たって斎《ものいみ》するときの冠なので、正しくは斎冠とすべきであろう。のちに晋代になって、芯となる竹を廃して、布に漆をつけて形をつくるようになった。○竹裏　諸版本は「竹裏」につくるが、竹を芯にして黒色の布で髪をまとめて形をつくったと考えられるので、ここでは裹字のままとした。○鵲　かささぎ。

通釈 斉冠は、一名長冠ともいう。纚を用いて〔芯となる〕竹をつつんでつくる。高さは七寸（約一六センチメートル）、広さは三寸（約七センチメートル）であり、形状は板のようである。〔漢の〕高祖は冠するとき、竹皮でこれをつくった。これを劉氏冠という。〔もとは〕楚の冠制であった。礼典には記述がない。無知な人々は〔この冠の由来を〕識らずにこれを鵲尾冠とよんでいる。

34 建華冠、以鐵爲柱卷、貫大珠九枚。今以銅爲珠、形制似縷簏。記曰、知天文者服之。左傳曰、鄭子藏好聚鷸冠。前圖――一作徒――。以爲此則是也。天地、五郊、明堂月令、舞者服之。

建華冠は、鉄を以て柱巻を為《つく》り、大珠九枚を貫く。今は銅を以て珠を為り、形制は縷簏《るろく》に似る。記に曰く、天文を知る者之れを服す、と。左伝に曰く、鄭の子蔵は聚鷸冠《しゅういつ》を好む、と。前図〔円〕なり――一に徒に作る――。以為《おも》えらく此れ則ち是れならん、と。天地、五郊、明堂の月令に、舞う者之れを服す。

語釈 ○大珠九枚　『続漢書』輿服志下劉昭注所引の薛綜の説などによると、九枚のリング状の珠を相輪のように、下から上に順次直径が小さくなるように積み重ねた飾り。○記曰　『説文解字』鳥部の鷸の条に『礼記』として引用されていることなどから、記は『礼記』を指し、以下の文はその佚文とも考えられる。○子蔵　子臧。春秋時代、鄭の文公（在位前六七二―前六二八）の庶子。罪を得て宋に出奔したが、文公によって暗殺された。○聚鷸冠　鷸冠ともいう。鷸はしぎ・かわせみ。降雨を予知する鳥とされる。なお『漢書』巻二十七中之下五行志中之下所引顔師古注は、鷸が術と音通することから、鷸冠を後出の術士冠に当てる説をとっている。○前図　抱経堂校定本および『続漢書』輿服志下にしたがって「前円」と改める。

通釈 建華冠は、鉄で柱と巻をつくり、〔その鉄製の柱が〕大きな珠九枚〔の中心〕を貫いている。今は銅で珠をつくり、〔その冠の〕形状は縷簏に似ている。『〔礼〕記』には、「天文を知る者がこれをかぶる」とある。『春秋左氏伝』〔僖公二十四年の条〕には、「鄭の子蔵は聚鷸冠を好んだ」とある。〔冠の〕前部は円い――一説に〔図を〕徒につくる――。おもうにこれら〔の『礼記』や『春秋左氏伝』に記されている冠〕はすなわち建華冠のことであろう。天地・五郊のまつりや明堂における四季の行事にさいして、舞い手がこれを着用する。

35 方山冠、以五采縠爲之。漢祀宗廟大享、八佾樂、五行舞人服之。衣冠各從其行之色、如其方色而舞焉。

方山冠は、五采の縠《こく》を以て之れを為《つく》る。漢宗廟を祀りて大享するに、八佾《いつ》の楽、五行の舞人之れを服す。衣冠は各々其の行の色に従い、其の方の色の如くして舞う。

語釈 ○方山冠 『続漢書』輿服志下によれば、前出の進賢冠に類似。○五采 五彩・五色。青・赤・黄・白・黒。○縠 ちぢみぎぬ・ちりめん。表面に細かいしわのよったきぬ。○大享 秋と冬に天子が宗廟をまつる祭祀。ここでは蒸祭をさす。○八佾 佾は舞う者の列。一佾は八名。八佾とは舞う者が八列をなす形。天子のみが八佾の舞を催すことができた。○五行 舞の名。もとは周の舞で大武とよばれたが、秦の始皇帝の二十六年（前二二一）に五行と改名。漢代では歴代諸皇帝の廟をまつるさいに執り行われた。

通釈 方山冠は、五色の縠をもってつくる。漢では宗廟の祭祀のうちの蒸祭のときに、八佾の舞の楽人と、五行を舞う人とがこれを着用する。〔それらの人々の〕衣冠はそれぞれの行に相当する色にしたがい、それぞれの方〔角〕に該当する色にのっとって舞われるのである。

36 術士冠、前圓。吳制。邐迤四重。趙武靈王好服之。今者不用、其說未聞。

術士冠は、前円なり。呉の制なり。邐迤《りい》四重なり。趙の武霊王好みて之れを服す。今は用いずして、其の説未だ聞かざるなり。

語釈 ○術士冠 上部が五色の彩色で下部が青または黒の冠。士は氏につくるばあいもある。○呉 春秋時代の一国（?―前四七三）。現江蘇省を中心に勢力を確立。前六世紀後半、闔廬（閭）・夫差の時代に強盛となり、五覇の一つとして諸侯の間に重んじられた。前四七三年、越との戦いに敗れて滅亡。○邐迤 ななめにつらなる、または小さくつらなるさま。

通釈 術士冠は、〔冠の〕前部が円《まる》い。呉の様式である。〔その冠の全体の形は〕ななめにつらなり四重になっている。趙の武霊王は好んでこれを着用した。今日では用いられなくなり、その〔冠の詳細に関する〕説については未だ聞いたことがない。

37 巧士冠、高五寸、要後相通。掃除從官服之。禮無文。

巧士冠は、高さ五寸にして、要後相《あい》通ず。掃除の従官之れを服す。礼に文無し。

語釈 ○高五寸 『続漢書』輿服志下などによれば、七寸〔約一六センチメートル〕とする説もある。○要後 冠の一部分を指すことばか。なお『通典』巻五十七礼十七は「前後」につくる。○掃除従官 掃除は露払い・先駆け。従官は下僚・部下。郊天のさいに、黄門の下僚四名が着用し、皇帝の乗輿の前に位置したとされる。

通釈 巧士冠は、高さが五寸〔約一二センチメートル〕で、要後が互いに通じている。〔乗輿の〕先駆けをつとめる従官がこれを着用する。礼典には記述がない。

38 却非冠、宮門僕射者服之。禮無文。

却非冠は、宮門僕射之れを服す。礼に文無し。

通釈 却非冠は、宮門僕射がこれを着用する。礼典には記述がない。

39 樊噲冠、漢将軍樊噲造次所冠、以入項籍營。廣七寸、前出四寸。司馬殿門大護衛士服之。

樊噲冠は、漢の将軍樊噲の造次に冠する所にして、以て項籍の営に入る。広さ七寸、前に出づること四寸。司馬殿門の大護〔誰〕衛士之れを服す。

語釈 ○樊噲　前漢高祖時代の武将・功臣（?—前一八九）。沛（現江蘇省沛）の人。挙兵のときから高祖劉邦にしたがい、勇猛をもって知られた。とくに劉邦の危急を救った鴻門の会における活躍は有名。のちにその功により舞陽侯に封じられた。○項籍　秦末の武将（前二三二—前二〇二）。字は羽。代々戦国楚の武将を輩出した家柄の出身。秦の二世皇帝胡亥の元年（前二〇九）に挙兵し、秦の滅亡後、西楚の覇王と称した。劉邦と覇権を争ったが、垓下の戦いで敗れて自決。○司馬殿門　宮中の外門の一つか。○大護衛士　官名。『漢書』巻二十七五行志下之上および抱経堂校定本にしたがって、「大護」を「大誰」に改める。司馬殿門の警備に当たり、怪しい者を誰何《すいか》することを職務とする士卒。

通釈 樊噲冠は、漢の将軍樊噲が急遽かぶった冠で、〔鴻門の会のさいに〕その姿で項籍の陣営に入っていった。〔その冠の〕広さは七寸（約一六センチメートル）、前に張り出した部分は四寸（約九センチメートル）。司馬殿門を警備する大誰の任に当たる衛士がこれを着用する。

40 却敵冠、前高四寸、通長四寸、後高三寸。監門衛士服之。禮無文。

却敵冠は、前高四寸、通長四寸、後高三寸なり。監門の衛士之れを服す。礼に文無し。

語釈 ○却敵冠　前出の進賢冠に似た冠。○監門衛士　官名。司馬殿門以外の衛尉管轄下の門の警備に当たる衛士を指すか。

通釈 却敵冠は、前の高さが四寸（約九センチメートル）、通長が四寸、後ろの高さが三寸（約七センチメートル）である。門の警備に当たる〔大誰衛士以外の〕衛士がこれを着用する。礼典には記述がない。

41 珠冕、爵、冔、收、通天冠、進賢冠、長冠、緇布冠、委貌冠、皮弁、惠文冠、古者天子冠。所加者、其次在漢禮。

珠冕《しゅべん》、爵、冔《く》、収《しゅう》、通天冠、進賢冠、長冠、緇布《しふ》冠、委貌《いぼう》冠、皮弁、恵文冠は、古者《いにしえ》は天子の冠なり。加うる所の者は、其の次漢礼に在り。

語釈 ○珠冕　旒をほどこした冕冠を指すか。なおこの一文は、ここまでの冠に関する論のまとめに該当する部分と考えられる。○緇布冠・皮弁　これらの冠はここに初出。しかし各論に相当する記事はない。

通釈 珠冕・爵・冔・収・通天冠・進賢冠・長冠・緇布冠・委貌冠・皮弁・恵文冠は、古くは天子の冠であった。〔本文の中で述べてきた冠で、これら珠冕以下恵文冠までの冠以外に〕加えられたものについては、その次第は漢礼に〔記述が〕ある。

42 帝諡

違拂不成曰隱。
翼善傳聖曰堯。
殘人多壘曰桀。
慈惠愛親曰孝。
聖善同文曰宣。
剋定禍亂曰武。
溫柔聖善曰懿。
仁義說民曰元。
布綱治紀曰平。
保民耆艾曰明。
貞心大度曰匡。
知過能改曰恭。
一德不懈曰簡。
清白自守曰貞。
安樂治民曰康。

靖民則法曰黃。
仁聖盛明曰舜。
殘義損善曰紂。
愛民好與曰惠。
聲聞宣遠曰昭。
聰明睿智曰獻。
布德執義曰穆。
安仁立政曰神。
亂而不損曰靈。
辟土有德曰襄。
大慮慈民曰定。
不生其國曰聲。
夙興夜寢曰敬。
柔德好衆曰靖。
小心畏忌曰僖。

中身早折曰悼。慈仁和民曰順――一曰傾――。
好勇致力曰莊。恭人短折曰哀。
在國逢難曰愍。名實過爽曰繆――音穆――。
壅遏不通曰幽。暴虐無親曰厲。
致志大圖曰景。辟土兼國曰桓。
經緯天地曰文。執義揚善曰懷。
短折不成曰殤。去禮遠衆曰煬。
怠政外交曰攜。治典不敷曰祈――一曰震――。

帝諡《し》
違《たが》い払《もと》りて成らざるを隠と曰う。民を靖んじ法に則るを黄と曰う。
善を翼《たす》け聖を伝うるを尭と曰う。仁聖にして盛明なるを舜と曰う。
人を残《そこな》い塁多きを桀と曰う。義を残《そこな》い善を損なうを紂と曰う。
慈恵にして親を愛《いつく》しむを孝と曰う。民を愛し与《ほどこし》を好むを恵と曰う。
聖善にして文を同じうするを宣と曰う。声聞遠きに宣《あき》らかなるを昭と曰う。
禍乱を剋定するを武と曰う。聡明にして睿知なるを献と曰う。
温柔にして聖善なるを懿と曰う。徳を布き義を執るを穆と曰う。
仁義もて民に説くを元と曰う。仁に安んじ政を立つるを神と曰う。

綱を布《し》き紀を治むるを平と曰う。乱るるも損なわざるを霊と曰う。

民の耆艾《きがい》を保んずるを明と曰う。土を辟《ひら》き徳有るを襄と曰う。

貞心にして大度なるを匡と曰う。大いに慮《おもんばか》りて民を慈しむを定と曰う。

過ちを知りて能く改むるを恭と曰う。其の国に生まれざるを声と曰う。

徳を一にして懈《おこた》らざるを簡と曰う。夙《つと》に興き夜《よわ》に寝《い》ぬるを敬と曰う。

清白にして自ら守るを貞と曰う。柔徳にして衆を好むを靖と曰う。

安楽もて民を治むるを康と曰う。小心にして畏忌するを僖と曰う。

中身《ちゅうしん》もて早折するを悼《とう》と曰う。慈仁にして民を和するを順と曰う――一に傾と曰う――。

勇を好み力を致すを荘と曰う。恭人にして短折《たんせつ》するを哀と曰う。

国に在りて難に逢うを愍と曰う。名と実と過《あやま》り爽《たが》うを繆《ぼく》と曰う――音は穆――。

雍遏《ようあつ》して通ぜざるを幽と曰う。暴虐にして親しむ無きを厲と曰う。

志を致し大いに図るを景と曰う。土を辟き国を兼ぬるを桓と曰う。

天地を経《おさ》め緯《ととの》うるを文と曰う。義を執り善を揚ぐるを懐と曰う。

短折して成らざるを殤と曰う。礼を去り衆を遠ざくるを煬と曰う。

政を怠り外に交わるを携《けい》と曰う。典を治めて敷かざるを祈と曰う――一に震と曰う――。

語釈 ○諡　諡。おくり名。生前の行状に応じて死者につける名。○塁　かどのある性格。欠陥、障害。○同文　同一の文字を使用する。転じて天下の統一、王朝の建立の意。○声聞　よい評判、名声。○耆艾　老人。耆は六十歳、艾は五十歳。○辟土　土地を開拓し、領土を拡大すること。○貞心　変わらない心、定まった心。○大度　心が広い、度量が大きい。○夙興夜寝　朝早くおき夜おそく寝る。日夜職務に精励するさま。○清白　汚れなく清らかなさま。清廉潔白。○柔徳　柔和な人徳・徳行。○中身　五十歳ごろの年齢。人の寿命を百年としたばあいの半ばごろ。○恭人　へりくだり、つつしみ深い人。○短折　若くして死ぬ。夭折。○雍遏　ふさぎさえぎる。○典　国を治めるための法典。

通釈 省略

索引

『西京雑記』人名・称号索引

【ア行】

【カ行】

【ワ行】

『西京雑記』地名索引

『西京雜記』事項索引

【サ行】

【タ行】

【ナ行】

【ハ行】

『独断』人名・称号索引

【ア行】

【カ行】

【サ行】

【タ行】

【ハ行】

【マ行】

【ヤ行】

【ラ行】

【ワ行】

『独断』地名索引

『独断』事項索引

【カ行】

【サ行】

【タ行】

あとがき

本書は『西京雑記』上・下および『独断』上・下の訳注である。一書にまとめるにあたって、前者を先に置いたのは、その書名の示すように、それが西京、すなわち長安を首都とする前漢の佚事に取材した書物であり、また後者を後に配したのは、撰者蔡邕から明らかなように、それが主に後漢を中心に述べた文献であるという理由による。いわば『西京雑記』は華麗な逸聞集、『独断』は地味な遺文録であり、これら硬軟二様の両書が、ともに両漢二代の歴史の欠の一部を補うことになる。

一九八八年、大学院学生を中心に、『西京雑記』研究ゼミナールと称する研究班をつくり、同書の訳注に着手した。八九年、早稲田大学東洋史懇話会機関誌『史滴』第一〇号に最初の訳注を発表、以後、毎年掲載をつづけて、九五年、同第一六号への収載をもって完了した。

それより遡ること数年前の一九八〇年、同じく大学院学生を主体に、『独断』研究ゼミナールと称する研究班を組み、同書の訳注を開始した。八一年から八七年にかけて、同様に『史滴』第二号から第八号にその訳注を連載した。しかし発表当時から多分に年月を経ているために、九七年・九八年に、それを再度点検整理して、全面的に書き改め、旧作を一新することに努めた。しかしなにぶんにも約二十年昔に遡る旧稿を礎材として起稿したために、書き下し文以下の文章や表現に、精粗の差や不統一の点が少なくない。本書のもついくつかの欠陥や不備に対して、編者としてお詫びしなければならない。

版本による文字・語句の異同や他の史料との比較校合などの点については、煩雑を避けるために、本書ではすべて割愛した。両書の訳注に関する詳細については、『史滴』に連載した訳注の当該部分を参照いただければ幸いである。

訳注分担者の氏名を列挙する（五十音順）。すべて訳注分担当時の氏名による。

『西京雑記』担当者
赤坂恒明・石井増男・石岡浩・岩本篤志・岡野梅子・片岡理・勝畑冬実・北川俊昭・金成奎・久保雅人・熊谷滋三・河野真巳・小林岳・小林春樹・斉藤達也・佐藤榮・澤章敏・志賀基子・高井康行・堤茂樹・中岡ひろみ・福井重雅・家本佳代子

『独断』担当者
石井増男・石岡浩・牛窪直・遠藤祐介・大石基樹・太田美香・岡本真則・片岡理・菅野篤司・北川俊昭・工藤元男・熊谷滋三・小林岳・小林共明・小林春樹・佐藤榮・澤章敏・志野敏夫・島村亨・白水志尚・鈴木奈々穂・谷口やすよ・塚越功・塚本剛・名久井綾・錦織和彦・平田陽一郎・福井重雅・藤高裕久・本司晶子・三﨑良章・水間大輔・森和・山下将司・李成市・林世景

一九八四年以降、毎夏、早稲田大学追分セミナー・ハウスにおいて、研究ゼミナール所属の大学院生を中心に、いわゆる研究合宿を開くことが恒例となった。この合宿において、これら二書を取り上げ、輪読に努めたこともあった。そのさいに右記以外の何人かが交互に参加し、訳注に対していくつかの示唆や意見を寄せられたことも想い出される。

本書をまとめるにあたって、起稿や整理の段階で、とくに石岡浩・片岡理・熊谷滋三・小林岳・田中（小林）春樹・濱川（佐藤）榮の六氏の労を煩わした。索引の作成にあたっては、岡本真則・平田陽一郎・藤高裕久・森和・山下将司の五氏に協力を仰いだ。また入稿・校正・出版のすべての段階において、東方書店出版部阿部哲氏からさまざまの有益な示教や助言を頂戴した。あらためて各氏の好意や協力に対して謝意を表したい。訳注における誤訳・誤釈などの不備については、すべてその責任が編者にあることはいうまでもない。

最後に、本書の出版にあたっては一九九九年度早稲田大学出版補助費を交付されたことを付記する。

一九九九年九月五日

編者　福井重雅

編者略歴

福井重雅（ふくい しげまさ）

1935年東京都生まれ。早稲田大学卒業、同大学院博士課程修了。早稲田大学名誉教授。文学博士。2020年没。『古代中国の反乱』（教育社）、『漢代官吏登用制度の研究』（創文社）、『漢代儒教の史的研究』（汲古書院）など編著書多数。

訳注《やくちゅう》西京雑記《せいけいざっき》・独断《どくだん》〔新装版〕

二〇〇〇年三月三一日　初版第一刷発行
二〇二四年一二月一〇日　新装版第一刷発行

編　者●福井重雅
発行者●間宮伸典
発行所●株式会社東方書店
東京都千代田区神田神保町一―三 〒一〇一―〇〇五一
電話〇三―三二九四―一〇〇一
営業電話〇三―三九三七―〇三〇〇

印刷・製本●大村紙業株式会社

定価は表紙に表示してあります

ISBN978-4-497-22417-0　C3022

小社ホームページ〈中国・本の情報館〉で小社出版物のご案内をしております。
https://www.toho-shoten.co.jp/

東方書店出版案内

価格 10%税込

東方学術翻訳叢書

道教と科学技術

姜生著／三浦國雄訳／古代中国の科学技術を推進したのはまぎれもなく道教だった──。膨大な道教経典を収録する『道蔵』を読み込み、道教の科学思想や煉丹術、さらには道教と化学、医学、建築学などとの協調関係を明らかにしていく。『中国道教科学技術史　漢魏両晋巻』（科学出版社）編訳版。

Ａ５判六八〇頁◎税込七一五〇円（本体六五〇〇円）978-4-497-21711-0

漢帝国の遺産

道教の勃興

姜生著／三浦國雄・田訪監訳／漢代の墓室を死者が仙人として再生し昇天する「生命転換装置」と考える著者が、膨大な量の出土画像資料を用いて死者の成仙過程を再構築し、初期道教の形成という漢帝国の文化遺産を提示する。『漢帝国的遺産　漢鬼考』（科学出版社）の翻訳版。

Ａ５判七〇八頁◎税込八八〇〇円（本体八〇〇〇円）978-4-497-22016-5

中国は〝中国〟なのか

「宅茲中国」のイメージと現実

葛兆光著／橋本昭典訳／「余其宅茲中国、自之乂民」［私はここ中国に居を構えて、この地から民を治めよう］。時代によって揺れ動く「中国イメージ」を、中国内部の歴史的叙述や、日本・朝鮮・欧州など周辺地域の視点とその交流史から描き出す。名著『宅茲中国　重建有関「中国」的歴史論述』（中華書局）の全訳。

Ａ５判三八四頁◎税込五五〇〇円（本体五〇〇〇円）978-4-497-22014-1

東方書店出版案内

価格 10%税込

東方学術翻訳叢書

中国漢字学講義

裘錫圭著／稲畑耕一郎・崎川隆・荻野友範訳／奥深い漢字の世界へ——。北京大学中文系での「漢字学」の講義をまとめたもので、漢字にかんするさまざまなトピックを網羅。初版刊行より40年を経て、今なおスタンダードな「漢字学」のテキストとして読み継がれている名著『文字学概要』（修訂本、商務印書館）の翻訳。

A５判六一六頁◎税込六九三〇円（本体六三〇〇円） 978-4-497-22207-7

中国俗文学史

鄭振鐸著／高津孝・李光貞監訳／詩文を中心とする中国の伝統的古典文学の範囲外とされた俗文学研究の嚆矢、鄭振鐸『中国俗文学史』（商務印書館）の全訳。各章に最新の研究成果を踏まえた訳注および訳者解説を附し、収録作品の八割近くは日本語初訳。

A５判八八〇頁◎税込一三二〇〇円（本体一二〇〇〇円） 978-4-497-22309-8

モノからみた中国古代文化

衣食住行から科学芸術まで

孫機著／柿沼陽平訳／中国古代の人々はどんなモノに囲まれて生きてきたのか？　著者が中国国家博物館で行った講演をまとめた『中国古代物質文化』（中華書局）の全訳。中国の物質文化について、考古発掘の成果を融合し、実物と文献の互証にもとづいて解説する。

A５判四八〇頁◎税込八二五〇円（本体七五〇〇円） 978-4-497-22413-2